ClimatePartner °

Dieses Buch wurde klimaneutral hergestellt. CO_2-Emissionen vermeiden, reduzieren, kompensieren – nach diesem Grundsatz handelt der oekom verlag. Unvermeidbare Emissionen kompensiert der Verlag durch Investitionen in ein Gold-Standard-Projekt. Mehr Informationen finden Sie unter www.oekom.de.

Bibliografische Information der Deutschen Nationalbibliothek:
Die Deutsche Nationalbibliothek verzeichnet diese Publikation in der Deutschen Nationalbibliografie; detaillierte bibliografische Daten sind im Internet unter http://dnb.d-nb.de abrufbar.

© 2011 oekom, München
oekom verlag, Gesellschaft für ökologische Kommunikation mbH,
Waltherstraße 29, 80337 München

Satz + Layout: Sarah Schneider, oekom verlag
Umschlaggestaltung: Sarah Schneider, oekom verlag
Umschlagabbildung: archana bharti, fotolia.com
Druck: DIP – Digitaler Druck Witten

Der Innenteil dieses Buches wurde auf 100%igem Recyclingpapier gedruckt.

Ulrich Mössner

Das Ende der Gier

Nachhaltige Marktwirtschaft statt Turbokapitalismus

Vorwort

Wir leben in bewegten Zeiten. Das zeigt sich auch beim Bücherschreiben. Zweimal innerhalb eines Jahres musste das Energie-Kapitel (ab S. 183) umgeschrieben werden. Die Substanz blieb zwar unverändert, aber das politische Umfeld hatte sich zweimal völlig gedreht. Im Juni 2010 galt noch der Kernkraft-Ausstiegsbeschluss von Rot-Grün, aber es lag in der Luft, dass die neue Regierungskoalition daran rühren könnte. Also schrieb ich dagegen an. Im sogenannten »Herbst der Entscheidungen« zog die Regierung dann die Laufzeitverlängerung durch, ohne diese wirklich weitreichende Entscheidung auch nur ansatzweise solide geprüft und diskutiert zu haben. Grund genug, erneut vehement dagegen anzuschreiben. Als das Manuskript wenige Monate danach fertig war, kam Fukushima und mit ihm das »Pfingstwunder« mit völlig neuen Einsichten für Schwarz-Gelb. Das bescherte uns völlig überraschend wieder den Ausstieg – nun aber vermutlich endgültig – und damit den Einstieg in die Energiewende. Zwar erscheint Letztere nicht konsequent genug, aber immerhin: Die Energiewende ist damit eingeläutet.

Eine solche Wende brauchen wir dringend auch für die Wirtschaft. Das weltweit vorherrschende neoliberale Wirtschaftssystem ist völlig falsch gepolt: Auf unbegrenztes Wachstum ausgerichtet, auf kurzfristige Gewinne und Rendite programmiert, marktradikal und sozial unausgewogen. Zudem mit einem Finanzsystem ausgestattet, das aufgrund weitgehender Deregulierung auf hohen Touren leer läuft und sich fast völlig von der Realwirtschaft abgekoppelt hat, der es eigentlich zu dienen hätte. Wie nicht anders zu erwarten produziert es laufend Krisen – vier in den letzten zwölf Jahren! Analog zu Fukushima erlebten wir 2008 auch bereits den Super Gau für das neoliberale Finanzsystem: die Kernschmelze des internationalen Bankensystems und in deren Folge die größte Finanz- und Wirtschaftskrise seit 80 Jahren. Aber selbst dies hat nicht ausgereicht, die Politik zu einem wirklichen Umdenken und Umsteuern zu bewegen. Es reichte auch nicht aus, uns Bürger auf die Straße zu bringen und Druck für eine Wende zu machen – wie bei der Kernkraft oder dem vergleichsweise kleinen Anlass »Stuttgart 21«. Wir nahmen es auch hin, dass die Staaten das implodierte Finanzsystem mit Billionen schweren Bankenrettungspaketen wieder aufrichteten, ohne dies mit wirklich ausreichenden Regularien zu verbinden, die eine ähnliche Krise verhindern könnten. Leider haben diese sich dafür heillos verschuldet und die Finanzkrise durch eine Staatsschuldenkrise abgelöst, an der die Finanzwirtschaft sich mit spekulativen Gewinnen bereichert. Diese soll aber keinesfalls an den negativen Folgen der von ihr verursachten Schuldenkrise beteiligt werden. Das ist Sozialisierung der Verluste und Privatisierung der Gewinne in Reinkultur. Doch auch dies brachte uns Bürger nicht in Wallung. Wir sonnen uns mittlerweile, gerade in Deutschland, wieder in einem unerwarteten Boom, der sogar die Arbeitslosenzahlen seit langem wieder einmal sinken lässt. Wer wollte da etwas verändern oder gar protestieren?

Das Problem ist aber, dass dieser Aufschwung bereits die Wurzeln der nächsten Krise in sich trägt, was wir zwar sehen könnten, aber offenbar nicht sehen wollen. Alle Ursachen, die zur großen Krise geführt haben, sind weiter am Wirken: der abgehobene Finanzmarkt – Finanzblasen, die mit billigen Krediten der Notenbanken bereits wieder zum Platzen gefüllt sind; die überzogenen Boni für Banker, die blind für Risiken machen; auch das Wachstum »auf Pump« geht weiter, die internationalen Staatsschulden steigen nahezu ungebremst; die soziale Schieflage, national und international, verstärkt sich; die Ressourcenverschwendung nimmt weiter zu. Die Gier hat uns nach wie vor voll im Griff. Wir haben nichts gelernt aus der Krise und fahren mit Vollgas in die nächste hinein.

Auch hier zeigte sich bereits wenige Monate nach Abschluss des Manuskripts, dass die Vorhersagen der nächsten Krise offenbar schneller Realität werden, als uns lieb sein kann. Bereits im Sommer 2011 erwies sich auch das letzte Hilfsprogramm der Euro-Gemeinschaft als zu schwach für die überbordende Schuldenproblematik Europas und die gefräßige Gier der internationalen Spekulation. Nun scheinen auch Länder wie Spanien, Italien und vielleicht sogar Frankreich mit in den Strudel hinein gezogen zu werden. Und auch die USA haben – induziert durch eine nicht einigungs- und handlungsfähige Politik – unsere Vorhersage über ein erneutes Eintauchen in eine Wirtschaftskrise unerwartet schnell bestätigt: Sie sind bereits im August nur knapp an einem Staatsbankrott vorbei geschrammt und bekamen mittlerweile von einer Rating-Agentur das Triple A aberkannt. Die Börsen der Welt reagierten geschockt und sausten binnen weniger Tage um 30 Prozent in den Keller. Und die Straßenproteste in Spanien, Großbritannien und Israel sind bereits Anzeichen dafür, dass die ungerechte Einkommens- und Chancenverteilung des neoliberalen Wirtschaftssystems beginnt, sich zu einer sozialen Krise auszuwachsen. Hoffentlich dämmert es der internationalen Politik und Wirtschaft, dass man hier mit einem weiteren Herumkurieren an Symptomen nicht weiter kommt.

Was wir dringend brauchen, ist wie bei der Energie eine energische Wende hin zu einer Wirtschaft, die sich abwendet von der Gier als Leitmotiv und vom fortwährenden Wachstum »auf Pump«; die Schluss macht mit der Ressourcenverschwendung, der ungebremsten Emission von Klimagasen und der Umweltverschmutzung; die sich wandelt zu einer Wirtschaft der Verantwortung; die die Perspektive öffnet von kurzfristig auf langfristig und über den eigenen Tellerrand hinaus auf andere (auch auf benachteiligte) Länder blickt, auf nachfolgende Generationen und auf unseren Lebensraum, die Erde: den einzigen, den wir haben.

Ausgehend von einer Analyse der Defizite und Widersprüche des heutigen neoliberal geprägten Wirtschaftssystems, die in der Finanz-und Wirtschaftskrise so plastisch hervorgetreten sind, werden im vorliegenden Buch die wesentlichen Elemente einer Nachhaltigen Marktwirtschaft, die ökologische, soziale und ökonomische Aspekte in sich vereint, detailliert dargelegt und diskutiert. Dies erfolgt bewusst nicht als theoretisches Modell, sondern immer leicht verständlich, praxisorientiert und gespiegelt an der wirtschaftlichen Realität. Denn das Anliegen dieses Buches ist, einen aktiven Beitrag zur Wirtschaftswende zu leisten. Und die kann nur kommen, wenn wir Bürger sie wollen und entsprechenden Druck auf die Politik machen, der größer sein muss als der (beträchtliche) Gegendruck der neoliberalen Lobby. Das Problem dabei ist, dass die weit überwiegende Mehrheit der Bürger sich in Wirtschaftsfragen für nicht kompetent hält und die einschlägige Lobby alles tut, um diesen Zustand beizubehalten, um weiter unbehelligt von der Öffentlichkeit agieren zu können. Die Wirtschaftswissenschaft hilft ihr dabei, um ihrem eigenen Anspruch zu genügen, mit komplexen Theoriegebäuden und komplizierten ökonometrischen Modellen, die mit der wirtschaftlichen Praxis meist wenig zu tun haben. Ich weiß aus eigener jahrzehntelanger Erfahrung, dass Wirtschaft sehr viel mehr mit gesundem Menschenverstand, Bauchentscheidungen, Beziehungen und Macht zu tun hat als mit Wissenschaft. Selbst Teile der Wissenschaft stellen mittlerweile den bislang postulierten »homo ökonomikus« in Frage. Auch die vorherrschende neoliberale Theorie hat sich durch die Krise selbst ad absurdum geführt, weil nicht die Märkte sich, wie immer behauptet, selbst kurieren konnten, sondern hierzu die Staaten gebraucht wurden, die sich der Lehre zufolge gefälligst aus der Wirtschaft herauszuhalten haben. Wir Bürger sollten das Thema Wirtschaft also durchaus selbstbewusst – auch als Nicht-Experten – als »unser« Thema begreifen. Denn Wirtschaft geht uns alle an und beeinflusst nahezu alle unsere Lebensbereiche, mehr als uns lieb ist, und mehr als der Wirtschaft eigentlich zustehen sollte. Daher sollten wir uns dafür interessieren und uns für eine bessere Wirtschaft einsetzen, eine nachhaltige Wirtschaft, die für den Menschen da ist – und nicht umgekehrt – und die unsere natürlichen Lebensgrundlagen und Ressourcen erhält für nachfolgende Generationen.

Um das Thema nicht zu komplex werden zu lassen, hat sich der Autor bewusst auf Deutschland und Europa beschränkt. In diesem, allen Lesern bestens bekannten Rahmen soll das Modell der Nachhaltigen Marktwirtschaft ausführlich und anschaulich behandelt werden. Hinzu kommt, dass die Aussichten für eine entsprechende Wirtschaftswende in Europa derzeit deutlich günstiger sind als irgendwo sonst auf der Welt. Selbstverständlich ist klar, dass Deutschland und Europa sich in einer globalisierten Weltwirtschaft bewegen, was in die Analyse und das neue Wirtschaftsmodell als Import-/Exportbeziehungen, Finanztransaktionen und internationalen Wettbewerb eingeht. Auf sonstige Themen der Globalisierung, wie zum Beispiel die anstehenden Veränderungen in den wirtschaftlichen Beziehungen zwischen den entwickelten und den weniger entwickelten Volkswirtschaften, die Verfehlungen der derzeitigen internationalen Agrarpolitik, die dringend erforderliche Neukonzipierung globaler wirtschaftlicher Steuerungsinstitutionen oder – instrumente wie G20, Weltbank, IWF oder WTO, oder die Entwicklung verbindlicher Wertekodizes für eine globalisierte Wirtschaft wird nicht näher eingegangen. Nicht weil sie nicht wichtig wären, sondern weil sie den Umfang dieses Buches sprengen würden. Eine Wirtschaft mit dem Fokus auf nachhaltigem Handeln in ökonomischer, sozialer und ökologischer Hinsicht bietet aber auch für diese Themen einen besseren Rahmen als jede andere Wirtschaft (vergleiche hierzu etwa die inspirierenden Ansätze bei Radermacher). Damit sich bald etwas bewegt, soll und kann aber – trotz Globalisierung – nicht gewartet werden, bis alle 193 Staaten der Welt so weit sind. Die dargelegten Vorschläge für einen Übergang zu einer Nachhaltigen Marktwirtschaft sind so konzipiert, dass wir mit vielen davon zunächst in Deutschland – mit den meisten anderen in Europa – starten könnten. Eine weniger krisenanfällige, mehr auf sozialen Ausgleich und Umweltschonung ausgerichtete Wirtschaft der Verantwortung wäre ein lohnendes Ziel. Fangen wir an. Die anderen Länder der Erde werden uns früher oder später folgen.

Ulrich Mössner im August 2011

I
Einführung

Die Krise ist vorbei – doch wie lange?

Krise war gestern. Nach dem tiefen wirtschaftlichen Einschnitt im Jahre 2009 befindet sich die Weltwirtschaft in einer erfreulichen Aufschwungphase, und Deutschland sonnt sich mittendrin als »die Wachstumslokomotive in Europa«. Der wiederbelebte Export produziert tatsächlich unerwartete Wachstumsraten und zieht die Binnenkonjunktur mit. Die deutsche Wirtschaft ist 2010 um rund 3,6 Prozent gewachsen und auch das Jahr 2011 entwickelt sich wirtschaftlich sehr positiv. Sogar die Arbeitslosenzahlen gehen erstmals wieder deutlich zurück. Der ehemalige Wirtschaftsminister Brüderle schwadronierte vom »Aufschwung XXL«. Wer wollte da noch über die Krise reden. Klar, dass auch der Reformwillen der Politik in einer so erfreulichen Situation schnell erlahmt. Wir sind doch über'm Berg. Diese Reaktion ist nur zu verständlich. Doch sie nimmt uns die Chance, aus der Krise zu lernen. Und das könnte sich rächen. Denn so tiefe Krisen offenbaren meist – als ihre Ursachen – zugrunde liegende Systemfehler. Daher sind Krisen immer auch Chancen, aber nur, wenn sie als solche auch genutzt werden. Sonst kommen sie regelmäßig wieder.

Noch vor kurzem waren sich alle einig, wir befänden uns in der größten Finanz- und Wirtschaftskrise seit 1929 und die Politik weltweit schwor heilige Eide, man müsse jetzt ganz energisch und in internationaler Abstimmung das marode Finanz- und Wirtschaftssystem grundlegend reformieren, um künftige Krisen dieses Ausmaßes zu vermeiden. Doch irgendwie ist der Elan schnell verflogen. Zwei Jahre lang passierte erst mal gar nichts. Die Euro-Krise hat die europäischen Staaten zwar etwas aufgerüttelt, aber es dauerte bis zum Ende des Jahres 2010, bis in Europa endlich die ersten Reformvorschläge auf den Tisch kamen: Die Gründung zentraler Finanzaufsichtsbehörden auf EU-Ebene, die Anhebung der Eigenkapitalausstattung von Banken und Vorschläge zu einer Regulierung der Finanzmärkte. Die USA, von denen die Finanzkrise ausgegangen ist, hatten bereits Monate früher ein Gesetz zur Finanzmarktregulierung verabschiedet. Aber auch dessen Wirkung bleibt begrenzt.

Ist die Weltwirtschaft mit diesen lange erwarteten Reformen jetzt vor der nächsten Krise gefeit? Auch auf die Gefahr hin, als Defätist geschmäht zu werden, muss man diese Frage eindeutig verneinen. Für die Reformansätze auf beiden Seiten des Ozeans gilt: Sie gehen zwar in die richtige Richtung, aber sie gehen nicht weit genug und sie kurieren nur an punktuellen Symptomen im Bereich der Bankwirtschaft herum. Das amerikanische Gesetz ist zwar allein vom Umfang her mit über 2.200 Seiten imposant. Allerdings wurden im Fundamentalstreit zwischen den Demokraten und den Republikanern viele der weiterreichenderen Reformkonzepte des Präsidentenberaters Paul Volcker zerrieben. Die europäischen Vorschläge zur Finanzmarktregulierung bleiben noch deutlich hinter den amerikanischen zurück, obwohl Europa diesbezüglich eigentlich Vorreiter spielen wollte. Beide Ansätze werden eine ganze Reihe von Risiken im Finanzbereich einschränken beziehungsweise abmildern. Aber sie sind zu halbherzig, um die internationalen Finanzmärkte wirklich wieder in die Schranken weisen zu können. Ohnehin sollen die europäischen Vorschläge, wenn sie denn letztendlich so verabschiedet und nicht noch von der Bankenlobby verwässert werden, erst ab 2012 greifen, die neuen Eigenkapitalregeln sogar erst ab 2015. Bis dahin dürfen sich die Finanzmärkte noch weiter ausleben und neue Produkte ersinnen, mit denen die in Aussicht gestellten Regulierungsregeln unterlaufen werden können. Bislang jedenfalls macht die Bankenwelt genauso weiter, wie vor der Krise. Der Derivatehandel blüht schon wieder, die Spekulation auch – derzeit insbesondere mit Rohstoffen und Agrarprodukten, aber auch immer wieder mit den Anleihen stark verschuldeter Euro-Länder. Das Grundproblem beider Reformansätze ist jedoch, dass sie beide überhaupt nicht an die **Grundpfeiler des bestehenden Wirtschaftssystems** herangehen, obwohl gerade die sich in der Krise als **marode** erwiesen haben. Die kurzfristige Rendite- und Gewinnmaximierung dominiert nach wie vor die Wirtschaft, angeheizt durch unvermindert hohe Boni und Tantiemen. Wachstum »auf Pump« ist immer noch die Devise. Das billige Geld der Notenbanken füllt schon die nächsten Blasen, die dann unversehens wieder platzen werden. Allerdings ist die Verschuldung der öffentlichen Haushalte durch die Beseitigung der Krisenfolgen dramatisch angestiegen und kann, wie die Euro-Krise und die ständig wieder aufflackernden Anleiheprobleme klammer Euro-Staaten gezeigt haben, selbst zum Krisenauslöser werden.

Denn die Auswirkungen der Wirtschaftskrise führten nur deshalb nicht in die vorhergesagte Katastrophe, weil die internationale Staatengemeinschaft den Brand durch einen Geldteppich riesigen Ausmaßes ausgetreten hat: durch **Bankenschutzschirme** und **Konjunkturprogramme** in Billionenhöhe – beides unterlegt mit Steuergeldern, die sich in keinem Finanzplan fanden. Dies wurde erkauft durch den größten Anstieg der Staatsschulden in Friedenszeiten. Viele Staaten sind mittlerweile heillos verschuldet. In Europa wären Griechenland, Irland und Portugal praktisch schon bankrott, wenn sie nicht vom Euro-Schutzschirm alimentiert würden. Andere Staaten, so ist zu befürchten, werden folgen.

Hierdurch sahen sich die Länder der Euro-Zone (zusammen mit dem Internationalen Währungsfonds (IWF)) gezwungen, zusätzlich zu den bereits genannten Bankenschutzschirmen und Konjunkturprogrammen in Billionenhöhe, nochmals ein Euro-Paket in Summe von 750 Milliarden Euro zu garantieren. Zwar ist dies primär ein finanzielles Hilfspaket für die angeschlagenen Staaten der Euro-Zone, aber im Grunde genommen dient auch dieses zur Abdeckung von Krediten von Banken und Versicherungen – ist also eigentlich ein zweites europäisches Bankenrettungsprogramm. Allein deutsche Institute besitzen Staatsanleihen und andere Forderungen gegenüber Griechenland, Irland, Portugal und Spanien in Höhe von über 500 Milliarden Euro. Eine gewaltige Summe! Der Euro-Rettungsschirm brachte zwar dem Euro etwas Ruhe, doch die Schulden- und Zinsproblematik der peripheren Euroländer konnten damit nicht gelöst werden. Seit es ihn gibt, wird – neben einer Umschuldung für Griechenland beziehungsweise Portugal – unablässig über seine Erhöhung und Perpetuierung diskutiert. Wo soll das noch hinführen? Mit dem fortwährenden Zur-Verfügung-Stellen von Staatsgeldern gegen Schulden lässt sich das Problem auf Dauer sicher nicht lösen! Viele europäische Staaten sind schon heillos überschuldet: Griechenland, Irland, Portugal, Spanien, Belgien und Italien innerhalb der Euro-Zone; Großbritannien, Ungarn und Lettland außerhalb. Schon jetzt stehen auch die finanziell besser situierten Euro-Staaten angesichts der bereits aufgehäuften Staatsschulden mit dem Rücken zur Wand. Und auch die wirtschaftlichen Großgewichte USA und Japan stecken tief im Schuldensumpf. Die internationale Staatengemeinschaft wäre nicht mehr in der Lage, einer weiteren Krise mit einem ähnlichen finanziellen Kraftakt zu begegnen.

Unbeeindruckt davon kurbeln die USA schon wieder den Immobilienmarkt »auf Pump« an. Dies war, wie noch ausgeführt wird, eine der wesentlichen Ursachen der Finanzkrise. Nach einem Bericht der ZEIT (vom 22. 4. 2010) werden dort – offenbar mit staatlicher Duldung – wieder wie vor der Krise Hypothekenkredite praktisch ohne Eigenkapital ausgegeben und von den öffentlich-rechtlichen Hypothekeninstituten Fannie Mae und Freddie Mac gedeckt. Diese beiden Institute wurden genau durch diese Praxis 2008 illiquide und mussten von der US-Regierung unter Einschuss von 127 Milliarden US-Dollar verstaatlicht werden. Die beiden Institute haben bereits Schulden von 1.700 Milliarden US-Dollar angehäuft; das entspricht immerhin der Höhe des amerikanischen Rekord-Haushaltsdefizits vom vergangenen Jahr! Und es werden täglich mehr. Kein Wunder, dass Fannie Mae 2011 schon wieder Staatshilfe benötigte. Letztlich bürgt dafür jetzt direkt der amerikanische Steuerzahler. Diese staatlich sanktionierten Kredite werden dann – was denn sonst? – gebündelt und an Investoren in aller Welt vertrieben. Die Summen sind bereits wieder gigantisch. Es fällt schwer, das zu glauben, denn genau so nahm die Finanzkrise ihren Ausgang (vergleiche hierzu Kapitel II.1). Und so wird die nächste Krise mutwillig provoziert. Man kann ja Verständnis dafür haben, dass die US-Regierung den eingebrochenen Immobilienmarkt wieder beleben will. Es darf auch jeder Fehler machen. Aber doch nicht den gleichen Fehler zwei Mal, und noch dazu so kurz hintereinander! Auch in China scheint sich mittlerweile eine gewaltige Immobilienblase zu entwickeln. Lernt die Welt denn nie dazu?

Wir Bürger haben dem unglaublichen Treiben der Banker vor und nach der Krise ohnmächtig und hilflos zugeschaut und sind nun auch erstaunlich lethargisch angesichts der zögerlichen und unzureichenden Reformbemühungen der Politik. Froh, dass es doch nicht so schlimm gekommen ist, wie uns alle angedroht hatten. Wir können bei unserer Bank problemlos Geld abheben, die Wirtschaft wächst schon wieder und die Arbeitslosenzahlen sind nicht explodiert, sondern gehen sogar zurück. Also alles halb so wild?

Nein, denn wenn das bestehende Wirtschafts- und Finanzsystem nicht grundlegend reformiert wird, **wird die nächste Krise nicht lange auf sich warten lassen** – und die wird dann voraussichtlich noch deutlich schlimmer ausfallen, weil durch die bereits angehäuften Staatsschulden die Reaktionsmöglichkeiten der Staaten mittlerweile immens eingeschränkt sind! Zu dieser Vorhersage bedarf es keiner prophetischen Gabe und sie hat auch nichts mit Pessimismus zu tun, sondern mit schlichtem Realitätssinn. Denn die Ursachen der Krise sind noch keineswegs beseitigt. Ein Kurieren an Symptomen im Finanzmarkt reicht keinesfalls aus. Wer Augen hat zu sehen, der kann aus der Krise lernen, dass die Grundlagen des bestehenden neoliberalen Wirtschaftssystems marode sind. Es ist zu einseitig auf Gewinnmaximierung fixiert, zu kurzfristig orientiert, und deshalb auch zu risikoanfällig, zu stark auf Wachstum »auf Pump« ausgerichtet und damit auch blind gegenüber exorbitant steigender Staatsverschuldung, Ressourcenverschwendung und Umweltzerstörung. Wir sind noch mitten drin im krisenanfälligen **neoliberalen Kapitalismus**, der uns mit der Asienkrise 1998, der geplatzten Internetblase 2000, der Finanz- und Wirtschaftskrise 2008 und der kurz darauf folgenden Euro-Krise **vier große Krisen in nur zwölf Jahren** produziert hat – und durch seinen ungebrochenen Wachstumswahn eine Umweltkrise ungeahnten Ausmaßes generiert.

Eines ist jedoch klar – und das sollten wir uns vor Augen führen: Ausbaden müssen die damit verursachten Probleme wir alle. Hier wurden und werden unser Erspartes und unsere Steuergelder verzockt und unsere Rente und Sozialleistungen aufs Spiel gesetzt. Wer soll die immensen Staatsschulden abtragen, wenn nicht wir und unsere Kinder? 25.000 Euro Schulden sind es in Deutschland schon pro Kopf der Bevölkerung – Kinder, Arbeitslose und Rentner eingerechnet. Und es werden von Jahr zu Jahr mehr. Trotz des sogenannten Sparpakets kommen in den nächsten fünf Jahren nochmals über 150 Milliarden Euro an Staatsschulden hinzu! Jedem, der meint, diese Probleme gingen ihn nichts an, seien die Sparprogramme von Griechenland, Portugal, Spanien oder Lettland zur Lektüre empfohlen: Zahlen muss es am Ende die Masse der Bevölkerung, die zum größten Teil keine Schuld hatte an der Finanzmisere. Durch Lohn- und Rentenkürzungen, durch Steuer-Erhöhungen, Subventionskürzungen, Erhöhung von Gebühren und Einschränkung von öffentlichen Leistungen. In eine ähnliche

Richtung weist ja auch bereits das kleine Sparpaket in Deutschland. Dazu kommt mit ziemlicher Sicherheit mittelfristig zumindest eine schleichende Inflation, weil diese die Staatsschulden verringert. Und die trifft wiederum alle. Neben dieser Wirtschaftskrise überfordert unser Wirtschaftssystem durch Ressourcenverschwendung, Umweltverschmutzung und Treibhausgas-Emissionen die Umwelt über alle Maßen. Hierdurch treiben wir geradewegs auf eine Umwelt- oder Klimakrise zu. Wie uns diese treffen wird, das lässt sich heute nur dunkel erahnen, aber wir laufen blind hinein.

Wollen wir das wirklich? Wenn nicht, dann sollten wir, auch als (nicht sachverständige) Bürger, uns des – leider meist als komplex und spröde empfundenen – Themas Wirtschaft annehmen und Druck auf die Politik machen, dass endlich etwas Grundlegendes passiert. Wir dürfen uns nicht einlullen lassen vom jetzigen Wachstum der Wirtschaft. Das könnte sehr kurzfristig sein – oder uns weiter in eine Wachstums- und Umweltkrise treiben. Es ist **höchste Zeit zu handeln**, wenn wir die nächste Krise noch verhindern wollen. Noch hätten wir die Chance dazu. Und das einzig Gute an dieser Krise ist, dass sie uns ihre Ursachen so glasklar offenbart hat. Wir müssen nur willens sein, sie zu analysieren – und dann vor allem die Systemfehler abzustellen. Was wir dringend brauchen, ist nicht ein Kurieren an Symptomen, sondern eine tiefgreifende **Reform** des bestehenden **neoliberalen** hin zu einem **nachhaltigeren** Wirtschafts- und Finanzsystem.

II
Ursachen der Krise und Schwach- stellen des Neoliberalismus

Marktwirtschaften – zumal neoliberale – neigen immer wieder zu Krisen durch spekulative Übertreibungen und einem nachfolgenden Crash. Wie oben bereits angedeutet, haben sich in den letzten zwölf Jahren bereits vier größere Krisen ereignet: die Asienkrise 1997/98, die mehrere asiatische Staaten an den Rand des Ruins brachte, von dem sie sich bis heute kaum erholt haben; dann die Dotcom-Krise 2000/01, die uns im Westen hätte eine Warnung sein können, doch wir machten weiter wie zuvor und pumpten die Wirtschaft und die Finanzmärkte – allen voran die USA – mit billigen Krediten der Notenbanken auf. Bis sich diese Finanzblase 2008 in einem großen Crash entlud. Kaum zwei Jahre später überraschte uns dann die Euro-Krise, die nur der Vorbote einer umfassenden Schuldenkrise der Industrieländer war. Ist letztere jetzt der Weckruf, dass wir uns endlich einmal die Ursachen der Krisen näher betrachten, um daraus die richtigen Konsequenzen zu ziehen? Denn gerade die aktuelle Finanz- und Wirtschaftskrise und die nachfolgende Euro-Krise – gepaart mit der Schuldenkrise und der Wachstums- und Umweltkrise – zeigen uns in ihren Ursachen sehr anschaulich die Defizite des derzeitigen neoliberalen Wirtschaftssystems. Und eine präzise Ursachenanalyse trägt auch bereits die Therapie in sich.

1. Ein Land lebt über seine Verhältnisse …
… und lässt sich vom Rest der Welt finanzieren

Eigentlich sollte man bei der Fehlersuche nicht mit anderen Ländern beginnen. Aber im Fall der letzten Krise gebührt eindeutig den USA der Vortritt, weil dort über Jahre hinweg die Ursachen für die Krise gelegt wurden. Im Ursprungsland des neoliberalen Wirtschaftssystems, das dort unter Präsident Ronald Reagan als sogenannte »Reaganomics« in den 1980er-Jahren des letzten Jahrhunderts seinen Einzug hielt, lässt sich auch sehr schön exemplifizieren, dass die Ursachen der Krise sehr eng mit den Defiziten des neoliberalen Systems zusammenhängen: Die Politik des billigen Geldes der Notenbank (FED) über Jahre hinweg, die Ideologie des Wachstums »auf Pump«, sowie die Auswirkungen der Liberalisierung des Finanzwesens.

Die USA konsumierten seit Beginn der 1980er-Jahre mehr als sie produzierten. Das hierdurch verursachte Handelsdefizit stieg über drei Jahrzehnte kontinuierlich an und erreichte im Jahr 2007 sein Maximum mit stolzen 790 Milliarden US-Dollar. Dadurch wurde die führende Wirtschaftsnation mit Abstand zum größten Kapitalimporteur weltweit. Sie machte also immense Schulden im Ausland. Finanziert wurde dies im Wesentlichen durch die drei großen Exportnationen China, Deutschland und Japan, wobei China den Löwenanteil dieser Schulden, in Form von amerikanischen Staatsanleihen übernahm. Dafür lieferte es den Amerikanern billige Konsumgüter. Die Amerikaner machten sich also durch ihren Konsumrausch finanziell völlig abhängig von ihrem größten potentiellen Konkurrenten als politische und wirtschaftliche Führungsmacht. Deutschland, das zugunsten seines Exports immerhin, wenn auch mit weitem Abstand, als Nummer Zwei der Finanziers der USA fungierte, legte dieses Geld, wie wir noch sehen werden, nicht wie China in sichere Staatspapiere sondern in unsichere amerikanische Hypothekenpapiere an.

Auch im Privatsektor zeigte sich dieser zunehmende Trend zum Schuldenmachen, zum Leben über die Verhältnisse. Die amerikanische Sparquote, die bis in die 1980er-Jahre ähnlich wie in Deutschland bei ca. zehn Prozent lag, sank von da ab kontinuierlich gegen Null. Dieser Trend wurde noch unterstützt durch die amerikanische Notenbank FED, die unter ihrem damaligen Chef Alan Greenspan über ein Jahrzehnt lang billiges Geld in den Markt pumpte, damit das Schuldenmachen erleichterte und einen Konsum- und Investmentboom auf Schuldenbasis auslöste. Angeregt durch dieses billige Geld und staatliche Programme wie »Jedem Amerikaner sein Haus« erlebten die USA einen gigantischen Immobilienboom. Zwischen 1996 und 2006, in nur zehn Jahren, schossen die Immobilienpreise um 300 Prozent in die Höhe und machten es damit Immobilienkäufern leicht, ihr Haus zu finanzieren, weil es noch vor Abzahlung seinen Wert verdoppelt hatte. Dies verleitete auch Banken dazu, immer großzügigere Hypothekenkredite anzubieten. Hierbei wurde teilweise keinerlei Eigenkapital mehr verlangt und oft wurden sogar bis zu 125 Prozent der Bausumme finanziert. Auf Bonitätsprüfungen wurde am Ende ganz verzichtet. Dies wurde ironischerweise durch ein gut gemeintes Gesetz von Bill Clinton, dem »Community Reinvestment Act« von 1997, begünstigt. Das Gesetz sollte eigentlich der Verwahrlosung von Wohnbezirken entgegenwirken, indem es die Diskriminierung von benachteiligten Bevölkerungsschichten bei der Vergabe von Hypothekenkrediten verbot. Am Ende schwatzten Bankvertreter auch noch Bau- oder Kaufwilligen ohne Einkommen und Sicherheiten Hypothekenkredite auf. Solche Vergaben nannte man im Bankenjargon »Ninja-Kredite«, kurz für »no income, no job, no assets«. Was mit diesen Krediten anschließend noch Unglaubliches geschah, wird im nächsten Kapitel beleuchtet werden.

Hypothekenkredite wurden somit in den USA zur beliebtesten Kreditform, mit der man dann auch die dort so gängigen Kreditkarten-Schulden abdeckte. Die Hypothekenkredite überstiegen daher am Ende bei weitem die Bauinvestitionen. Schuldenmachen wurde für die Amerikaner somit zum Volkssport. »Keine Schulden zu haben und Rechnungen pünktlich zu bezahlen, war für sie spießig und dumm. Der moderne Mensch machte Schulden. Damit stellte er seinen strahlenden Wachstums- und Zukunftsoptimismus unter Beweis« (M. Miegel). Die private Verschuldung stieg bis 2008 auf 13,5 Billionen US-Dollar, das sind 92 Prozent der US-Wirtschaftsleistung und übertraf noch das damalige Staatsdefizit in Höhe von 12,4 Billionen US-Dollar. Das ging so lange gut, bis die gigantische Immobilienblase platzte, was der eigentliche **Auslöser der Finanzkrise** war.

Man kann sicherlich festhalten, dass die amerikanische Lebensweise »auf Pump« und das Platzen der gigantischen amerikanischen Immobilienblase die Weltwirtschaftskrise ausgelöst haben. Aber es ist nicht unsere Absicht, die USA als alleinigen Verursacher der Krise darzustellen.

Erstens haben auch andere Länder in den letzten Jahrzehnten über ihre Verhältnisse gelebt. Griechenland ist hierfür ein besonders drastisches Beispiel, in geringerem Umfang auch Spanien, Portugal, Irland, Italien und Großbritannien.

Zweitens hat eine ähnliche Immobilienkrise Japan in den 1990er-Jahren in eine Rezession gerissen, von der es sich immer noch nicht erholt hat. Auch in Europa hatten wir im letzten Jahrzehnt ähnliche Immobilienblasen: In Spanien und Portugal platzten sie sogar früher; denen in England und Irland wurde die Luft mehr oder weniger zeitgleich mit den USA rausgelassen.

Drittens hat der Rest der Welt das amerikanische Leben »auf Pump« durchaus goutiert, weil die größte Volkswirtschaft der Welt somit als Konjunktur-Lokomotive wirkte, von der alle, insbesondere die Exportnationen China, Deutschland und Japan profitiert haben. Diese haben, wie wir gesehen haben, den Amerikanern ihre Eskapaden auch noch finanziert.

Und viertens sind bei den übrigen Krisenursachen und Schwachstellen des derzeitigen Wirtschaftssystems, die nachfolgend analysiert werden, fast alle entwickelten Industriestaaten beteiligt.

Was die amerikanische Krise von den übrigen unterscheidet, ist – wie immer – die Größenordnung, aber auch die Übertreibung und die Kaltblütigkeit, mit der die USA **über den Kapitalmarkt ihre Probleme in die Welt exportiert** haben.

2. Die Finanzwirtschaft wurde zur Speerspitze eines ungezügelten Kapitalismus ...

... und stürzte die Weltwirtschaft in die Krise

Neoliberale Deregulierung des Finanzmarktes begünstigt spekulative Übertreibungen

In den letzten zwanzig Jahren wurde die Finanzwirtschaft entsprechend der neoliberalen Wirtschaftstheorie weltweit **dereguliert und liberalisiert.** Schritt für Schritt wurden bewährte Regularien gelockert, Eigenkapital-Vorschriften aufgeweicht, Geschäfte außerhalb der Bilanz zugelassen, der sogenannte »graue Finanzmarkt« außerhalb des Bankensektors ausgeweitet und die Grenzen zwischen Investment- und Geschäftsbanken verwischt. Damit ließ die Politik einen Geist aus der Flasche, dessen sie nun nicht mehr Herr wird. Gepaart mit immer ehrgeizigeren Renditezielen und einem immer größeren Kredithebel, riss die finanzielle Gier im Lauf der letzten Jahre nahezu alle Barrieren eines soliden Finanzgebarens ein. Häufig geschah dies unter Überschreiten des Verantwortbaren und Zulässigen.

Der Ausgangspunkt lag dabei ebenfalls eindeutig in den USA. Von dort aus verbreiteten sich die zweifelhaften Praktiken aber schnell über die ganze westliche Welt, mit Großbritannien, Deutschland, der Schweiz und Irland an der Spitze.

Natürlich wollten die amerikanischen Hypothekenbanken nicht auf ihren »Ninja-Krediten« sitzenbleiben. Daher verkauften sie diese relativ günstig an amerikanische Privatbanken, in erster Linie an Investmentbanken wie Goldman Sachs und Lehmann Brothers. Was dort mit diesen »Ninja-Krediten« passierte, stößt an die Grenzen des Vorstellbaren: Man bündelte die Darlehen, mischte sie mit anderen, versah sie teilweise mit speziellen Kreditausfallversicherungen, sogenannte »credit default swaps« (CDS), welche die große amerikanische Versicherungsgesellschaft AIG ausgab. Dann stückelte man dieses Konglomerat in unterschiedliche Tranchen mit künstlichen Risikoklassen. Diese aufgehübschte, strukturierte Giftmischung, sogenannte »collateralized debt obligations« (CDO), ließ man dann durch Ratingagenturen, die die Banken bei der ›Produktgestaltung‹ beraten hatten (und somit natürlich alles andere als objektiv waren) mit Ratings ausstatten, die es in den besseren Risikoklassen sogar auf die Bestnote Triple A brachten! Das stellt sie auf eine Sicherheitsstufe mit Staatspapieren. Wie so etwas möglich war, steht in den Sternen. Denn trotz aller Mischung und Bündelung hingen sie alle letztlich an zweifelhaften Hypothekenpapieren, die mit dem Platzen der Immobilienblase gemeinsam notleidend wurden. Die hohen Renditen dieser dubiosen Finanzprodukte drängten offenbar alle Risikoabwägungen in den Hintergrund. Immerhin haben sie in den Jahren zwischen 2002 und 2006 40 bis 60 Prozent der Gewinne der Wallstreet produziert (Otte, S. 18).

Wenn Sie die Konstruktion dieser Papiere nicht ganz verstanden haben sollten, kann ich sie trösten: Sie befinden sich damit in bester Gesellschaft. Diese Schrottpapiere konnten nämlich an Banken in der ganzen Welt verkauft werden, die sie mutmaßlich auch nicht verstanden haben. Selbst ein Schöpfer dieser Kunstprodukte, der Goldman Sachs Manager Fabrice Tourré, meinte zu einem solchen CDO: »Wir haben ein Ding erschaffen, das keinen Sinn erfüllt und hoch theoretisch ist. Ein wenig so, als ob Frankenstein sich gegen seinen Schöpfer wenden würde.« Lange nachdem das Kind in den Brunnen gefallen war, untersucht die amerikanische Börsenaufsicht, ob bei der Konstruktion dieser Papiere alles korrekt zuging und ob man die Kunden über diese Papiere ausreichend informiert hat. Goldman Sachs hat nämlich bei der Konstruktion mindestens eines solchen Papiers mit einem Hedgefonds zusammengearbeitet, der auf das Platzen eben dieses Papiers gewettet hat. Das Ganze wurde dann weltweit an nichtsahnende Banken verkauft. Ich weiß nicht, wie es Ihnen geht. Vermutlich haben Sie – einfach mit Ihrem gesunden Menschenverstand betrachtet – auch das Gefühl, dass es dabei nicht mit rechten Dingen zuging und wundern sich, dass die amerikanische Bankenaufsicht SEC nicht von vorneherein eingeschritten ist. Mittlerweile musste Goldman Sachs dafür in einem Vergleich 550 Millionen US-Dollar, die bis dato höchste Geldbuße im Finanzbereich, zahlen und seine Geschäftspraktiken überprüfen. Solche Praktiken waren aber nicht auf die Wall Street beschränkt, sondern wurden desgleichen in der Londoner City betrieben (vergleiche Schmidt) oder in Tochterfirmen der Deutschen Bank.

Ebenso wundern Sie sich vielleicht, wie man solche obskuren Papiere weltweit weiterverkaufen konnte. Zum Beispiel an die Deutsche Bank, in der doch sicherlich Experten sitzen, die den Schwindel durchschauen sollten. Oder an die Mittelstandsbank IKB, oder an die verschiedenen Landesbanken, wo man diese Konstrukte im Zweifel wirklich nicht ganz durchschaut hat. Aber warum kauften solche Banken, die sich eigentlich um die Mittelstands- oder die regionale Finanzierung kümmern sollten, mit Milliardensummen Papiere, die sie nicht verstanden? Gab es dort keine Risiko-Richtlinien und Risikomanager, Controlling-Vorstände oder Aufsichtsräte, die das hinterfragt und unterbunden haben?

Eigentlich gilt in Deutschland immer noch das Prinzip der »Kaufmännischen Vorsicht«. Aber offensichtlich wurden diese bewährten Grundsätze in den letzten Jahren durch überzogene Gewinn- und Renditeziele, also letztlich durch wirtschaftliche Gier, zunehmend in den Hintergrund gedrängt. Zumal, wenn es andere doch auch machten. Man konnte unmöglich der Konkurrenz die hohen Renditen, die bei solchen risikoreichen Papieren winkten, alleine überlassen. Gier und Herdentrieb sind einfach schlechte Berater.

Das Schlimmste an dieser ganzen Misere ist, dass unsere Banken solche Papiere auch noch an ihre Privat- und Firmenkunden weiter verkauft haben. Mit Bankberatern, denen man von früher her noch vertraute, die aber nicht mehr im Kundeninteresse, sondern im Interesse der Bank – die entsprechend Druck auf die Berater machte – und der üppigen Provision beraten haben. Dass hier oft Gelder vernichtet wurden, die die Kunden für die Pension oder sonstige Zukunftsvorsorge anlegen wollten, spielte dabei keine Rolle. Es ist mehr als verständlich, dass ein normaler Kunde diese komplizierten Papiere nicht verstehen konnte. Er vertraute eben den Beratern, die häufig noch nicht mal auf das hohe Risiko hinwiesen. Man kann sich aber auf Seiten dieser Endkunden fragen, ob sie sich über die hohen Renditen, die ihnen da angeboten wurden, nicht gewundert haben. Aber auch da waren eben teilweise Gier und Herdentrieb mit am Werk.

Durch die Verwässerung der Bankenregulierung, insbesondere durch die Vorgaben der bis zur Krise aktuellen europäischen »Regulierungsregel« Basel II, wurde die **Eigenkapitalunterlegung** für Bankgeschäfte immer geringer, so dass zum Beispiel die Deutsche Bank eine bilanzielle Eigenkapitalquote von unter zwei Prozent hatte, die Problembank Hypo Real Estate (HRE) sogar nur 1,5 Prozent, statt den früher üblichen sechs bis acht Prozent! Das verschaffte den Banken auf der einen Seite einen enormen Kredithebel und hohe Eigenkapital-Renditen (das bekannte 25-Prozent-Ziel von Herrn Ackermann), auf der anderen Seite sank das Haftungskapital damit nahe Null und die Anfälligkeit der Banken für Risiken wurde enorm hoch.

Die bankeigenen **Risikomanagement-Systeme** wurden angesichts immer höherer Renditeziele also offenbar mehr und mehr vernachlässigt. Das Management, das darüber wachen müsste, hat somit, milde ausgedrückt, zumindest seine Sorgfaltspflicht verletzt. Auch die Aufsichtsräte scheinen ihrer Aufsichtspflicht sehr nachlässig nachgekommen zu sein. Wie sonst hätte es passieren können, dass so viele Großbanken, inklusive der Landesbanken mit ihren teils politischen Aufsichtsräten, sich fernab von ihrer Hauptaufgabe mit Milliarden-Summen in den hochriskanten internationalen Finanzhandel und in den Kauf undurchschaubarer und noch riskanterer Schrottpapiere gestürzt haben? Und das auch noch, im Falle der Landesbanken, mit Geldern, die staatlich verbürgt waren.

Versagt hat auch die **Bankenaufsicht**, sowohl in den USA als auch in Großbritannien und Deutschland. Weder wurde die jahrelange Vernachlässigung der internen Risikomanagementsysteme gerügt, noch die einseitige Ausrichtung der Geschäfte auf hochriskante Papiere, noch die interessengeleitete Kundenberatung. Die deutsche Bankenaufsicht, Bafin, konnte zwar schon mal, wie ich aus eigener Erfahrung weiß, bei der Gründung einer kleinen Gas-Handelsgesellschaft fast ein Jahr lang prüfen, ob das dafür vorgesehene Risikomanagement-System ausreichend war. Bei ihrer Hauptklientel, den Großbanken, hat sie aber wohl jahrelang beide Augen zugedrückt, sonst hätte ein solches Desaster nicht entstehen können.

Desweiteren haben auch die **Ratingagenturen** versagt, die die hochriskanten CDO-Papiere teilweise als »sehr sicher« bewertet haben. Sei es, weil sie an deren Konstruktion beteiligt waren oder auch weil sie einfach falsche Bewertungsmethoden anwandten (vergleiche hierzu des Näheren: Sinn, S. 144ff). Sie stuften die Papiere erst ab, als das Kind schon längst in den Brunnen gefallen war. Wenn man bedenkt, welchen Vertrauensvorschuss diese Agenturen am Markt haben und welche Macht sie über das Schicksal von Unternehmen und sogar Ländern ausüben, dann stimmt einen das schon sehr nachdenklich. Je nachdem, ob eine der führenden Ratingagenturen ihren Daumen hebt (wie im Fall der mehr als zweifelhaften CDO-Papiere) oder senkt, – wie die Beispiele Griechenland, Portugal und Irland gezeigt haben – läuft der Finanzhandel einer Bank gut, oder ein Land wird ins Chaos gestürzt.

So nahm nach dem Platzen der amerikanischen Immobilienblase alles seinen Lauf. Man muss sich das Ausmaß einmal vorstellen: ein Wertverlust am amerikanischen Immobilienmarkt in Höhe von 7,1 Billionen US-Dollar! Das ist ungefähr das Dreifache des deutschen Bruttoinlandsprodukts (BIP), also der gesamten Wirtschaftsleistung der Bundesrepublik. Der Abschreibungsbedarf der Banken weltweit erreichte aufgrund dieser Misere bis Ende 2009 knapp drei Billionen US-Dollar; das ist eine drei mit zwölf Nullen.

Man kann sich diese riesigen Zahlen eigentlich gar nicht mehr vorstellen. Unser Vorstellungsvermögen endet in der Regel bei ca. einer Million. So viel kostet beispielsweise ein größeres Haus mit Garten, und so viel kann man auch im Lotto gewinnen. Nun stellen Sie sich einmal vor, Sie hätten das unverschämte Glück, nicht nur einmal im Lotto zu gewinnen, sondern jede Woche. Nur mal so vorstellen, ohne Rücksicht auf die Wahrscheinlichkeitsrechnung. Wenn Ihnen die Glücksfee 20 Jahre lang treu bliebe, dann hätten Sie eine Milliarde gewonnen. Um auf eine Billion zu kommen, hätte ein Urahn von Ihnen zur Zeit der Neandertaler, nämlich vor 20.000 Jahren anfangen müssen, Lotto zu spielen – und Woche für Woche eine Million zu gewinnen. Zinsen und Zinseszinsen mal weglassen. Für drei Billionen hätte er bereits in der Alt-Steinzeit vor 60.000 Jahren anfangen müssen. Unvorstellbar, oder?

Und das haben die Banken der westlichen Welt innerhalb von zwei Jahren einfach so verzockt. Nur ein gutes Drittel davon blieb bei amerikanischen Banken hängen, immerhin 58 Prozent konnten sie an europäische Banken verscherbeln! Ist das nicht unglaublich? Welche Gier, welche Ignoranz und welche Ver-

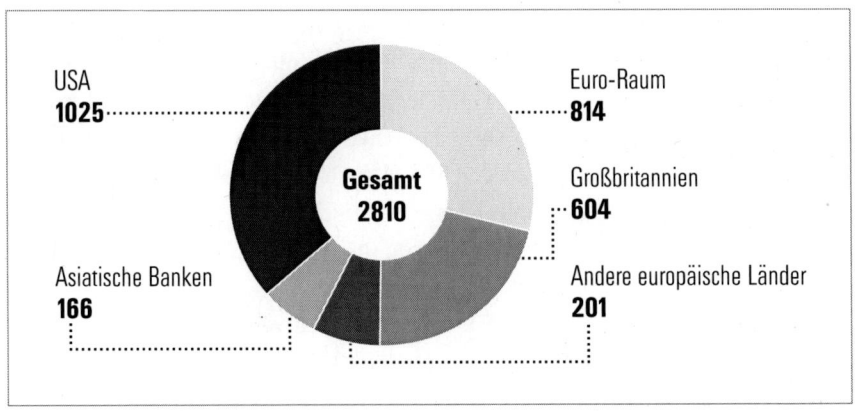

USA
1025

Euro-Raum
814

**Gesamt
2810**

Großbritannien
604

Asiatische Banken
166

Andere europäische Länder
201

Abbildung 1: Abschreibungsbedarf der Banken weltweit 2007 bis 2009 (in Mrd. US-Dollar)
(Quelle: OECD)

antwortungslosigkeit muss hier auf beiden Seiten des Atlantiks am Werk gewesen sein? Interessant, dass asiatische Banken insgesamt nur sechs Prozent davon abbekommen haben, obwohl China und Japan ja zusammen die größten Gläubiger der USA waren. Diesen Ländern kam zugute, dass ihr Finanzmarkt noch stark reguliert ist und ihre Banken keine Schrottpapiere (»Junk-Bonds«) kaufen durften. Sie deckten sich stattdessen mit amerikanischen Staatspapieren ein.

Systemrelevanz größerer Banken

In den USA brachen zuerst die zwei großen öffentlich-rechtlichen Hypothekenbanken Fannie Mae und Freddie Mac zusammen und mussten vom Staat zu 80 Prozent verstaatlicht werden. Diesen folgte der größte amerikanische Versicherungskonzern AIG, der sich im Wesentlichen mit den Kreditversicherungen CDS überhoben hatte. Als dann am 15. September 2008 eine der größten Investment-Gesellschaften der Welt, **Lehman Brothers,** kippte, brach der gesamte internationale Interbankenhandel vorrübergehend zusammen. Man darf sich fragen, warum gerade diese Bank, die mit einem Bilanzvolumen von 500 Milliarden US-Dollar sicherlich »too big to fail« war, vom amerikanischen Staat nicht gestützt

wurde. Ein Schelm, wer dabei daran denkt, dass der damalige amerikanische Finanzminister Paulson ursprünglich Chef von Goldman Sachs und damit Lehman Brothers' größter Konkurrent war. Jedenfalls war der Kollaps von Lehman
Brothers der Big Bang zur Auslösung der Finanzkrise, die in den USA noch 83
weitere Banken auslöschen sollte. Auch in Europa, insbesondere in Großbritannien, Deutschland, Irland, Island, Frankreich und der Schweiz, sowie in vielen
anderen Staaten der Welt brachte sie Banken ins Wanken und zog dann auch die
Realwirtschaft mit in den Abgrund.

Spätestens nach der Lehman-Pleite wurden weltweit alle größeren Banken
als **systemrelevant** angesehen, als »too big to fail«, die daher vom Staat gerettet
werden müssen, um nicht das ganze Finanzwesen und damit die Wirtschaft zu
ruinieren. In Deutschland hat man darunter sogar mittelgroße Banken wie die
HRE und die IKB eingereiht, die beide vom Bund vor dem Konkurs gerettet
wurden, sowie die Landesbanken, die von den Ländern mit Staatsgeldern wie-
derbelebt wurden. Es sei bereits hier darauf hingewiesen, dass die »Systemrelevanz« einer Bank nichts Gottgegebenes ist, sondern Definitionssache, die von
ihrer Größe und ihrer Verflechtung mit anderen Banken abhängt. Auch inwieweit der Staat solche Banken stützen muss, inwieweit er die Bankeigner beteiligen, oder ob er weniger relevante Bereiche der Bank insolvent werden lassen
kann, ohne das gesamte Bankensystem zu gefährden, ist keineswegs eindeutig.
Fairerweise muss man wohl sagen, dass die Finanzministerien und Aufsichtsbehörden auf diesen »Gau« nicht vorbereitet waren und dann plötzlich schnell
entscheiden mussten. Dabei waren sie sicherlich auch den mehr oder weniger
geschickten Einflüsterungen der Finanzlobby ausgeliefert. Teilweise wurde diese
Systemrelevanz dann auch auf Großunternehmen aus der Realwirtschaft ausgedehnt. Bestes Beispiel hierfür ist General Motors in den USA, wo der Staat
die Kontrolle übernahm, und Opel in Deutschland, wo der Staat zumindest zeit-
weise hohe Kredite und Bürgschaften in Aussicht stellte, um das Unternehmen
vor dem Konkurs zu retten. Letzteres ist zwar keineswegs zwingend, geschweige denn wirtschaftlich sinnvoll, aber wegen der hohen Zahl an Arbeitsplätzen
und der wirtschaftlichen Relevanz solcher Großunternehmen politisch wohl
schwer zu vermeiden. Auf diese Systemrelevanz soll in Teil III.2 noch gesondert
eingegangen werden.

Die Finanzwelt entwickelte sich seit den 1980er-Jahren immer mehr zu einer Parallelwelt zur Realwirtschaft. Darin ließen sich durch übergroße Kredithebel, steigende Risiken und den zunehmenden Handel mit reinen Finanzpapieren, die sich nur noch sehr indirekt auf die Realwirtschaft bezogen (Finanzkaskaden), sehr viel höhere Renditen erzielen. Das Investmentgeschäft und der Finanzhandel drängten das traditionelle Kreditgeschäft mit Unternehmen und Privatkunden mehr und mehr in den Hintergrund, weil sich mit letzterem nicht so viel Geld verdienen ließ. Täglich schwirren auf Maus-Klick ein bis zwei Billionen Euro um den Globus. Nur zwei Prozent davon dienen der Abdeckung von realen Wirtschaftsprozessen. Der »Rest« ist virtuell, ein Großteil davon spekulativ unterwegs.

Trotz dieses Ablösens der Finanzwirtschaft von der Realwirtschaft hat das Platzen der gigantischen Finanzblase die Realwirtschaft mit in die Krise gezogen. Denn letztere braucht einen funktionierenden Geld- und Kreditkreislauf und dieser kam durch die Finanzkrise plötzlich zum Stocken. Die billigen Kredite der Notenbanken, die diese dann zur Ankurbelung der Wirtschaft ausgaben, versickerten großenteils wieder im Finanzhandel der Banken und landeten gar nicht beziehungsweise kaum bei der notleidenden Wirtschaft.

Zweifelhafte Geschäfte vieler Hedgefonds beziehungsweise Private-Equity-Gesellschaften

Neben den Banken schossen in den letzten Jahrzehnten Schattenbanken ins Kraut: Hedgefonds, Private-Equity-Gesellschaften, Finanzinvestoren und finanzielle Zweckgesellschaften, Zehntausende an der Zahl. Diese müssen sich zwar registrieren lassen, aber sie werden kaum kontrolliert, geschweige denn reguliert. Häufig haben sie ihren Sitz in Steueroasen. Oft sind sie sogar Gründungen beziehungsweise Beteiligungen von Banken, die sich damit der ohnehin schon ziemlich laschen Regulierung entziehen wollen. Man hat sie in nahezu allen größeren Industriestaaten der westlichen Welt zugelassen, auch in Deutschland zu Zeiten des

Finanzministers Eichel. Man könne als große Wirtschaftsnation nicht auf solche Finanzinstrumente verzichten, war die windige Begründung, von der die Öffentlichkeit kaum Notiz nahm, weil man sich damals darunter kaum etwas vorstellen konnte. Dahinter verbirgt sich aber eine Finanzkraft von annähernd zwei Billionen Dollar! Angetrieben von noch höheren Renditezielen als Banken (teilweise über 30 Prozent!) verlegten sie sich zum Teil auf völlig unredliche Geschäfte:

So kauften viele Private-Equity-Gesellschaften Unternehmen nahezu ohne Eigenkapitaleinsatz, griffen dreist auf das notwendige Eigenkapital der gekauften Unternehmen (manchmal sogar auf deren Pensionskassen) zu oder trieben sie in hohe Schulden, um dadurch ihren Kaufpreis schnellstmöglich zu finanzieren. Dann zerlegten sie die Unternehmen häufig und verkauften die Bereiche einzeln weiter oder ließen sie gegen die Wand fahren. Das Schicksal der Mitarbeiter interessiert solche Fondsmanager noch nicht einmal am Rande, zumal ihnen der Bezug zum Unternehmen abgeht. Sie agieren mit Unternehmen, wie sie es im Finanzhandel gelernt haben. Sie interessiert nur der schnellste Weg zur größtmöglichen Rendite. Alles andere ist nebensächlich. Franz Müntefering geißelte solche Gesellschaften als »Heuschrecken«, die alles leer fressen und dann weiterziehen. Damals waren das harte Worte, die viel diskutiert wurden. Doch leider trifft dies auf eine ganze Reihe von schwarzen Schafen unter den Private-Equity-Gesellschaften zu. Wohlgemerkt nicht alle Finanzinvestoren handeln so. Viele sind seriös, haben langfristige Anlagestrategien und bringen den Unternehmen wichtiges Investitionskapital. Aber leider gibt es zu viele schwarze Schafe.

Andere Finanzinvestoren, insbesondere Hedge Fonds, wetten mit Milliardenbeträgen auf fallende (manchmal auch auf steigende) Kurse von Rohstoffen, Lebensmitteln oder Währungen. Damit stürzen sie ganze Märkte ins Chaos und ganze Volkswirtschaften in den Ruin. So geschah das in Argentinien, Thailand, Indonesien und auch in England in den 1990er-Jahren und nun jüngst in Griechenland, Portugal und Irland. Angeblich lassen sich solche Machenschaften weder kontrollieren noch regulieren. Aber es lässt sich prächtig Geld damit verdienen. Die Manager von Centaurus, Renaissance Technologies, BP Capital oder George Soros streichen Jahreseinkommen von über einer Milliarde US-Dollar ein (Felber, 2008, S.74). Auf Regulierungsmöglichkeiten, die es selbstverständlich gibt – man muss sie nur wollen – wird auch in Kapitel III.2 eingegangen.

3. Die Finanzkrise wurde gegen eine Staatsschuldenkrise eingetauscht

Die Staaten stürzten sich bei der Lösung der Krise in immense Schulden

Auslöser der Krise waren im Wesentlichen ungedeckte Hypotheken-Darlehen in den USA, die dann als »Junk-Bonds« weltweit verkauft wurden, und mit der Immobilienblase platzten. Diese Finanzkrise stürzte nach wenigen Monaten auch die reale Weltwirtschaft in die Krise, weil die Unternehmen keine Kredite mehr bekamen oder zumindest damit rechnen mussten. Aufträge brachen, je nach Branche, um teilweise 20 bis 40 Prozent ein, Firmen gingen in Konkurs. Die Arbeitslosenzahlen schnellten weltweit in die Höhe, in den USA und Europa stiegen sie durchschnittlich auf ca. zehn Prozent (in Deutschland wegen der Kurzarbeitsregelung nur auf 8,6 Prozent). Manche Länder hat es auch sehr viel schlimmer getroffen.

In dieser prekären Situation konnten nur Staaten die Banken auffangen und das Vertrauen in den Finanzmarkt einigermaßen wiederherstellen. Mit Eigenkapitalspritzen, Ausfallbürgschaften, Garantien für Einlagen und teilweise auch durch Verstaatlichung wurde das Vertrauen in die internationalen Finanzmärkte zumindest einigermaßen stabilisiert. Dieser **staatliche Banken-Rettungsschirm** hatte in den westlichen Industriestaaten ein Volumen von über vier Billionen Euro. Ein Drittel davon schulterten die USA, Deutschland und Großbritannien übernahmen mit jeweils über 570 Milliarden Euro jeder 14 Prozent und das kleine Irland mit seinem völlig überdimensionierten Bankensystem musste rund 400 Milliarden Euro garantieren. An der Spitze standen also die Länder, die am meisten auf die Liberalisierung des Finanzsektors gesetzt hatten. Die Länder mit einem strenger regulierten Bankensystem wie China und die übrigen asiatischen Staaten, Südamerika, oder auch Länder wie Kanada oder Italien blieben weitgehend verschont. Dies sollte man sich gut merken für die Therapie des Problems. Glücklicherweise wurden die Ausfallbürgschaften zum großen Teil nicht verbraucht und viele Banken konnten die Kapitalspritzen mittlerweile zurückzahlen. Leider gilt dies noch nicht für die deutschen Problembanken HRE, IKB, oder die Landesbanken. Der IWF schätzt die Gesamtkosten der Finanzkrise mittlerweile auf 2,2 Billionen US-Dollar (vergleiche SZ vom 6. 10. 2010). Eine astronomische Summe! Finanziert mit Steuergeldern, die in keinem Haushaltsplan standen.

Aus der begründeten Befürchtung heraus, die Weltwirtschaft könnte durch die Finanzkrise wie in den 1930er-Jahren in eine jahrelange Depression versinken, nahmen die Staaten noch mehr Steuergelder in die Hand und finanzierten **riesige Konjunkturprogramme,** die bei den zwanzig größten Wirtschaftsnationen die enorme Summe von knapp einer Billion Euro umfassten, wiederum angeführt von den USA mit rund 360 Milliarden, China und Japan mit rund 130 Milliarden und Deutschland mit 82 Milliarden Euro. John Maynard Keynes (Allgemeine Theorie …), der als Konsequenz aus der großen Depression in den 1930er-Jahren eine staatliche Globalsteuerung inklusive einer staatlichen Wirtschaftsankurbelung durch »deficit spending« in Krisenzeiten propagierte, feierte fröhliche Wiederauferstehung, nachdem er wegen seiner Theorie der staatlichen Globalsteuerung Jahrzehnte lang von den Neoliberalen verdammt worden war. In den 1930er-Jahren hatten die Staaten auf die Finanzkrise mit rigiden Sparprogrammen reagiert und damit eine jahrelange Depression mit hoher Arbeitslosigkeit ausgelöst.

Inwieweit die jetzigen Konjunkturprogramme zu einer Begrenzung der Wirtschaftskrise beigetragen haben, ist schwer zu analysieren. Jedenfalls ist es gelungen, die befürchtete Depression zu vermeiden, die Rezession auf minus vier bis fünf Prozent zu begrenzen und nach einem Jahr bereits wieder Wachstum zu erreichen. Von einer wirklichen Depression, die staatliche Eingriffe unerlässlich macht, spricht man erst bei einem Rückgang der Wirtschaftsleistung von über zehn Prozent und einer längeren Dauer des Tiefflugs.

Haben die Staaten eventuell zu viel des Guten getan? Hätten auch kleinere Konjunkturprogramme ausgereicht? Sicher war das Kurzarbeitergeld eine sowohl konjunkturpolitisch als auch sozial sinnvolle Maßnahme. Aber die Senkung des Mehrwertsteuersatzes fürs Hotelgewerbe? Und hätte man bei der Bankenrettung deren Aktionäre nicht stärker finanziell beteiligen müssen, beispielsweise bei der Rettung der IKB und der HRE, wo die Privataktionäre nur sehr gering zur Stabilisierung beitragen mussten? Oder schon früher bei der staatlich geförderten Übernahme der Dresdner Bank durch die Commerzbank, durch die der Großaktionär der Dresdner, die Allianz, quasi entschuldet wurde. Diese Fragen müssen hier offen bleiben, obwohl sich gerade zur Praxis der Bankenrettung im Nachhinein durch einen parlamentarischen Untersuchungsausschuss schon viele Zweifel ergeben haben.

Ein drittes Instrument, das alle großen Volkswirtschaften (inklusive China) eingesetzt haben, um ihre Wirtschaft wieder anzukurbeln, war, **billige Kredite der Notenbanken** in den Finanzmarkt zu pumpen. Die Zinsen hierfür fielen auf nahe Null und die amerikanische Notenbank FED hat ihr Kreditvolumen seit Anfang 2008 mehr als verdoppelt. Ähnlich, aber etwas moderater, agierte die Europäische Zentralbank EZB. Eigentlich sollte dieses Geld über die Banken vorwiegend bei der Realwirtschaft landen. Es versickerte allerdings zum großen Teil im Finanzsektor, wo es vorwiegend für Eigenhandel und Finanzgeschäfte missbraucht wurde, während die Wirtschaft nach wie vor über eine Kreditklemme klagte. Um dem entgegenzuwirken wäre die unten vorgeschlagene Aufspaltung der Banken in Geschäfts- und Investmentbanken sehr hilfreich. Dann nämlich könnten nur noch Erstere auf die Zentralbankmittel zugreifen und würden diese dann direkt in die Wirtschaft schleusen.

Wenn es zu lange billige und zu hohe Kredite gibt, denen kein reales Wirtschaftswachstum gegenüber steht, besteht kurzfristig die Gefahr einer **neuen Finanzblase** (wofür es durchaus schon wieder Anzeichen gibt) und mittelfristig einer weltweiten **Inflation**. Auch für Letzteres gibt es mittlerweile unübersehbare Hinweise: die Inflationsraten haben 2011 den zulässigen Korridor von zwei Prozent deutlich überschritten und der Goldpreis steigt von Rekord zu Rekord. Normalerweise müssten die Notenbanken jetzt mit einer mehrstufigen Zinsanhebung reagieren, womit die EZB bereits vorsichtig begonnen hat. Die westlichen Staaten allerdings werden kein Interesse an einer Verteuerung von Krediten haben, denn die haben sich durch die oben beschriebenen Hilfsmaßnahmen zur Behebung der Krise heillos verschuldet. Die **Staatsverschuldung** ist weltweit seit Ausbruch der Finanzkrise **um 45 Prozent angestiegen** – auf 49,5 Billionen US-Dollar! Einen solchen Anstieg der Verschuldung gab es noch nie in Friedenszeiten. Die USA mussten 2010 durch die Bekämpfung der Krise eine Nettoneuverschuldung von 1,5 Billionen US-Dollar finanzieren und steuern somit erstmalig seit dem Zweiten Weltkrieg auf eine Staatsverschuldung von 100 Prozent des Bruttoinlandsproduktes zu. In Europa haben Länder wie Griechenland, Italien oder Belgien die 100-Prozent-Barriere längst gerissen. Japan liegt bei über 200 Prozent!

Auch wenn die Staatsschulden durch die Finanzkrise besonders drastisch angestiegen sind und auch in den folgenden Jahren noch weiter ansteigen werden, sei an dieser Stelle angemerkt, dass die Politik auch in Deutschland schon seit Jahrzehnten über ihre Verhältnisse lebt. Es ist uns Bürgern, die wir ja letztlich dafür gerade zu stehen haben, wohl kaum bewusst, dass außer in der Regierungsperiode von Konrad Adenauer und Ludwig Erhard **alle Regierungen seit 1970 ungeniert Schulden** angehäuft haben (Abbildung 2):

- die sozial-liberale Koalition   1970–1982 : 130 Milliarden Euro
- die Regierung Kohl   1982–1998 : 613 Milliarden Euro
  (inkl. Wiedervereinigung)
- die Regierung Schröder   1998–2005: 160 Milliarden Euro
- die Große Koalition   2006–2009 : 92 Milliarden Euro

Woher nehmen die Regierungen eigentlich das Mandat, auch in Zeiten ohne Wirtschaftskrisen oder der Wiedervereinigung Jahr für Jahr durchschnittlich 25 Milliarden Euro an Schulden aufzunehmen, ohne irgendeinen Plan, diese Schulden auch mal wieder abzubauen? 2010 stiegen die Staatsschulden krisenbedingt so stark wie noch nie. Die gesamten deutschen Staatsschulden, inklusive der Länder und Kommunen, erreichten damit die unglaubliche Höhe von rund 2.000 Milliarden Euro! Das sind fast 25.000 Euro je Bundesbürger! Und es werden immer noch laufend mehr.

Es ist nur ein kleiner Trost, dass Deutschland im Vergleich zu anderen Ländern noch vergleichsweise gut da steht. Island, Lettland, Ungarn, Griechenland, Portugal und Irland standen zwischen 2009 und 2010 kurz vor dem Staats-Bankrott und konnten nur durch Darlehen von anderen europäischen Staaten und vom

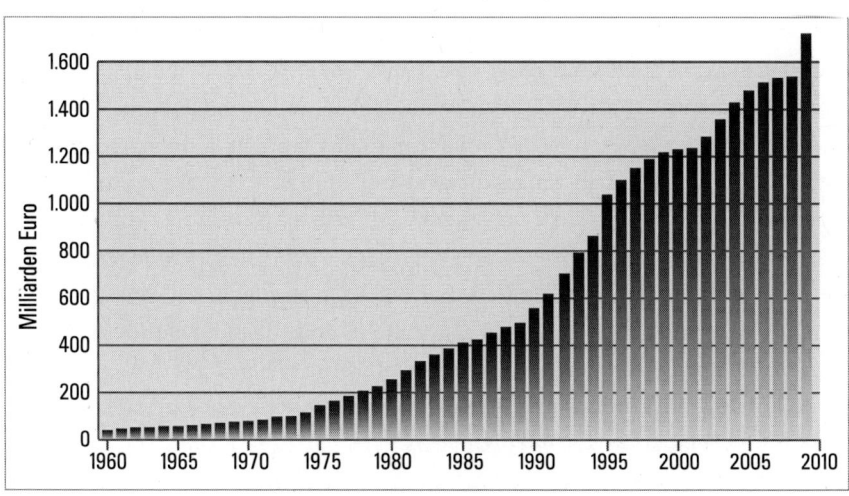

Abbildung 2: Staatsverschuldung Deutschlands
(Quelle: Statistisches Bundesamt)

IWF davor bewahrt werden. Großbritannien, Griechenland, Spanien, Portugal, Litauen, Bulgarien und Serbien liegen bei **jährlichen** Verschuldungsgraden von über oder nahe zehn Prozent vom Bruttoinlandsprodukt, Irland sogar bei irrwitzigen 32 Prozent (!), während das Stabilitätskriterium für den Euro-Raum bei drei Prozent liegt! Die Euro-Staaten liegen 2010 bei einer **Gesamtverschuldung** von 84 Prozent, womit das Stabilitätskriterium von 60 Prozent bereits weit überschritten ist (vergleiche Abbildung 3). 15 der 17 Eurostaaten und 24 von 27 EU-Staaten befinden sich derzeit in einem Defizitverfahren nach dem europäischen Stabilitätspakt. Auch Deutschland gehört zu diesem erlauchten Kreis. Hier sind durch die Finanzkrise also in der Tat alle Dämme gebrochen. Und die Schulden steigen fast ungebremst weiter. Die EZB rechnet damit, dass es selbst unter günstigen Annahmen länger als eine Dekade dauern könnte, bis die durchschnittliche Verschuldung in der EU wieder auf ein Niveau sinkt, das mit den Auflagen des Stabilitäts- und Wachstumspaktes von Maastricht vereinbar ist (Steinbrück, S. 104). Die OECD erwartet, dass die Verschuldung der Industriestaaten 2012 erstmals ihre Wirtschaftskraft überschreiten wird. Griechenland und Italien haben diese Latte mit über 140 Prozent (in Abbildung 3 wurde der Wert für Griechenland noch mit

125 Prozent prognostiziert) beziehungsweise115 Prozent vom BIP schon längst gerissen, die USA stehen kurz davor und auch Deutschland ist mit knapp 77 Prozent und weiter steigenden Schulden nicht mehr so weit davon entfernt. Wie diese Schulden in den nächsten Jahren wieder reduziert werden können, steht in den Sternen. Sicher scheint aber, dass dies nur mit drastischen Sparprogrammen zu schaffen ist. Ob sich die Regierungen dazu aufraffen können? Sie wollen ja wiedergewählt werden. Wenn die Zinsen allerdings wieder steigen, und das werden sie, dann wird die steigende Zinslast die Haushalte strangulieren.

Die Finanzkrise entwickelt sich also zunehmend zu einer **Schuldenkrise** der Staaten, die noch weitreichende Folgen haben kann, wie man derzeit am Beispiel von Griechenland, Portugal und Irland in vergleichsweise kleinem Maßstab sehen kann. Die Spekulation der Finanzmärkte verschärft diese Probleme, die diese teilweise selbst mit befördert haben, in geradezu skandalöser Weise. Dennoch greift die internationale Staatengemeinschaft nicht ein. Sie schaufelt sich dadurch ihr eigenes Grab – und uns, ihren Bürgern, mit.

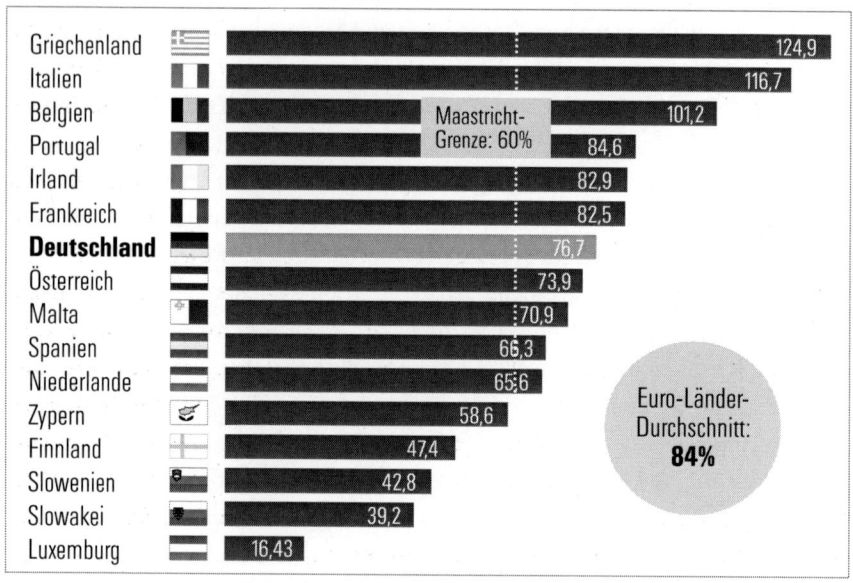

Abbildung 3: Staatsschulden der Euro-Länder 2010
(Quelle: EU-Kommission)

Eigentlich kam die Euro-Krise ziemlich unerwartet. Der Euro erwies sich seit seiner Einführung als eine überraschend starke Währung. Der Euro, der bei seiner Einführung als Bargeld bei einem Kurs von 0,89 US-Dollar gestartet war, erlebte in den Jahren danach einen richtigen Höhenflug. Vor dem Ausbruch der Finanzkrise erreichte er im April 2008 sein Hoch mit 1,60 US-Dollar, hatte also seit seinem Start in nur gut sechs Jahren gegenüber dem Dollar 80 Prozent an Wert zugelegt. Auch in der Krise 2008 erwies er sich als erstaunlich stabil. Er rutschte zwar nach dem Lehman-Crash auf unter 1,30 US-Dollar, um sich im Verlauf des Jahres 2009 aber wieder bis auf 1,50 US-Dollar (November 2009) zu erholen.

Doch dann kam die Griechenland-Krise. Sie begann eigentlich ganz harmlos. Das Land bekam im Frühjahr 2010 immer größere Probleme, Kredite zu bekommen, um seine alten zurück zu zahlen. Es stellte sich dann auch (offiziell) heraus, dass sich Griechenland den Zugang zur Währungsunion mit gefälschten Finanzdaten erschlichen hatte. Und es hatte in der Folge ausgiebig über seine Verhältnisse gelebt. Dies erregte zwar die deutschen Stammtische – vielmehr als die etwas undurchschaubare Finanzkrise. Aber Griechenland macht nur 2,8 Prozent der Wirtschaftskraft der Eurozone aus. »Also was geht es uns an? Die sollen ihre Probleme selber lösen.« Auch die Politik, insbesondere die deutsche, erkannte viel zu spät, dass die internationalen Währungsspekulanten sich Griechenland als das schwächste Glied in der Euro-Zone ausgeguckt hatten. Sie spekulierten zwar primär gegen griechische Staatsanleihen, aber indirekt und später auch direkt gegen den Euro. Der Euro jedenfalls begann unaufhörlich zu sinken. Doch man unternahm immer noch nichts gegen die Spekulation und auch die Finanzmarktreform ließ weiterhin auf sich warten. Man schnürte stattdessen zusammen mit dem IWF ein Hilfspaket für Griechenland in Höhe von 110 Milliarden Euro. Viel zu spät, wie sich dann herausstellte. Man wollte aber das Paket nur verabschieden gegen die Zusage eines rigiden Sparprogramms der griechischen Regierung, auf die wohl vor allem die deutsche Regierung gedrängt hatte. In Griechenland gab es postwendend wütende Proteste dagegen, was die Glaubwürdigkeit seiner Durchsetzung nicht gerade förderte. Die Wirkung des Hilfspaketes auf die Finanzmärkte verpuffte dann jedenfalls völlig.

Das ursprünglich auf Griechenland begrenzte (und bei richtiger und schnellerer Handhabe wohl auch begrenzbare) Problem wuchs sich nun zu einer richtigen Euro-Krise aus. Der Kurs des Euro sank immer schneller. Nach Griechenland wurde nun gegen Staatsanleihen von Portugal und Spanien spekuliert, später dann auch von Irland, mit den gleichen Instrumenten, die man bei Griechenland eingeübt hatte. Als Ergebnis stiegen auch deren Zinsen drastisch an und der Euro fiel weiter. Am Sonntag, dem 9. Mai 2010, sahen sich die Regierungen der Eurozone genötigt, ein weiteres Rettungspaket von 750 Milliarden Euro zu schnüren; der IWF übernimmt dabei 250 Milliarden; Deutschland haftet für bis zu 148 Milliarden! Das ist ein gewaltiges Paket.

Aber der Kurs des Euro fiel zunächst ungerührt weiter, bis auf 1,18 US-Dollar im Juni 2010. Zwar lag der Euro-Kurs damit immer noch knapp über dem Kaufkraft-Kurs von ungefähr 1,17 US-Dollar. Aber es mehrten sich Anzeichen, dass die Euro-Krise für die Bankenwelt ähnlich kritisch werden könnte wie der Lehman-Crash. Der Interbankenhandel schwächelte wieder deutlich, weil man sich gegenseitig wegen der Risiken der Staatsanleihen im Portfolio misstraute. Dies ließ sich auch ablesen am Preis für Kreditausfallversicherungen europäischer Banken, der (sicherlich auch spekulationsbedingt) zwischenzeitlich fast schon wieder die Höhe von der Finanzkrise 2008 erreichte. Denn europäische Banken und Versicherungen hängen mit Krediten von mehr als 200 Milliarden Euro an Griechenland. Und in Portugal und Spanien sind die Kreditsummen, die im Feuer stehen, mit rund 240 und 850 Milliarden Euro noch wesentlich höher. Wenn die Banken durch Staatsbankrotte nur einen Teil davon abschreiben müssten – üblich sind in solchen Fällen 30 bis 50 Prozent –, dann wäre die nächste Bankenkrise nicht weit. Deshalb tut sich die Politik so schwer damit, private Gläubiger an der Sanierung der griechischen Staatsanleihen zu beteiligen. Bei uns Bürgern tut sie sich offenbar sehr viel leichter. Denn selbstverständlich sind die 110 Milliarden Euro für Griechenland und das nachfolgende Rettungspaket über 750 Milliarden Euro zwar primär ein Hilfspaket für die schwachen Euro-Länder. Doch letztlich sind sie auch schon wieder ein Banken-Schutzschirm.

Zwischenzeitlich hat sich der Kurs des Euro wieder einigermaßen stabilisiert (um die 1,30 US-Dollar Ende 2010, im Frühjahr 2011 sogar um 1,40 US-Dollar).

Doch die Lage bleibt instabil, weil sich die Grunddaten nicht wesentlich verändert haben. Sie trifft derzeit zwar nicht den Euro-Kurs, sondern direkt die hoch verschuldeten Euro-Länder, die exorbitante Zinsen für ihre Staatsanleihen zahlen müssen. Zwei von ihnen mussten schon unter den Schutz des Rettungsschirms, gegen die Zusage rigider Sparprogramme, die ihre Wirtschaft abwürgen. Das dritte Land wird in Kürze folgen. Die Euro-Länder mussten sich daher Anfang 2011 auf eine Ausweitung und Perpetuierung des Rettungsschirms einigen. Doch auch die wohlhabenderen Euro-Länder stehen mittlerweile finanziell mit dem Rücken an der Wand. Die Spekulanten werden hellhörig bleiben, verlagern derzeit aber ihr Hauptinteresse auf Agrar- und Rohstoffmärkte, wo schneller und leichter verdientes Geld winkt. Die europäische und insbesondere die deutsche Exportwirtschaft beflügelt der gegenüber den Vorjahren immer noch deutlich gesunkene Euro-Kurs eher, weil sie damit international wettbewerbsfähiger wurde. Insofern hat die deutsche Wirtschaft, so ironisch das auch klingen mag, den Griechen einen zusätzlichen Wachstumsschub zu verdanken.

Doch was waren nun die **Ursachen der Euro-Krise**, die von den oben beschriebenen Ursachen der Finanz- und Wirtschaftskrise abweichen?

Klar ist, die **griechischen Probleme** waren **vorwiegend hausgemacht** und haben längerfristige spezifisch griechische Ursachen. Griechenland lebte seit Jahren über seine Verhältnisse – ähnlich wie oben für die USA beschrieben, aber noch deutlich schlimmer. Kaum jemand zahlte ordnungsgemäß seine Steuern, die Korruption blühte und die Löhne stiegen schneller als die Produktivität. Die Staatsschulden erreichten mittlerweile fast 150 Prozent vom BIP! Hauptgläubiger sind französische und deutsche Banken und Versicherungen, sowie die EZB. Das jährliche Haushaltsdefizit belief sich 2010 auf 8,9 Prozent! Durchaus dramatische Zahlen, auch wenn die Daten beispielsweise der USA kaum besser aussehen. Nur haben die USA das Glück, dass der Dollar immer noch Leitwährung ist. Dadurch bekommen die USA noch Anleihen zu günstigen Zinsen, während die für griechische Anleihen immer höher stiegen.

Hinter der nun plötzlich virulent gewordenen Finanzschwäche von Griechenland, Portugal, Irland, Spanien und anderen Staaten (vergleiche Abbildung 2) steckt aber natürlich auch die oben beschriebene Schuldenkrise. Dies ist nicht nur ein Problem europäischer Staaten. Wie oben dargelegt, ist die Verschuldung beispielsweise von Japan oder den USA sehr viel höher als in der Euro-Zone insgesamt. Aber auf diese konzentriert sich derzeit die Spekulation. Die Banken-, Konjunktur- und Rettungspakete haben nun auch die Schulden der reicheren europäischen Staaten drastisch nach oben getrieben. Sie werden sich in dem Umfang noch weiter erhöhen, wie die Bürgschaften für die schwächeren Staaten eingelöst werden müssten, falls diese ihre Kredite teilweise nicht mehr bedienen können sollten.

Dazu kommen als spezifische europäische Ursachen die **Strukturprobleme der Euro-Zone:**

- umständliche Entscheidungsstrukturen, wegen denen zum Beispiel das 1. Hilfsprogramm zu lange verschleppt wurde und verpuffte
- keine Koordination der Finanz- und Wirtschaftspolitik trotz einheitlicher Währung, außer dem Stabilitätspakt, der jedoch auch nicht wirklich funktionierte
- Das größte und schwierigste Strukturproblem ist jedoch, dass die Währungsunion Länder umfasst, die von ihrer Wirtschaftsstärke und Wettbewerbsfähigkeit nicht zusammenpassen. Man hat damals zusammengefügt, was nicht zusammen gehörte, nämlich starke und schwache Volkswirtschaften. Länder wie Griechenland, Portugal, Slowenien, Slowakei oder gar Cypern und Malta hätten von Anfang an nicht in eine Währungsunion mit Ländern wie Deutschland, Frankreich, Italien, Finnland und den Beneluxstaaten aufgenommen werden dürfen; und zwar unabhängig von Stabilitätskriterien, sondern wegen der unterschiedlichen Wirtschaftskraft und Wettbewerbsfähigkeit. Damit hat man auch diesen Ländern keinen Gefallen getan. Sie hätten sich in der EU mit einer eigenen Währung besser entwickeln können. Nun sind sie drin, und es würde schwer, sie wieder auszugliedern. Jedenfalls ist dies unmöglich, solange gegen den Euro spekuliert wird.

Neben diesen Euro-Zonen-spezifischen Problemen hat uns die Euro-Krise aber auch hautnah vor Augen geführt, welche Impertinenz, Raffinesse und Durchschlagskraft **Währungsspekulanten** haben. Durch die Verschleppung der Griechenland-Krise kam die Stunde der Hedge Fonds. Wie die amerikanische Bankenaufsicht SEC mittlerweile herausgefunden hat, trafen sich eine Reihe von Fondsmanagern im Frühjahr 2010 in einem feinen Lokal in New York und besprachen bei Nudeln und Garnelen, wie man aus der Griechenland-Misere Kapital schlagen könnte. Es ging ja jetzt anders als früher nicht um die Währung eines einzelnen Landes. Griechenland war Mitglied in einer großen Währungsgemeinschaft. Aber diese Gemeinschaft, das war jetzt schon klar geworden, hatte große Schwächen und sie war offensichtlich entscheidungsschwach. Die Herren wurden sich auch schnell darüber klar, dass man bei so einem großen Währungsblock gemeinsam handeln müsse, um etwas ausrichten zu können, und dass man sich zunächst auf Griechenland – als dem schwächsten Glied – konzentrieren müsse; andere Länder wie Portugal und Spanien würden dann folgen. Dabei konnte kaum etwas schiefgehen, denn jede Gegenreaktion der Währungsgemeinschaft musste ihnen in die Hände spielen. Außerdem müssen die Spekulanten immer nur den Trend setzen; andere werden dann folgen. Als dann noch Ratingagenturen griechische Staatsanleihen auf das Niveau von Schrottpapieren zurückstuften, gab es kein Halten mehr. Die Zinsen für die griechischen Anleihen schossen auf 20 Prozent hoch; nur noch übertroffen von den Gewinnen der Fonds. Anschließend machte man das Gleiche mit portugiesischen, irischen und spanischen Papieren. Parallel dazu fiel jeweils der Euro, sodass sich auch mit der Spekulation auf den fallenden Euro prächtig Geld verdienen ließ.

Wenn die internationale Staatengemeinschaft die Spekulanten nicht durch entschlossene Maßnahmen an die Kette legt, dann suchen sich diese bald das nächste Opfer, wenn Europa abgegrast ist.

4. Der Neoliberalismus hat die Krise entscheidend mit verursacht

Neoliberales Grundkonzept gescheitert

Im Grunde lässt sich die Krise auf vier Faktoren zurückführen: die Deregulierung der Finanzmärkte, überzogenes Gewinn- und Renditestreben, die dadurch ausgelöste Gier und eine übersteigerte Wachstumsideologie. Alle vier Faktoren sind induziert durch die neoliberale Wirtschafttheorie.

Väter der neoliberalen Wirtschaftslehre sind Friedrich A. Hayek und vor allem Milton Friedman (Friedman; Hayek). Sie beziehen sich auf den Urvater der Marktwirtschaft, Adam Smith. Er sah im Eigennutzstreben der Menschen den eigentlichen Motor der Wirtschaft und meinte, dass Markt und Konkurrenz überhöhte Preise und Profite begrenzen würden und so die »unsichtbare Hand des Marktes« quasi automatisch zum Wohlstand der Menschen führen würde (vergleiche Smith). Unter Aufgreifen und einer drastischen Übersteigerung dieser Ideen komplimentieren die neoliberalen Marktwirtschaftler den Staat als Rahmengeber und vor allem als Akteur weitestgehend aus der Wirtschaft hinaus. Denn nur in völliger Freiheit könne laut ihrer Überzeugung der Markt alles zum Wohle der Menschen lenken.

Das Credo der Neoliberalen ist die »Freiheit«. Gemeint ist damit jedoch ausschließlich wirtschaftliche Freiheit. Und auch diese wurde aus dem Verbund der Werte der Aufklärung und der Französischen Revolution herausgelöst: Zu »Freiheit« gehörte damals eben auch »Gleichheit« und »Brüderlichkeit«. Gleichheit, Chancengleichheit oder Gerechtigkeit sind im neoliberalen System nicht vorgesehen. Hier regiert der Geldadel und Ungleichheit in Einkommen und Vermögen wird sogar zur Triebfeder des Wachstums hochstilisiert. Brüderlichkeit, oder wie wir heute sagen würden: »Solidarität und soziale Verantwortung« wird – anders als in der Sozialen Marktwirtschaft – sogar bewusst ausgeklammert, weil es ausreiche, wenn sich jeder um seinen Eigennutz (Gewinn) kümmere. Die Wohlstandsmehrung und den sozialen Ausgleich habe dann der Markt zu übernehmen, der aber gleichzeitig von allen regulatorischen Fesseln zu befreien sei. Die Schlagworte der Neoliberalen sind **Liberalisierung, Deregulierung, Privatisierung und Wachstum**. Ihr Versprechen: je stärker dereguliert wird, desto größer wird das Wachstum. Hayek und Friedman wenden sich gegen jede Art von Planwirtschaft, gegen den Staatsinterventionismus von Keynes, der in der Nachkriegsära Schule machte, und auch gegen die deutsche Soziale Marktwirtschaft, die ihnen ebenfalls deutlich zu interventionistisch erschien.

Ronald Reagan in den USA und Margret Thatcher in Großbritannien haben die neoliberalen Grundsätze als Erste umgesetzt. Berater bei beiden: Milton Friedman. Später wurde dieser auch noch mit dem Nobel-Preis geadelt. Folglich konnten seine Ideen ja nicht falsch sein. Oder?

Aber gerade an Reagans Wirtschaftspolitik, den sogenannten **Reaganomics**, die nichts anderes waren als reinster Neoliberalismus, hätte man bereits die Fehlerhaftigkeit dieses Ansatzes ablesen können. Reagonomics hieß: Senkung von Steuern, Liberalisierung, Deregulierung, Haushaltskürzungen bei sozialen Ausgaben, Ausbau der militärischen Rüstung. Ein wichtiges Prinzip hinter seinen Reformen war die »Trickle-Down-Theorie«, welche davon ausgeht, dass der Wohlstand der Reichen in die unteren Gesellschaftsschichten »durchsickert«. Das Prinzip seiner Steuerpolitik entsprach in etwa jenem der »Laffer-Kurve«. Danach sind Steuersenkungen für Unternehmen besonders wirtschaftsfördernd, da diese dann mehr investieren und so die Arbeitslosigkeit reduzieren, was letztlich sogar zu höheren Steuereinnahmen führen soll.

In der Realität ließen die Steuersenkungen zwar die Unternehmensgewinne steigen, führten aber nicht zu höheren Steuereinnahmen sondern zu einer exorbitanten Erhöhung der Staatsverschuldung. Anfang 1980, das heißt bei der Amtsübernahme durch Ronald Reagan, betrug die Staatsverschuldung der USA 0,93 Billionen US-Dollar, am Ende (1988) 2,6 Billionen, also fast dreimal mehr! Die Arbeitslosigkeit stieg zunächst deutlich an, erholte sich dann zwar wieder, blieb aber höher als zu Beginn. Zudem stiegen die Einkommensunterschiede dramatisch an. Auch die »Trickle-Down-Theorie« erwies sich also als eine Chimäre, ebenso wie die übrigen neoliberalen Versprechungen, worauf im folgenden Kapitel noch näher eingegangen wird.

Das Bild vom **Thatcherismus** ist nicht ganz so eindeutig, weil Margaret Thatcher sich nicht so vollständig auf die neoliberalen Einflüsterungen verließ. Ihr Verdienst war ein Aufbrechen der ziemlich verkrusteten englischen Wirtschafts- und Gesellschaftsstrukturen und ein Brechen der übergroßen Macht der Gewerkschaften. Sie verzichtete auf drastische Steuersenkungen, verfolgte aber eine konsequente Privatisierung öffentlicher Einrichtungen wie der Bahn, der Wasserversorgung und des Gesundheitswesens. Auch in Großbritannien stiegen unter ihrer Ägide die Arbeitslosigkeit und die Einkommensunterschiede; das Pfund stürzte kurz nach ihrer Abdankung (1990) in eine Krise. Dennoch wurde dem Thatcherismus der wirtschaftliche Aufschwung der 1990er-Jahre unter Blair mit gutgeschrieben; andere Experten schreiben dies vorwiegend den englischen Öl- und Gasvorkommen zu. Die Nachteile der Privatisierung zeigten sich erst später an verrotteten Schienensystemen und Wasserleitungen und an den Schwächen des englischen Gesundheitssystems.

Obwohl die ersten Ergebnisse neoliberaler Wirtschaftspolitik also alles andere als überzeugend waren, trat der Neoliberalismus nach dem Zusammenbruch des kommunistischen Ostblocks als nunmehr konkurrenzloses Wirtschaftsmodell seinen Siegeszug um die Welt an. In den 1990er-Jahren wurde entsprechend der neoliberalen Ideologie weltweit dereguliert, im Finanzsektor und in der Wirtschaft, auch und gerade in Deutschland. Es wurden systematisch alle Bremsen ausgebaut und alle Ampeln auf Wachstum gestellt (»Turbokapitalismus«). Binnen zwölf Jahren führte dies wie gesagt zu vier Finanz- und Wirtschaftskrisen. Weder vor, in, noch nach diesen Krisen hat der Markt jedoch die selbst geschaffenen Probleme lösen können. Das Konzept der Neoliberalen: »Der Staat hat sich aus der Wirtschaft herauszuhalten; der Markt regelt alle Probleme« ist damit endgültig gescheitert. Vielmehr mussten Staaten beziehungsweise Staatengemeinschaften mit Steuergeldern und Staatsdarlehen die maroden Banken stützen und die Wirtschaft wieder ankurbeln.

Wenn uns die Krise eines zweifelsfrei klar gemacht hat, dann das, dass **das neoliberale Wirtschaftssystem ausgedient** hat. Der angebliche neoliberale »Königsweg«, »wonach wirtschaftliches Wachstum und gesellschaftlicher Wohlstand nur durch weniger Staat, weniger Soziales, weniger Steuern, weniger Lohn … erreicht werden könnten, führte uns bislang lediglich dahin, dass die Staatsverschuldung, die Arbeitslosigkeit und die Armut in gleichem Maße zugenommen haben wie die Gewinne der Unternehmen« (Goeudevert, a.a.O., S. 35). Alle zentralen Versprechungen dieses Systems erwiesen sich im wahrsten Sinne des Wortes als Luftnummern, die durch die Realität widerlegt wurden:

Versprechen Nr. 1: Neoliberalismus schaffe Wachstum (durch Liberalisierung, Deregulierung und Steuersenkung)

In der Tat schaffen diese Ingredienzen zunächst Wachstumsanreize, zumal wenn sie auch noch, wie in den USA vorgeführt (vergleiche Kapitel II.1), durch billige Kredite der Zentralbank und durch eine Wirtschaft »auf Pump« ergänzt werden. Doch dies ist kein nachhaltiges Wachstum. Das kapitalistische Wirtschafts- und Finanzsystem ist ein völlig instabiles Wirtschaftssystem, weil es bewusst alle Wachstums- und Gewinn-hemmende Regulierungen und Bremsen auszubauen trachtet. Auch systemtheoretisch lässt sich belegen, dass ein System ohne Steuerungs- mechanismen und negative Rückkopplungen instabil ist. Das neoliberale Wirtschaftsmodell bietet keine Lösung für Marktversagen, dabei produziert es dieses ständig. Denn es sorgt durch das exzessive Gewinnstreben und die provozierte Gier für hochspekulative Märkte und Wachstumsblasen, die früher oder später platzen und damit zu Krisen führen; wie bereits aufgezeigt, vier große Krisen in nur zwölf Jahren! Die ersten drei davon sind typische Wachstumskrisen und sie haben sich fortwährend aufgeschaukelt bis hin zur großen Finanz- und Wirtschaftskrise. Diese hat dann eine Schuldenkrise der Staaten ausgelöst, die durchaus noch weitere Kreise ziehen könnte. Auf diese Art von krisenanfälligem Wachstum sollten wir dringend verzichten. In Wahrheit ist der neoliberale Kapitalismus ein gefräßiges System, das jedes Maß verloren hat und nur noch auf die unbegrenzte Ausdehnung seiner selbst bedacht ist. Doch die Politik strebt weltweit zur Lösung der Schuldenkrise – immer noch systemkonform – wieder nach mehr Wachstum. Dies wird uns in noch größere Krisen stürzen.

Versprechen Nr. 2: Wenn die Wirtschaft und der Finanzsektor weitgehend dereguliert würden, dann könne »die unsichtbare Hand des Marktes« alle Probleme zum Wohle der Allgemeinheit lösen.

Nach dieser These wurde in den letzten Jahrzehnten weltweit dereguliert: die Finanzmärkte, die Wirtschaft und die Arbeitsmärkte, national und international. Die Staaten wurden weitestgehend aus der Wirtschaft hinauskomplimentiert oder zogen sich selbst zurück. Doch das Versprechen Nr. 2 ist mit der Wirtschafts- und Finanzkrise völlig gescheitert. Zum einen hat die Deregulierung des Bankensystems die Krise eindeutig verursacht (siehe Kapitel II.2.) Dies belegen auch Länder, wie Kanada, Italien, China und andere asiatische Staaten, die diese Deregulierung nicht mitgemacht haben, und deren Banken gerade hierdurch von der Krise nicht befallen wurden. Die Märkte haben dann auch nicht, wie versprochen, die auftretenden Probleme selbsttätig gelöst, sondern weiter verschlimmert. Nur die Staaten, die sich ja nach der Lehre aus der Wirtschaft heraushalten sollen, konnten die Krise lösen: durch Bankenschutzschirme und Konjunkturprogramme in Billionenhöhe – allerdings zum Preis exorbitanter Schulden, die mittlerweile selbst zu einer neuen Krise führen können.

Versprechen Nr. 3: Durch Steuersenkung könne die Wirtschaft so angekurbelt werden, dass hieraus höhere Steuereinnahmen und geringere Staatsschulden resultieren.

Dies wurde auch pseudo-wissenschaftlich unterlegt durch die sogenannte »Laffer-Kurve«. Reagan hatte seine Steuerpolitik eins zu eins nach diesem Modell konzipiert. Kein Wunder, sein Berater war Milton Friedman. Die Steuersenkungen ließen zwar die Unternehmensgewinne steigen, führten aber nicht zu höheren Steuereinnahmen sondern, wie dargelegt, zu einer exorbitanten Erhöhung der Staatsverschuldung. Dennoch wurde diese Steuerpolitik in vielen Staaten kopiert, auch in Deutschland und vielen anderen europäischen Staaten. Das Ergebnis ist nahezu überall dasselbe: Die Staatsverschuldung ist weltweit dramatisch angestiegen und führte nun durch die Bekämpfung der Finanz- und Wirtschaftskrise zum historisch höchsten Schuldenstand, mit knapp 50 Billionen US-Dollar weltweit. Einige der skandinavischen Staaten haben diese Steuersenkungspolitik nicht mitgemacht und erfreuen sich höherer Steuereinnahmen, geringerer Staatsverschuldung und dennoch einer florierenden Wirtschaft. Es geht also auch anders.

Versprechen Nr. 4: Wenn jeder Wirtschaftsakteur nur nach dem höchsten Gewinn strebe, dann werde der Markt quasi automatisch das Gemeinwohl erhöhen.

Auch dieses Versprechen wurde nicht eingelöst. Nicht das Gemeinwohl wurde erhöht, sondern die Gewinne von Unternehmen und das Einkommen und Vermögen von Managern, Bankern und Kapitaleignern. Die Einkommen der Masse der Bevölkerung in Deutschland und den meisten westlichen Industrieländern stagnierten in den letzten 15 Jahren (siehe Kapitel II.4). Der sogenannte Trickle-Down-Effekt, wonach der Wohlstand der Reichen zu den Armen »durchsickern« solle, ist – welch ein Wunder – nicht eingetreten. Die drastisch zunehmende Ungleichverteilung von Einkommen und Vermögen ist ein Sprengsatz für die Gemeinschaft. Das Gemeinwohl spielt dabei überhaupt keine Rolle; auch nicht für die unsichtbare Hand des Marktes, die eher sehr einseitig verteilt. Auch unser ehemaliger Bundespräsident Köhler, der aufgrund früherer Tätigkeiten nicht als Feind sondern als Experte der internationalen Finanzwirtschaft gelten kann, geißelte anlässlich der Griechenland-Krise den aktuellen Finanzkapitalismus in ungewöhnlich scharfen Worten. Der moderne Finanzkapitalismus steigere »seine eigenen Renditen ohne Rücksicht darauf, ob das dem Wohlergehen der Nationen nutzt«. »Die Gewinne haben wenige gemacht, die Verluste muss die Allgemeinheit tragen.« Der vorherrschende Finanzkapitalismus könne daher »kein Leitbild mehr sein, weil er vor allem »auf Pump« und Wetten aufbaut« (SZ vom 30.4.2010). Klarer kann man es nicht sagen. Wenn nur die verantwortliche Politik diesen Worten auch endlich Taten folgen ließe!

Die Versprechen und Lehrsätze des Neoliberalismus erwiesen sich also allesamt als leer und somit als **reine Ideologie**, die durch die Realität widerlegt wurde. Sie ist durch die Krise in einem weltweiten Großversuch definitiv gescheitert und sollte schnellst möglich abgelöst werden!

Das von dem amerikanischen Ökonomen Alfred Rappaport 1986 entwickelte Konzept des Shareholder Value als einziges Ziel des Wirtschaftens (Rappaport) passte wunderbar zu der Gewinnorientierung der neoliberalen Wirtschaftstheorie. Danach sollte der Shareholder Value, also der Wert des Unternehmens für den Aktionär, gemessen am Gewinn oder der Aktienwertsteigerung, zum obersten Ziel des Managements werden. Dieser Ansatz verbreitete sich sehr rasch von den USA ausgehend durch Aktienanalysten und Investmentfonds über die Welt und wurde im Laufe der Zeit immer kurzfristiger definiert, bis hin zum Jahres- oder gar Quartalsgewinn. Daran wurden in Folge auch die Besoldung von Managern und die Boni von Bankern bemessen. Die Ziele der Shareholder (möglichst hohe, kurzfristige Rendite) sollten so direkt auf das Management (möglichst hohe Tantiemen bzw. Boni) übertragen werden. Dies klappte auch ganz hervorragend. Rendite-Interesse traf sich mit Tantiemen-Interesse, Geldgier mit Geldgier. Alle anderen Ziele und Erfolgsfaktoren wurden ausgeblendet.

Die Aktiengesellschaften wurden hierbei zum Haupteinfallstor des Kapitalmarktes und seiner Prinzipien in die Realwirtschaft. Aktienanalysten und Fondsmanager übertrugen die hohen Renditeanforderungen des Kapitalmarktes und dessen kurzfristiges Denken direkt auf die Realwirtschaft, wo solche Renditen auf Dauer aber kaum zu erzielen sind und wo kurzfristiges Denken langfristige Erfolgspotenziale zerstört. Vorstände von Aktiengesellschaften – mithin von den größten Unternehmen und Konzernen – wurden zu Getriebenen des Kapitalmarktes. Erfolgsmeldungen im Dreimonatsrhythmus für die Börse verdrängten mehr und mehr die langfristige Strategie. Wenn einem gar nichts mehr einfiel, verkündete man Spar- und Personalabbau-Programme. Das kam bei den Aktienanalysten, die meist noch nie ein Unternehmen von innen gesehen hatten, gut an und ließ den Börsenkurs steigen. Diese unselige Kopplung zweier völlig unterschiedlicher Märkte trug entscheidend zu dem überzogenen Profit- und Renditestreben der Banken und Kapitalgesellschaften bei – und ließ die damit verbundenen Risiken in den Hintergrund treten.

Da sich diesem Druck des Kapitalmarktes auf Dauer – jedenfalls in Aktiengesellschaften – kaum ein Vorstand entziehen konnte, kam zunehmend ein Manager- und Banker-Typus zum Zuge, der vorwiegend von finanziellen Zielen getrieben war. Diesem ging mehr und mehr der Bezug zum eigentlichen Sinn des Wirtschaftens – der Bedürfnisbefriedigung der Menschen – ab, ebenso wie zu den Kunden, den Mitarbeitern, der Gesellschaft und der Umwelt. Dieser Managertypus hat den Ruf der ganzen Zunft ruiniert. An dieser Stelle sei ausdrücklich klargestellt, dass diese Charakterisierung von Managern und Bankern nur eine Minderheit betrifft, allerdings – wie die Krise offenbart hat – eine sehr relevante Minderheit, insbesondere in der Finanzbranche und bei einer Reihe von börsennotierten Aktiengesellschaften. Die Mehrzahl der Manager in der Wirtschaft und bei Banken leistet eine hervorragende Arbeit. Worauf es mir in der Analyse ankommt, ist herauszuarbeiten, dass es sich bei Neoliberalismus und Shareholder Value um **systemische** Webfehler des Wirtschaftssystems handelt, die über überzogenen Renditedruck und die Kopplung des variablen Gehalts (mit überzogenen Tantiemen und Boni) an kurzfristige Erfolge die Manager sukzessive in diese Zwänge hineinziehen, oder nur noch solche aussieben, die in das System passen. Wir müssen also das System ändern, um wieder einem besseren Management zum Durchbruch zu verhelfen. Dies wird noch deutlicher, wenn man das Thema Verantwortung analysiert.

Friedman ging nämlich sogar so weit, die Wirtschaftsakteure von jeglicher sozialen Verantwortung zu »befreien«: »Die soziale Verantwortung eines Unternehmers bestehe darin, möglichst viel Gewinn zu machen«, so Friedman; das Gemeinwohl regle sich dann über den Markt. Eigentlich eine unglaubliche und zynische These, aber offensichtlich sehr verführerisch. Durch diese »Freisprechung« von Friedman entwickelte sich der neoliberale Kapitalismus zunehmend zu einer Wirtschaft der **organisierten Verantwortungslosigkeit**: Die soziale Verantwortung wurde an den Markt delegiert, teilweise sogar für die eigenen Mitarbeiter. Selbst bei sprudelnden Gewinnen gab und gibt es drastischen Personalabbau, Ausweitung der Leiharbeit und Standortverlagerungen in Billiglohnländer. Hauptsache der Gewinn steigt. Auch die Verantwortung für die Produktqualität, für die Kunden oder gar für die Umwelt fiel dem Shareholder Value zum Opfer. Sie ist im System des Neoliberalismus schlicht nicht vorgesehen. Und die Politik hat dabei tatkräftig mitgeholfen, indem sie Sozialstandards gelockert, das Wirtschaftsrecht verwässert und Vorgaben zum Schutz der Umwelt seit Jahren verzögert hat – alles im Interesse des dafür versprochenen Wirtschaftswachstums. Kein Wunder, dass der Ruf der Wirtschaft in der Bevölkerung bezüglich der Verantwortung bereits vor der Krise auf den Nullpunkt gesunken war. In einer Studie von 2006 waren die Befragten der Meinung, dass 70 Prozent der Manager und 60 Prozent der Unternehmen in Deutschland eine »geringe oder keine Verantwortung tragen«, womit die Wirtschaft noch hinter die Politik auf den letzten Platz gerutscht ist (FAZ-Institut, S. 21). Nach der Krise mit ihren vielfältigen Skandalen, insbesondere im Bankenbereich, wären die Urteile noch vernichtender ausgefallen.

Drastisch zunehmende Einkommens- und Vermögensunterschiede

Ein Wirtschaftssystem, das wie der Neoliberalismus auf den Trickle-Down-Effekt setzt, also auf die These, dass die Brosamen, die vom Tisch der Reichen fallen, den Wohlstand der Ärmeren schon heben würden, wird systembedingt Einkommens- und Vermögensunterschiede produzieren. Auch wenn man von den USA hätte lernen können, dass diese These notwendigerweise in die Irre führt, setzte auch die deutsche Steuerpolitik der letzten zwei Jahrzehnte entsprechende Akzente: zum Beispiel durch Absenkung des Spitzensteuersatzes von 53 auf 42 Prozent sowie der Körperschaftssteuer von 40 auf 25 Prozent, und andererseits durch Freigabe des Niedriglohnsektors und Ausweitung der Zeitarbeit.

Folgerichtig sind die **Reallöhne** in Deutschland zwischen 1995 und 2006/07 um 0,9 Prozent gesunken (vergleiche Abbildung 4). Erstaunlicherweise stagnierten sie auch in der Aufschwungphase 2004 bis 2007, was übrigens einzigartig in Europa war. Bezeichnend für die heutige Entwicklung ist, dass das untere Lohnviertel sogar drastisch gesunken ist (um ca. 13 Prozent)! Jeder fünfte Arbeitnehmer bekommt sogar nur noch eine Vergütung unterhalb der Niedriglohnschwelle, kann also trotz Ganztagsarbeit seinen Lebensunterhalt nicht mehr bestreiten. Demgegenüber sind die Manager- und Finanzeinkommen förmlich explodiert (plus 50 Prozent!). Die oberen zehn Prozent der Deutschen verdienen 35,8 Prozent der Einkünfte, während sich die unteren 50 Prozent nur 14,9 Prozent teilen; 1974 waren es noch 22 Prozent. Jede fünfte Rentnerin in Bayern (Tendenz

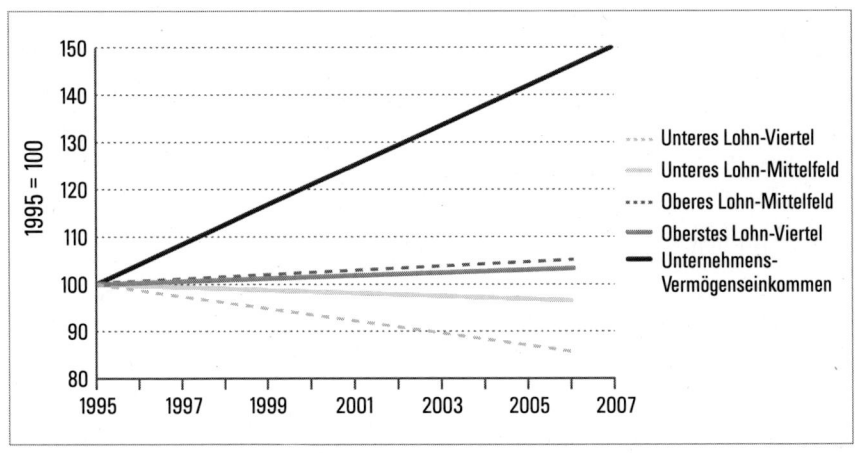

Abbildung 4: Zunehmende Einkommensschere in Deutschland
(Quelle: Statistisches Bundesamt, Stundenlöhne Uni Duisburg-Essen)

steigend) kann nicht von ihrer Rente leben, weil durch Kindererziehungszeiten und Teilzeitjobs die Beitragszahlungen zu gering waren. Immer mehr Frauen, die von Hartz IV leben, können sich nicht mal mehr die Pille leisten (die nicht mehr von den Krankenkassen übernommen wird), wodurch die Zahl ungewollter Schwangerschaften deutlich zunimmt. Und das im reichen Deutschland!

Noch einseitiger sieht es beim **Vermögen** aus: Zehn Prozent der Deutschen besitzen 60 Prozent aller Geld- und Sachvermögen; das reichste Prozent davon besitzt alleine 23 Prozent! Die (unteren) 70 Prozent der Bevölkerung teilen sich ganze neun Prozent des Gesamtvermögens. Mehr als ein Viertel der Deutschen besitzt gar kein Vermögen oder hat Schulden! (Studie DIW, Basis 2007).

Die Schere öffnet sich also immer deutlicher. Um es zynisch auszudrücken: Die Anzahl der Millionäre und der Armen wächst nahezu im gleichen Tempo. Das hält eine demokratische Gesellschaft auf Dauer nicht aus. Die Gefahr wächst, dass den Finanzkrisen bald eine soziale Krise folgen könnte.

5. Die Welt in der Wachstums- und Umweltfalle

Der Turbokapitalismus treibt weltweites Wirtschaftswachstum an

Ein wesentlicher Antriebsfaktor hierbei ist der Kapitalismus an sich, der durch den **immanenten Kapitalvermehrungsdruck** ein ständiges Wachstum gebiert. Als das neoliberale Wirtschaftssystem nach dem Zusammenbruch des Ostblocks in den 1990er-Jahren seinen Siegeszug um die Welt antrat, hat sich dieser Wachstumsdruck weltweit noch verstärkt. Es wurde überall nach dem gleichen Schema liberalisiert, dereguliert und alle Wachstumsbremsen und negativen Rückkopplungen aus dem System entfernt (Turbokapitalismus). Dadurch entstand zwar tatsächlich mehr Wachstum, das sich aber regelmäßig in Krisen entlud. So platzte gleich Anfang der 1990er-Jahre in Japan eine gewaltige Immobilienblase, von der sich das Land bis heute nicht wirklich erholt hat. 1997/98 folgte dann die Asienkrise; auch dies eine Krise, die durch zu schnelles Wachstum und eine nachfolgende Währungsspekulation ausgelöst wurde. Die Dotcom-Krise um die Jahrtausendwende hätte uns im Westen eine Warnung sein können. Jeder wollte damals am Aktienboom verdienen, bis auch diese Blase platzte. Auch die große Finanz- und Wirtschaftskrise 2008/09 war eine typische Wachstumskrise. Ausgelöst durch nahezu ein Jahrzehnt billiger Kredite der amerikanischen Zentralbank, gerieten die USA in einen Wachstumsrausch »auf Pump«, der vor allem den amerikanischen Immobilienmarkt aufgepumpt hat (siehe Kapitel II.1). Die steigenden Hauspreise und risikofreudige Banken lieferten den Hausbesitzern billige Hypothekenkredite, mit denen sie sogar noch zusätzlichen Konsum finanzieren konnten. China lieferte dazu billige Produkte und legte die dabei erzielten Exportüberschüsse in amerikanischen Staatsanleihen an, womit sie deren

Zinsen niedrig hielten. Alle verdienten daran: Die Immobilienbesitzer, die Banken, die Bauwirtschaft und die Importeure wie China, Japan und Deutschland. Ein finanzielles »Perpetuum mobile« war gefunden. Das große Versprechen neoliberaler Wirtschaftstheorie: »Liberalisierung und Deregulierung bringt ständiges Wachstum« schien in Erfüllung zu gehen. Nur leider platzte auch diese Blase irgendwann – und damit auch die verführerische Theorie, die sich als Ideologie entpuppte. An den Folgen dieser Wachstumskrise werden wir, wie sich mittlerweile mehr als deutlich zeigt, noch Jahre zu dauen haben.

Der Turbokapitalismus würde systembedingt immer wieder Überhitzungen und Blasen generieren, die dann wieder platzen und durch neue Konjunkturprogramme wieder angeschoben werden müssten.

Der andere große **Wachstumstreiber** ist **Energie**, vorwiegend fossile Energie. Sie treibt Maschinen, Autos, Flugzeuge, Containerschiffe, chemische Prozesse und Computer an. Der globale Energieverbrauch heute ist rund vierzigmal so hoch wie vor 150 Jahren, wobei immer noch mehr als 80 Prozent davon aus fossilen Energiequellen stammt! (vergleiche RWE, Weltenergiereport, 2009). Dieser enorme Energieeinsatz ist der Schlüssel zum Fortschritt, zur enormen Produktivitätssteigerung in allen Bereichen und zur Wohlstandsmehrung in den letzten 200 Jahren. Rechnet man Energie um in menschliche Arbeitskraft, dann stehen heute jedem Deutschen ca. 30 »Energiesklaven« zur Verfügung. Man muss sich das mal bildlich vorstellen: Deutschland beschäftigt 2,4 Milliarden Energiesklaven, also zweimal die Anzahl der Chinesen, um unseren Lebensstandard zu erhalten! Aber im Grunde produziert auch Energie nur ein Wachstum »auf Pump«. Denn zumindest die fossile Energie ist endlich und die Auswirkungen des Energieverbrauchs und des Wachstums auf die Umwelt nimmt immer gravierendere Ausmaße an.

Aber die Menschheit hat sich mittlerweile an ständiges Wachstum gewöhnt, auch in hochentwickelten Staaten, wo die Menschen eigentlich längst alles haben, was sie zum Leben brauchen. In der Fixierung auf Wachstum sind sich Politiker aller Parteien, Manager und Gewerkschafter und die Mehrzahl der Bevölkerung in allen Ländern einig (vergleiche hierzu Miegel). Ein einmaliges Minus-Wachstum wird gleich zur Katastrophe hochstilisiert, die man gefälligst umgehend abzustellen hat. Koste es, was es wolle.

»Selbstverständlich« lässt sich auch die jetzige Krise, obwohl sie eindeutig durch Wachstum entstanden ist, wiederum nur durch Wachstumsprogramme bekämpfen –finanziert mit riesigen Budgetdefiziten, die wieder nur durch Wirtschaftswachstum getilgt werden können. Ein echter Teufelskreis.

Der Klimawandel beschleunigt sich durch das weltweite Wirtschaftswachstum

Wirtschaftswachstum bedeutet mehr Energieverbrauch und damit – zumindest solange Energie noch vorwiegend fossil erzeugt wird – eine Verstärkung der Klimaproblematik, ablesbar an dem Anstieg der energiebedingten CO_2-Emissionen (vergleiche Abbildung 5). Auch der sonstige Ressourcenverbrauch, die Umweltverschmutzung (wie jetzt gerade durch die Ölkatastrophe im Golf von Mexiko), das Abholzen der Regenwälder, die damit einhergehende Reduzierung der Artenvielfalt, die Überfischung der Weltmeere und vieles mehr belastet unseren Planeten über die Maßen. Die Einsicht hierfür wächst zwar weltweit, aber Wirtschaftswachstum geht vor. Gerade jetzt, wo wir so schnell wie möglich aus der Krise kommen wollen, ist es doch »logisch«, dass die Politik weltweit erst einmal auf Wachstum setzt; zumal die Schwellenländer gerade jetzt eine gute Chance zum Ein- beziehungsweise Überholen der kriselnden Industrieländer sehen und bei ihnen die noch relativ neue Wachstumsideologie durch den hohen »Nachholbedarf« auch noch besonders populär ist.

Leider auch fast logisch, dass Kopenhagen gescheitert ist. Aber eine Katastrophe ist es dennoch.

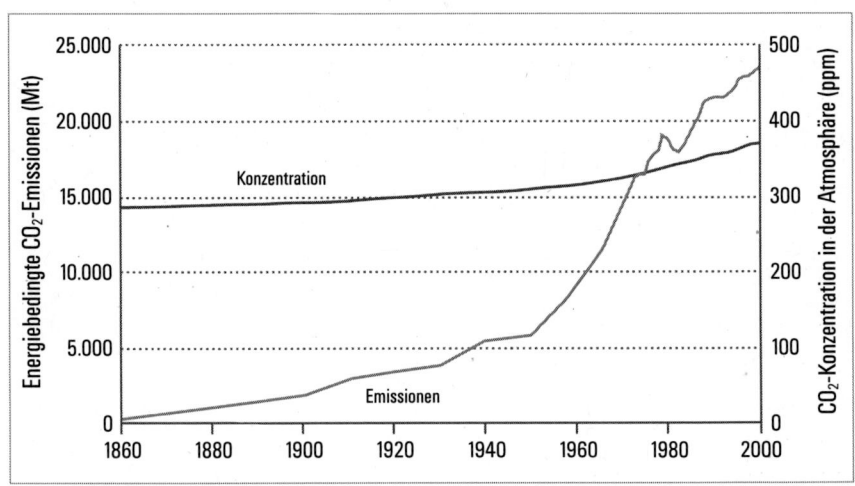

Abbildung 5: Entwicklung der CO_2-Emissionen und der CO_2-Konzentration in der Atmosphäre
(Quelle: OECD)

III
Notwendige Konsequenz: Eine grundlegende Reform des Wirtschafts- und Finanzsystems

Ende der Krise?

Die Finanz- und Wirtschaftskrise wurde durch eine beispiellose internationale Zusammenarbeit der führenden Wirtschaftsnationen, durch enorm hohe Banken-Schutzschirme und teilweise sogar Verstaatlichungen von angeschlagenen Banken, sowie ebenso beispiellos hohe Konjunkturprogramme überraschend schnell gestoppt. Die Rezession in USA und Europa wich zunächst einem vorsichtigen Wachstum. Die Volkswirtschaften in Schwellenländern, wie China, Indien und Brasilien erreichten schon bald wieder die Wachstumsraten vor der Krise. Angeregt dadurch zeigen sich mittlerweile auch in der Exportnation Deutschland sehr erfreuliche Wachstumstendenzen, die die Politik dazu verführen, das Ende der Krise auszurufen.

Dies dürfte etwas zu euphorisch sein: Die Krise im Euro-Land kocht immer wieder hoch, Griechenland wird seine immensen Schulden niemals zurück zahlen können und steckt noch tief in einer Rezession, die durch die Sparprogramme noch verstärkt wird. Portugal und Spanien stagnieren aus ähnlichen Gründen auf niedrigem Niveau. Großbritannien, Italien und Irland kämpfen mit Schuldenkrisen, die USA mit einer anhaltend hohen Arbeitslosigkeit und ebenfalls hoher öffentlicher und privater Verschuldung. Eine kompromiss- und entscheidungsunfähige Politik schrammte dort sogar knapp am Staatsbankrott vorbei. Und auch die japanische Wirtschaft stagniert weiterhin. Der Preis der vorläufigen Krisenbeilegung war hoch: Die höchsten Staatsschulden in Friedenszeiten, von denen noch niemand weiß, wie sie wieder nach unten zu bringen sind, sowie eine drohende Inflationsgefahr. Die Griechenland-Krise war ein erstes Anzeichen dafür, dass die Finanzkrise beginnt, sich in eine Schuldenkrise der Staaten auszuwachsen. Die Börsen der Welt fahren Achterbahn. Zudem sind die Arbeitslosenzahlen in den meisten Industrieländern noch nicht wieder gesunken. Das bremst den privaten Konsum. Ein Ende der Krise schaut anders aus.

Das größte Problem ist jedoch, dass die Ursachen, die zur Krise geführt haben, noch nirgends beseitigt sind. Das muss mit an Sicherheit grenzender Wahrscheinlichkeit dazu führen, dass im immer noch vorherrschenden, extrem instabilen neoliberalen Kapitalismus der Ausbruch der nächsten Krise nur eine Frage der Zeit ist. Andererseits ist offensichtlich, dass sich eine Krise dieses Ausmaßes nicht mehr wiederholen darf, weil wegen der hohen Verschuldung durch Bankenrettung und Konjunkturprogramme die Reaktionsmöglichkeiten der Staaten mehr als begrenzt sind. Also müssten als Präventivmaßnahme dringend die noch virulenten Ursachen der Krise durch eine beherzte Reform des Finanz- und Wirtschaftssystem beseitigt werden.

Doch leider ist hier auch Jahre nach der Krise noch viel zu wenig passiert! Es gibt zwar durchaus Ansätze für Reformen in den USA und Europa – insbesondere für den Finanzsektor. Die USA haben immerhin ein ziemlich umfassendes Gesetz zur Finanzmarkt-Regulierung auf den Weg gebracht. Das ist beachtlich, auch wenn von den ursprünglichen Vorschlägen gerade die weitergehenden dem notwendigen Kompromiss mit den Republikanern geopfert werden mussten. Doch was dabei übrig blieb, ist immer noch bedeutend mehr, als die Europäer bislang zustande gebracht haben. Zwar gibt es mittlerweile auch hier passable Ansätze für Reformmaßnahmen, die alle in die richtige Richtung gehen. Doch sie sind insgesamt zu punktuell, nicht weitgehend genug, greifen zu spät und sind international nicht genügend abgestimmt, um eine neue Krise vermeiden zu können. So bemängelte auch der ehemalige IWF-Chef Strauss-Kahn, der internationale Schwung zu abgestimmten Finanzmarktreformen habe deutlich nachgelassen. »Eine der Lehren aus der Krise ist, dass wir globale Antworten auf globale Herausforderungen brauchen. Diese Lehre könnte bald verloren gehen.« Zudem kurieren all diese Ansätze nur an Symptomen herum, insbesondere im Bankensektor. Die tiefer liegenden **Ursachen** der Krise, die neoliberale Wirtschaftideologie, die einseitige Profitorientierung, die Kurzsichtigkeit, die hohen Boni und die Gier, sowie das überzogene Wachstumsstreben, die gemeinsam mit der Finanzmarkt-Deregulierung zu der Krise geführt haben, werden vollständig ausgeklammert. So zeigte sich auch die Pariser Zeitung »Le Monde« zum zweiten Jahrestag der

Lehman-Pleite eher pessimistisch: »Anstatt ein neues Gebäude zu bauen, haben die Führer von Politik und Finanzen der westlichen Welt lieber das alte System renoviert.« ... »Doch werden die neuen Regelungen ausreichen, um eine zukünftige Krise zu verhindern? Wahrscheinlich nicht. In wenigen Jahren wird es neue toxische Finanzprodukte geben, die von einer neuen Generation leichtsinniger Banker gehandelt werden, für die die Pleite von Lehman nichts weiter als eine Lektion aus dem Schulbuch ist. Man möchte nicht fatalistisch erscheinen, doch man ist leider wohl realistisch.« (zit. nach SZ vom 23.8.2010).

Mindestens ebenso gravierend wie eine drohende neue Finanz- und Wirtschaftskrise ist die sich kontinuierlich aufbauende Klima- und Umweltkrise. Wenn wir nicht bald einen Weg aus der Wachstums- und Umweltfalle finden, dann werden die daraus resultierenden Schäden voraussichtlich noch viel schlimmer werden als die aus einer neuen Wirtschaftskrise, und sie werden nicht so schnell behebbar sein. Das aktuelle Problem ist jedoch, dass sich die Menschheit die Lösung aus der Wirtschaftskrise durch noch mehr Wachstum erhofft, und dieses wiederum geradewegs in eine Verschlimmerung der Umweltkrise führt. Nur ist dies für die Masse der Bevölkerung weniger leicht erkennbar als die Folgen einer Wirtschaftskrise.

Krise als Chance

Also weiter so wie vor der Krise, mit einigen punktuellen Korrekturen am Finanzsystem, die möglichst niemandem wehtun? Das wäre eine vertane Chance. Wir sollten wie die alten Chinesen, deren Schriftzeichen für »Krise« sich aus den Zeichen für »Gefahr« und »Chance« zusammensetzt, diese Krise als eine unwiederbringliche Chance sehen. Sie hat uns ihre Ursachen glasklar offenbart. Dann müssen wir jetzt aber auch die Konsequenzen daraus ziehen, ehe es zu spät ist. Denn nur eine Krise dieses Ausmaßes eröffnet die Möglichkeit zu einer grundlegenden Erneuerung in Richtung einer nachhaltigeren, weniger krisenanfälligen und umweltschonenderen Wirtschaftsweise. Wird diese Chance jetzt nicht genutzt, würde es geradewegs in die nächste Krise führen, die die Welt dann aber mangels finanzieller Verfügungsmasse nicht mehr bewältigen könnte!

Krise:

Gefahr

Chance

Abbildung 6: Krise als Gefahr, aber auch als Chance

Nach einer neuen internationalen Studie lehnen 70 Prozent der Befragten weltweit den derzeitigen Kapitalismus ab (SZ vom 10.11.2009). Die überwiegende Mehrheit fordert eine strengere Regulierung der Marktwirtschaft und eine gerechtere Verteilung des Wohlstands. Immerhin 23 Prozent wollen ein grundlegend reformiertes Wirtschaftssystem. Ob das bei der Politik noch nicht angekommen ist? Die Politiker scheinen seit Jahren zu zaudern, sich nicht recht zu trauen, ernsthafte Reformen anzudenken – geschweige denn durchzusetzen. Es scheint, als müsse der Anstoß dazu durch ein klares Signal aus der Bevölkerung kommen.

Wie sagte Friedrich Dürrenmatt in »Romulus der Große« geradezu prophetisch: »Wir müssen zwischen einem katastrophalen Kapitalismus und einer kapitalen Katastrophe wählen.« – Müssen wir das?

Im Folgenden soll ein Ansatz für eine **grundlegende**, an den Ursachen der Krise und den Defiziten des neoliberalen Systems orientierte **Reform** des derzeitigen Wirtschaftssystems vorgestellt werden. Ziel ist keine Revolution, keine völlig neue Wirtschaftstheorie, sondern ein möglichst praktikabler und realisierbarer Ansatz für ein **nachhaltiges, krisensichereres, menschengerechteres und umweltfreundlicheres Wirtschaftssystem.**

1 Nachhaltige Marktwirtschaft statt Neoliberalismus

Nachdem sowohl der Kommunismus als auch der Turbokapitalismus versagt haben, scheint das sinnvollste System eine **nachhaltige Marktwirtschaft** mit klaren sozialen und ökologischen Leitplanken und einer effizienten nationalen und internationalen Regulierung zu sein. Nachhaltige Marktwirtschaft begnügt sich jedoch nicht mit sozialen und ökologischen Leitplanken, sondern wendet das Prinzip der Nachhaltigkeit direkt auf die Wirtschaft an: durch ein zukunftsorientiertes **nachhaltiges Management**, durch **nachhaltige Ressourcennutzung**, durch das **Prinzip Verantwortung**, durch eine Wirtschaft, die für den Menschen da ist – und nicht umgekehrt, durch ein **Wachstum der Lebensqualität** – nicht der materiellen Güter, sowie durch die Beachtung der **ökologischen Verträglichkeit**. Was das heutige neoliberale Wirtschaftssystem in die Krise geführt hat, waren im Wesentlichen kurzfristige Profitmaximierung, Deregulierung und überzogene Risikoaffinität – vor allem im Bankenbereich –, übersteigertes Wachstumsstreben »auf Pump« und eine Vernachlässigung nachhaltiger Erfolgspotenziale. Wie noch zu zeigen sein wird, ließen sich diese grundlegenden Fehler in einer nachhaltigen Marktwirtschaft weitgehend vermeiden. Und nur mit einer an Nachhaltigkeit orientierten Wirtschaft wären wir auch in der Lage, die drohende Umweltkrise abzuwenden.

Nachhaltige Marktwirtschaft – ist das nicht ein Widerspruch in sich? Ja und nein. Ja, wenn man von den heutigen neoliberalen Denkmustern ausgeht. Wenn man sich davon aber freimacht, sind nachhaltiges Wirtschaften und Marktwirtschaft durchaus kein Gegensatz. Denn nachhaltiges Wirtschaften ist keine Öko-Diktatur. Eine nachhaltige Marktwirtschaft nutzt die Vorteile des Marktes und kombiniert diese mit den Grundsätzen nachhaltigen, das heißt dauerhaften und zukunftsorientierten Managements, statt der heutigen ausschließlich kurzfristig orientierten Unternehmens- und Wirtschaftspolitik. Eine nachhaltige Marktwirtschaft versucht, aus den Ursachen der Krise zu lernen. Sie setzt nicht auf völlige Deregulierung der Märkte. Denn diese brauchen, wie wir gesehen haben, klare Spielregeln und gesellschaftliche beziehungsweise soziale sowie ökologische Leitplanken. Und sie benötigen auch eine Regulierung kritischer Bereiche, insbesondere in den Finanzmärkten.

Eine nachhaltige Marktwirtschaft verfolgt die **Ziele**:
- Aufhebung der (heutigen) Gegensätze zwischen Ökonomie, Ökologie und Sozialem und Integration in einen systemischen Ansatz
- Sicherung von stetiger wirtschaftlicher Entwicklung und sinnvoller Beschäftigung in einem fairen Wettbewerbsumfeld
- Wirtschaft ist für den Menschen da und soll zu einer Verbesserung der Lebensqualität beitragen (kein Wachstum um jeden Preis)
- Wirtschaft der Verantwortung – statt neoliberaler Verantwortungslosigkeit
- Erhaltung der natürlichen Lebensgrundlagen und Schonung der Ressourcen
- Sicherung von sozialer Gerechtigkeit und Chancengleichheit, auch für nachfolgende Generationen
- Internationale Zusammenarbeit auf der Basis von Gleichberechtigung, Fairness, Verantwortung und Solidarität
- Förderung menschendienlicher und umweltschonender nachhaltiger Technologien

Eine so verstandene nachhaltige Marktwirtschaft verspricht weniger Krisenanfälligkeit, weniger soziale Spannungen, weniger Staatsverschuldung, eine bessere Erhaltung unserer Lebensgrundlagen und eine höhere Lebensqualität. Und im Gegensatz zu den Versprechungen des Neoliberalismus, die sich spätestens mit der Krise alle als Luftnummern erwiesen haben, können diese Versprechungen bei Anwendung der nachfolgenden Grundsätze auch gehalten werden.

Der Begriff **Nachhaltigkeit** ist heute in aller Munde. Das zeugt einerseits grundsätzlich von einer zunehmenden Wichtigkeit und Akzeptanz. Andererseits ist der Begriff durch die häufige Verwendung in unterschiedlichen Zusammenhängen inhaltlich fast etwas überdehnt und beliebig geworden. Dabei ist der Begriff eigentlich relativ klar definiert, sogar international. Bereits 1987 definierte die Brundtland-Kommission das Nachhaltigkeitsziel wie folgt: Eine wirtschaftliche Entwicklung, die die **Bedürfnisse der Menschen heute befriedigt, ohne die Bedürfnisbefriedigung künftiger Generationen einzuschränken, und dabei unsere natürlichen Lebensgrundlagen erhält** (Brundtland-Bericht). Dabei werden ökonomische, ökologische und soziale Werte beachtet. Mit diesen drei Dimensionen der Nachhaltigkeit sind im Wesentlichen gemeint:

- *Ökologische Nachhaltigkeit*: Sie orientiert sich am stärksten am ursprünglichen Gedanken, keinen Raubbau an der Natur zu betreiben. Ökologisch nachhaltig wäre eine Lebensweise, die die natürlichen Lebensgrundlagen nur in dem Maße beansprucht, wie diese sich regenerieren.
- *Soziale Nachhaltigkeit*: Ein Staat oder eine Gesellschaft sollte so organisiert sein, dass sich die sozialen Spannungen in Grenzen halten und Konflikte nicht eskalieren, sondern auf friedlichem und zivilem Wege ausgetragen werden können.
- *Ökonomische Nachhaltigkeit*: Eine Gesellschaft sollte wirtschaftlich nicht über ihre Verhältnisse leben, da dies zwangsläufig zu Einbußen der nachkommenden Generationen führen würde. Allgemein gilt eine Wirtschaftsweise dann als nachhaltig, wenn sie dauerhaft betrieben werden kann.

So die Definition der Enquete-Kommission des Deutschen Bundestages (Wissenschaftliche Dienste). Die Idee der Nachhaltigkeit sprengt also den traditionell ethischen Bereich des Zwischenmenschlichen und erweitert den Verantwortungsbereich auf die gesamte Weltbevölkerung, inklusive nachfolgender Generationen, sowie auf die gesamte Biosphäre hin. Der Verantwortungsbereich des Menschen hat sich erweitert durch seine Ausbreitung, durch eine globalisierte Wirtschaft und durch eine immer weitreichendere Technologie- und Ressourcennutzung, die mittlerweile die gesamte Biosphäre beeinflussen und bedrohen kann. In diesem Sinne ging das Ziel der Nachhaltigkeit auch in den Artikel 1 des EG-Vertrags ein (Vertrag zur Gründung der Europäischen Gemeinschaft) sowie in die Abschlusserklärung des Weltgipfels von Johannesburg 2002: »We agreed that the protection of the environment, and social and economic development are fundamental to sustainable development, based on the Rio Principles.« (Johannesburg Declaration 2002). Nachhaltigkeit ist also eigentlich als Ziel relativ klar umschrieben und international akzeptiert. Auf der Konferenz in Rio 1992 haben nahezu alle Staaten die Agenda 21 und das Prinzip nachhaltiger Entwicklung als Leitbild für das 21. Jahrhundert anerkannt.

Doch bald wehte schon der eisige Wind des Neoliberalismus durch die Welt und hat die ersten zaghaften, internationalen Ansätze zur Nachhaltigkeit weggeblasen wie ein Frühlingssturm die Blütenblätter. Zwar wurden 1997 in Kyoto noch Reduktionsziele für Emissionen verabschiedet. Da waren aber wichtige Staaten, wie USA, Kanada, Australien, China, Indien und die übrigen Entwicklungsländer nicht mehr dabei. Im Übrigen wurden diese Ziele von kaum einem Land – außer Deutschland – eingehalten. Der soziale Aspekt der Nachhaltigkeit spielte international noch kaum eine Rolle. Zwar gibt es Sozialstandards der internationalen Arbeitsorganisation ILO, die »ILO Declaration on Social Justice for a Fair Globalization, adopted in 2008«, die bislang jedoch unverbindlich geblieben sind und zum Beispiel nicht den Weg in die WTO gefunden haben. Die Anwendung des Nachhaltigkeitsprinzips auf die Wirtschaft selbst hat noch gar keine Rolle gespielt. Im Gegenteil, das Leben über die Verhältnisse, das Verprassen der Ressourcen und das Anhäufen von Schulden wurden sogar zum internationalen Markenzeichen des Neoliberalismus.

Wie stand und steht es in Deutschland um die Nachhaltigkeit? Hier wurde nach Rio der Umweltschutz deutlich höher gewichtet als zuvor, es wurde eine Umweltverträglichkeitsprüfung für Großinvestitionen installiert, die Ökosteuer eingeführt und im letzten Jahrzehnt wurden die erneuerbaren Energien stark ausgebaut. Insbesondere auf kommunaler Ebene wurden in der Folge von Rio eigene Agenda 21-Projekte initiiert. Die Regierung Schröder hat sogar eine *Nachhaltigkeitsstrategie* entwickelt und 2001 einen *Rat für Nachhaltige Entwicklung* einberufen, dessen Auftrag sich gut anhört:

»Nachhaltigkeitspolitik soll eine wichtige Grundlage schaffen, um die Umwelt zu erhalten und die Lebensqualität, den sozialen Zusammenhalt in der Gesellschaft und die wirtschaftliche Entwicklung in einer integrierten Art und Weise sowohl in Deutschland als auch international voran zu bringen. Ziel ist es dabei, eine ausgewogene und gerechte Balance zwischen den Bedürfnissen der heutigen Generation und den Lebensperspektiven künftiger Generationen zu finden. Die Bundesregierung hat im Jahr 2001 den Rat für Nachhaltige Entwicklung berufen. Er berät sie in ihrer Nachhaltigkeitspolitik und soll mit Vorschlägen zu Zielen und Indikatoren zur Fortentwicklung der Nachhaltigkeitsstrategie beitragen sowie Projekte zur Umsetzung dieser Strategie vorschlagen.«*

Die Regierung Merkel hat beides übernommen und mittlerweile sogar einen »Staatssekretärsausschuss für Nachhaltige Entwicklung« eingerichtet. Dies ist lobenswert, allerdings geändert, so scheint es, hat es in der Realität noch nicht viel. Zur gleichen Zeit erodierte die soziale Marktwirtschaft und der Neoliberalismus inszenierte das genaue Gegenteil von nachhaltigem Wirtschaften. Der Finanzmarkt wurde dereguliert und im Übrigen die Gier zum Maß aller Dinge. So wurde die Krise auch bei uns unausweichlich.

Zwar wird der Begriff Nachhaltigkeit in Politik und Wirtschaft durch den Klimawandel immer häufiger verwendet, doch wird in der heutigen Zeit überwiegend wirtschaftlichen Zielen eindeutig der Vorrang eingeräumt. Die übrigen Aspekte, sowohl der soziale, insbesondere aber der ökologische, werden ziemlich in den Hintergrund gedrängt und teilweise nur als ökologisches Feigenblatt in Werbebroschüren von Unternehmen verwendet. Dabei ist aus systemischer Sicht der Ökologische derjenige mit der höchsten Priorität. Denn die Menschheit und deren Wirtschaft sind Teil des Gesamtsystems »Erde«. Und im Zweifel kann die Erde, kann die Natur auch ohne uns, wir aber nicht ohne die Natur. Und wie der Klimawandel zeigt, sind wir heute dabei, unsere natürlichen Lebensgrundlagen dauerhaft zu zerstören. An zweiter Stelle kommt das Soziale: die Gesellschaft, der Mensch. Diesen hat die Wirtschaft zu dienen. Dies wird philosophisch niemand in Frage stellen, klingt aber ungewohnt für die Ohren eines Wirtschaftlers.

Mit dieser Ergänzung wollen wir die Nachhaltigkeit als Leitbild unserem Wirtschaftsansatz zugrundelegen und ihr dadurch eine neue und umfassende Bedeutung geben – mit all ihren drei Komponenten. Denn der Begriff Nachhaltigkeit drückt am ehesten aus, welchen Anforderungen ein Wirtschaftssystem heute gerecht werden muss. Er ist eigentlich unentbehrlich, »weil er Brücken baut zwischen wirtschaftlichem Handeln und ethischer Verantwortung, zwischen Gegenwart und Zukunft, zwischen Ursache und Wirkung. Nachhaltigkeit führt weg vom linearen hin zum systemischen Denken. Kein anderer Begriff bündelt in sich so sehr soziale, ökonomische und ökologische Interessen auf zukunftsfähige Entwicklung wie dieser. Er ist ein Dachbegriff, der in sich viele Aspekte positiver Zukunftsgestaltung vereint.« (Hamberger).

Nachhaltiges Wirtschaften

Am anschaulichsten lässt sich der Kern **nachhaltigen Wirtschaftens** erläutern, wenn man auf seine ursprüngliche Bedeutung zurück geht. Der Begriff stammt nämlich aus der Forstwirtschaft. Er wird auf eine Schrift von Carl von Carlowitz aus dem Jahr 1713 zurückgeführt, in der er von der »nachhaltenden Nutzung« der Wälder schrieb (Tremmel). Damit bezeichnete er die Bewirtschaftungsweise eines Waldes, bei welcher immer nur so viel Holz entnommen wird, wie nachwachsen kann, so dass der Wald nie zur Gänze abgeholzt wird, sondern sich immer wieder regenerieren kann. In diesem Zusammenhang wird schnell klar, was gemeint ist. Man kann einen Wald in kürzester Zeit komplett abholzen und das Holz verkaufen. Damit profitiert man von der Aufforstungsarbeit der Vorgänger und realisiert einen einmaligen hohen Gewinn. Danach hat man jedoch keinen Wald und damit auch kein Einkommen mehr. Würde man wieder aufforsten, so müsste man je nach Baumart und Standort 20 bis 90 Jahre lang warten, bis der Wald wieder nachgewachsen ist und verwertet werden kann. Es leuchtet jedem ein, dass dies keine vernünftige Forstwirtschaft wäre. Eine nachhaltige Forstwirtschaft achtet darauf, dass immer nur ein Teil des Waldes genutzt und dieser dann gleich wieder aufgeforstet wird, damit einerseits der Boden nicht erodiert oder junge Bäume ohne den Schutz der Großen nicht von Stürmen zerstört werden und andererseits auch ein regelmäßiges Einkommen über die Jahrzehnte hinweg erzielt werden kann. Anhand dieses Beispiels lässt sich gut ableiten, welche **Komponenten** zu einem **nachhaltigen Wirtschaften** gehören:

- *Nachhaltiges Management*: Ein Management mit einer mittel- bis langfristigen Zielorientierung, das jederzeit darauf achtet, die Existenzgrundlagen, Ressourcen und Erfolgspotenziale dauerhaft zu erhalten; das nicht zu Gunsten einer kurzfristigen Profitmaximierung die Ertragschancen der Zukunft verspielt – also das genaue Gegenteil der neoliberalen Wirtschaftsmaxime.

- *Nachhaltige Erfolgspotenziale* fördern und erhalten: Die dauerhafte Einkommenserzielung erfordert eine regelmäßige Förderung und Pflege der nachhaltigen Produktionsfaktoren; in der Forstwirtschaft also der Bäume, der Gerätschaften, der Waldwege, des Knowhows und des Personals. Man muss dabei eben auch fortwährend Bäume pflanzen, die wegen ihres langsamen Wachstums erst von der nächsten oder übernächsten Generation genutzt werden können. Nachhaltige Erfolgspotenziale für die allgemeine Wirtschaft sind etwa **attraktive Produkte**, hohe **Kunden- und Marktorientierung**, ausreichende **Produktivität**, gut ausgebildete und motivierte **Personalressourcen** und **stabile Finanzen**. Wenn diese Faktoren vernachlässigt werden, kann man zwar kurzfristig die Gewinne erhöhen, zerstört oder schwächt aber die Erfolgspotenziale für die Zukunft.

- Dazu kommt noch als wesentliches Prinzip die *nachhaltige Ressourcennutzung*: In der Forstwirtschaft also pfleglicher Umgang mit Waldboden und Setzlingen, sowie sparsamen Einsatz von Dünger, Schädlingsbekämpfungsmitteln, Energie und gegebenenfalls Wasser. Für die Wirtschaft im Allgemeinen bedeutet es sparsamen Umgang mit Rohstoffen und Energie, sowie umweltschonende Produktion, möglichst in Form einer Kreislaufwirtschaft.

Diese Grundprinzipien nachhaltigen Wirtschaftens gelten sowohl für die Mikro-Ökonomie, also **für Unternehmen**, als auch für die Makro-Ökonomie, das heißt **für Volkswirtschaften**. Wir werden im Folgenden auf beide Aspekte eingehen. Die Grundprinzipien des nachhaltigen Wirtschaftens basieren auf den Erfahrungen von Jahrtausenden. Durch ihr Nichtbeachten sind schon ganze Volkswirtschaften und große Landstriche zerstört worden, weil alle Wälder abgeholzt wurden und die Böden unwiederbringlich erodiert sind.

Um zu verdeutlichen, wie grundlegend sich unser heutiges Wirtschaftssystem von einer nachhaltigen Wirtschaft unterscheidet, lassen Sie uns das folgende Gedankenexperiment machen. Man stelle sich einmal vor, die deutsche Forstwirtschaft würde sich, um mit der Zeit zu gehen, entscheiden, die oberen Führungsränge mit Betriebswirten mit MBA-Abschluss von Chicago zu besetzen, die die Forstwirtschaft nach neoliberalen Grundsätzen umgestalten dürften. Die würden die Wälder vermutlich erst mal privatisieren und durch ein Konsortium von Deutscher Bank und Goldman Sachs an die Börse bringen. Dann würden die Wälder in fünf Jahren abgeholzt (die Herren haben einen Fünfjahresvertrag) und parallel dazu sukzessive die Mitarbeiter der Forstwirtschaft entlassen, die man dann ja nachweislich nicht mehr braucht. Die Gewinne würden explodieren und das neue Management von Aktienanalysten und Wirtschaftsjournalisten bejubelt. Bürgern, die ihren Wald vermissen, würde man sagen, dass man für die Globalisierung schon Opfer bringen müsse. Schließlich habe die neue Strategie einen erheblichen Wachstumsschub ausgelöst, den das alte Management jahrelang verschlafen habe. Wenn dann nach fünf Jahren aus der Forstwirtschaft nichts mehr zu holen ist (vergleiche Abbildung 7), ist das clevere Management schon längst, mit hohen Tantiemen und Abfindungen versorgt, zur Deutschen Bahn weitergezogen, wo seine erfolgreiche Strategie der Bahn endlich den ersehnten Börsengang bringen soll.

Leider unterscheidet sich die Realität kaum von dieser Satire: Wir stehen heute durch ein alles andere als nachhaltiges Wirtschaftssystems kurz davor, sowohl unsere wirtschaftlichen Grundlagen als auch die gesamten Lebensgrundlagen unseres Planeten zu zerstören. Der heutige neoliberale Turbokapitalismus ist das genaue Gegenteil einer nachhaltigen Wirtschaft. Da werden keine Bäume für die nachfolgenden Generationen gepflanzt, sondern Urwälder wegen kurzfristiger Gewinne unwiederbringlich abgeholzt oder gar brandgerodet, die energetischen Ressourcen (wie Erdöl, Erdgas und Kohle) und sonstige Rohstoffe innerhalb kurzer Zeit verbraucht und den nachfolgenden Generationen stattdessen immense Schulden hinterlassen. »Nach mir die Sintflut« ist der unausgesprochene Leitsatz des heutigen Wirtschaftssystems.

Abbildung 7: Infolge der Urwaldrodung reißt die Erosion tiefe Gräben, sogenannte Gullys, in das Land
(Quelle: Aniram, www.fotolia.com)

Nachdem sich die Versprechungen des Neoliberalismus spätestens durch die Krise in Luft aufgelöst haben (siehe Kapitel II.4) sollten wir dieses durch und durch schädliche Wirtschaftssystem so schnell wie möglich hinter uns lassen und uns einer nachhaltigen Wirtschaft zuwenden.

Nachhaltiges Wirtschaften bedeutet dabei keinesfalls grüne Spintisiererei oder ein Zurück ins wirtschaftliche Mittelalter. Weiterhin dürfen und sollen alle wirtschaftlichen Errungenschaften und Erkenntnisse der Neuzeit, die sich in der Praxis bewährt haben, wie Marktwirtschaft, Wettbewerb, private und öffentliche Organisationsformen, Geldwirtschaft, Welthandel und dergleichen die Grundlage unserer Wirtschaft bilden, vorausgesetzt sie erfüllen die Kriterien der Nachhaltigkeit und vermeiden die Systemfehler, die in der Krise offenbar wurden. In einer Welt der endlichen Ressourcen und verletzbarer Ökosysteme müssen wir dahin kommen, dass Ökonomie und Ökologie keine Gegensätze mehr sind, sondern sich gegenseitig bedingen (vergleiche Kreibich). Wie dies in der Praxis ausgestaltet werden kann, soll im Folgenden näher ausgeführt werden.

Dieser Grundsatz ist eigentlich banal und selbstverständlich und von Adam Smith bis Milton Friedman von allen Wirtschaftstheoretikern so postuliert: Die Wirtschaft dient der möglichst optimalen Befriedigung menschlicher Bedürfnisse. Sie ist also **Mittel – nicht Zweck.**

Wenn dieser Grundsatz trotz seiner allgemeinen Akzeptanz eigens vorangestellt wird, so deshalb, weil er in der Praxis von den meisten Wirtschaftsakteuren **auf den Kopf gestellt** wird: Wirtschaft ist für sie eine Veranstaltung zur Erzielung möglichst hoher Profite und zu Akkumulierung von möglichst viel Kapital – Menschen (Kunden und Mitarbeiter) und ihre Bedürfnisse sind hierzu die Mittel! An dieser Umkehrung krankt die Wirtschaft, insbesondere seit der Neoliberalismus sich weltweit durchgesetzt hat.

Nicht ganz unschuldig daran ist bereits der Urvater der Marktwirtschaft, Adam Smith. Er sah im Eigennutzstreben der Menschen den eigentlichen Motor der Wirtschaft und meinte, dass Markt und Konkurrenz überhöhte Preise und Profite begrenzen würden und so die »unsichtbare Hand des Marktes« quasi automatisch zum Wohlstand der Menschen führen würde. Beim Wirtschaftsethiker Adam Smith war der Eigennutz aber eingebettet in eine Gesellschaft, die von christlicher Ethik geprägt war und in einen funktionsfähigen, kleinteiligen Markt, der Auswüchse des Eigennutzes begrenzen sollte. Im 18. Jahrhundert, in dem Wirtschaft noch nahezu vollständig in den Fesseln absolutistischer Staaten ablief, konnten diese Ideen von Adam Smith durchaus als fortschrittlich gesehen werden und tatsächlich zur Erhöhung des Gemeinwohls beitragen.

Milton Friedman und Friedrich August Hayek, die Väter des Neoliberalismus, übersteigerten die Ideen von Adam Smith am Ende des 20. Jahrhunderts, als Wirtschaft bereits in liberalen Demokratien ablief, zum absoluten Marktradikalismus, nicht eingebettet in ein ethisches Gesamtgefüge und ohne klare Spielregeln für den Markt. Sie erhoben die Profitmaximierung vollends zum obersten Ziel des Wirtschaftens und komplimentierten den Staat als Rahmengeber weitestgehend aus der Wirtschaft hinaus, weil nur dann der Markt alles zum Wohle der Menschen lenken könne.

Spätestens seitdem dient die Wirtschaft nicht mehr dem Menschen – sondern der Mensch der Wirtschaft! Der neoliberale Kapitalismus ist ein System, das mittlerweile jedes menschliche (und auch unmenschliche) Handeln bestimmt, sich den Menschen wie die Umwelt total einverleibt, über ihn als Produktions- und Kostenfaktor verfügt und ihn, wenn es die Rentabilität erfordert, beliebig ausspuckt und dem Sozialstaat überlässt, den er gleichzeitig als zu aufgebläht und zu teuer geißelt. Die Bankenkrise zeigte deutlich, dass Banken und Hedge Fonds gegen das Wohl ihrer Kunden spekuliert haben. Für die Rettung der Banken mussten dann die Staaten und die Steuerzahler gerade stehen – während die Gewinne, die vor und nach der Krise entstanden und entstehen, »natürlich« privat vereinnahmt werden. Und die Spekulation gegen europäische Staaten offenbart auch, dass das entfesselte Finanzsystem ungerührt gegen das Gemeinwohl von Staaten spekuliert, deren Schuldenproblematik eben dieses Finanzsystem verursacht beziehungsweise verschlimmert hatte.

Wie kann die Wirtschaft wieder dem Menschen dienen? Hierfür ist wesentlich, dass bei wirtschaftlichen Aktivitäten neben Rentabilitätszielen wieder das »menschliche Maß« beachtet wird: bei der Zielsetzung, bei den vielfältigen Transaktionen von Banken und Unternehmen, bei der Verantwortung für Mitarbeiter, Kunden und Gesellschaft, bei der Unternehmensgröße, bei der Wahl der Technologie und beim Wettbewerb (vergleiche hierzu insbesondere Schumacher). Und dazu gehört auch selbstverständlich, dass die natürlichen Lebensgrundlagen des Menschen bewahrt werden, weil ohne die ein menschliches Leben unmöglich wird. Dies hat weitreichende Konsequenzen auf die Umgestaltung der Wirtschaft, auf die wir im Folgenden näher eingehen werden. Aber hierfür müssen wir Menschen und Bürger uns energisch einsetzen und entsprechenden Druck auf die Politik machen, um den Beharrungsdruck von Politik und Wirtschaft zu überwinden.

Märkte und Wirtschaft brauchen klare Rahmenbedingungen und Spielregeln

Wie oben dargelegt nutzt eine nachhaltige Marktwirtschaft die Vorteile von Märkten, überlässt diese jedoch nicht sich selbst:

Märkte behalten dabei die heuristische Funktion, die Bedürfnisse der Menschen so direkt und flexibel wie möglich in Produkte und Dienstleistungen umzusetzen und Preise über Angebot und Nachfrage zu steuern. Das ist unbestritten ihre Stärke. Keine zentrale Planungsinstanz kann diese flexible Ausgleichsfunktion von Märkten auch nur annähernd so gut übernehmen. Dies haben alle »Experimente« mit zentral gelenkten Wirtschaften bewiesen.

Damit Märkte diese flexible Ausgleichsfunktion zwischen Angebot und Nachfrage erfüllen können, braucht es notwendigerweise **Wettbewerb**. Er ist ein grundlegendes Gestaltungsinstrument der Marktwirtschaft. Er sorgt dafür, dass die volkswirtschaftlichen Produktionsfaktoren den nachgefragten Verwendungen zugeführt werden und somit für eine adäquate Güterversorgung in der Volkswirtschaft (Steuerungsfunktion). Der Wettbewerb ist weiterhin Motor für Innovation und technischen Fortschritt, für neue qualitativ hochwertige Produkte und für das Streben der Unternehmen nach möglichst kostengünstiger Produktion (Antriebsfunktion). Funktionierender Wettbewerb begrenzt auch die Gewinne von Unternehmen, weil hohe Gewinne Konkurrenten anlocken.

Seit Adam Smith werden Eigennutzstreben und Wettbewerb immer wieder als archaische Verhaltensweisen in Frage gestellt beziehungsweise abgelehnt (vergleiche hierzu stellvertretend für die neuere Literatur Felber, Gemeinwohl-Ökonomie). Dem Wettbewerb wird dabei häufig **Kooperation** als leuchtende Alternative gegenübergestellt, in der menschlichere Verhaltensweisen wie Zusammenarbeit und Empathie gedeihen könnten. Witziger Weise beziehen sich sowohl die Anhänger des Wettbewerbs als auch der Kooperation auf die Evolution und jede Seite findet dort Belege für ihre Ansicht. In der Tat gibt es in der Evolution allgemein und in der menschlichen Entwicklung und Geschichte im Speziellen genügend Beispiele für beides: für Kooperation **und** Wettbewerb. Die eine oder andere Verhaltensweise als archaisch verdammen zu wollen, ergibt wenig Sinn. Bis zum Beweis des Gegenteils – der meines Wissens noch niemandem gelungen ist – gehören beide zum Menschen. Die menschliche Welt wäre arm und unmenschlich ohne Zusammenarbeit und Empathie. Wer aber Wettbewerbsstreben von vorneherein als dem Menschen nicht zugehörig bezeichnen wollte, der sollte sich die Entwicklung des Menschen und seine Geschichte vor Augen halten, oder sich vergegenwärtigen, wie der sportliche Wettbewerb die Menschen fasziniert. In gleicher Weise finden Kooperation und Wettbewerb auch ihren Platz in der Wirtschaft: möglichst angstfreie Zusammenarbeit innerhalb von Unternehmen und natürlich auch arbeitsteilige Kooperation zwischen Unternehmen. Wenn aber alle Unternehmen kooperieren und Wettbewerb damit vermieden wird, dann hat man Kartelle, das heißt Absprachen gegen den Markt, letztlich gegen die Kunden, und die sind in einer Marktwirtschaft zu Recht verboten. Der Wettbewerb könnte dann nicht mehr seine bereits genannten Funktionen erfüllen. Man hätte keine Marktwirtschaft mehr. Dass Wirtschaft ohne Wettbewerb schlecht funktioniert, dafür gibt es ausreichend Beispiele: In unzureichend funktionierenden Marktsegmenten, wo sich Monopole oder Oligopole entwickeln können, haben Kunden in aller Regel nichts zu lachen. Oder in den vielfältigen Beispielen kommunistischer oder sozialistischer Wirtschaftssysteme. Gegenbeispiele gut funktionierender Wirtschaftssysteme ohne Wettbewerb finden sich zwar immer wieder in der Theorie, bislang jedoch noch nirgends in der Praxis. Das wird seinen Grund haben; vermutlich darin, dass der Mensch leider nicht so ideal ist, wie Idealisten ihn sich vorstellen. Andererseits lassen sich gerade im heutigen neoliberalen Marktsystem auch viele Beispiele destruktiver Konkurrenz finden, etwa »feindliche« Übernahmen oder das Ausstechen oder gar Vernichten von Konkurrenten mit unfairen Methoden. Auch hier zeigt die Analogie zum sportlichen Wettbewerb, dass dieser nur fair ablaufen kann und Spaß macht, wenn er klaren Regeln unterliegt, über die Schiedsrichter mit Sanktionsmöglichkeiten wachen.

Märkte und Wettbewerb brauchen also klare **Rahmenbedingungen, Spielregeln und Regulierung**. Das hat sich jetzt (wieder) klar erwiesen. Statt des Marktradikalismus' des neoliberalen Systems brauchen wir also wieder ein »**ordo-liberales**« Marktsystem. Mit einer solchen ordo-liberalen – also mit Leitplanken, Spielregeln und sozialen Standards versehenen – »**Sozialen Marktwirtschaft**« haben wir nach dem Zweiten Weltkrieg drei Jahrzehnte gute Erfahrungen gemacht. Eucken und Müller-Armack haben sie theoretisch begründet (vergleiche Eucken; Müller-Armack) und Ludwig Erhard als Wirtschaftsminister genial umgesetzt. Sowohl in der Theorie als auch in der Praxis hatte dieser Wirtschaftsansatz sehr viel mehr Substanz als der neoliberale Ansatz, aber letzterer wurde vielleicht mit mehr rhetorischer Brillanz, sicherlich jedoch mit sehr viel größerer finanzieller Unterstützung von interessierter Seite weltweit durchgesetzt.

So kam uns in den letzten Jahrzehnten die Soziale Marktwirtschaft mehr und mehr abhanden und wurde schrittweise durch das neoliberale System ersetzt. Unsere Politiker führen zwar immer noch die Soziale Marktwirtschaft im Munde, aber in der Realität haben wir uns meilenweit davon entfernt: Entfesselte Finanzmärkte, Oligopole statt Wettbewerb, Profit- und Geldgier statt sozialer Verantwortung, Wachstum »auf Pump« statt solider Haushaltspolitik und eine Einkommens- und Vermögensverteilung, die immer schieflastiger und ungerechter wird.

Nun kann das aber nicht heißen, die Soziale Marktwirtschaft aus der Nachkriegszeit eins zu eins wieder aus dem Schrank zu holen. Zu vieles hat sich seit damals geändert. Der Wachstumsschub der Nachkriegsära, das Wirtschaftswunder, ist vorbei. Deutschland ist in die EU integriert, die globalen Verflechtungen der Weltwirtschaft sind enorm gewachsen, die Soziallasten sind nahezu unfinanzierbar geworden und die Umweltproblematik hat dramatisch zugenommen. Es braucht also neue Antworten auf neue Verhältnisse. Daher der Ansatz einer nachhaltigen Marktwirtschaft. Aber der ordo-liberale Grundansatz, nach dem ein Markt klare Spielregeln, Grenzen und Regulierung braucht, und dass der Markt nicht von sich aus für das Gemeinwohl sorgt, sondern dieses politisch mit induziert werden muss, der hat sich durch die Krise mehr als bestätigt. Dies wurde jüngst sogar vom Chef-Volkswirt des IWF, der bislang ein Hort der neoliberalen Ideologie war, bestätigt (vergleiche Blanchard).

In einer nachhaltigen Marktwirtschaft müssen der Staat beziehungsweise Staatengemeinschaften klare Vorgaben machen für **Gemeinwohlziele, soziale Standards** und eine möglichst **gerechte Verteilung des Wohlstands** (*soziale Vorgaben*), für **ökologische Begrenzungen und Standards** (*ökologische Vorgaben*) sowie für **fairen Wettbewerb und Regulierung** (*ökonomische Vorgaben*). Dies regelt sich – wie wir jetzt gesehen haben – in einer Marktwirtschaft, die nur auf Eigennutz und Gewinnstreben basiert, eben nicht von alleine (vergleiche hierzu auch Radermacher, S. 258 ff., Grassmann, FÖS). Für die Kontrolle dieser Rahmenbedingungen und für die Regulierung braucht es starke staatliche und überstaatliche Institutionen.

Die Vorgabe dieser Ziele obliegt dem Staat beziehungsweise Staatengemeinschaften. Es ist aber durchaus offen und gestaltbar, wie der Staat zu solchen Zielsetzungen kommt. Werden sie innerhalb der üblichen demokratischen Prozesse definiert, also über Parteiprogramme und Wahlen? Oder wäre es sinnvoll, gerade Gemeinwohlziele in speziellen demokratischen Prozessen zu definieren, an denen neben politischen Parteien auch eine direkte Beteiligung weiterer gesellschaftlicher Gruppierungen, wie Verbraucherverbände, Gewerkschaften, Wirtschaftsverbände, Wissenschaft und dergleichen vorzusehen ist? Felber (Gemeinwohl-Ökonomie, S. 25 f.) schlägt hierfür einen sogenannten »Wirtschaftskonvent« vor. Dies könnte durchaus eine sinnvolle Vorgehensweise sein, um diese grundlegenden Vorgaben für eine Volkswirtschaft durch eine breitere und direktere demokratische Legitimation abzusichern.

Es soll an dieser Stelle aber auch ganz klar herausgestellt werden: Außer der Rahmensetzung und der Regulierung soll sich der Staat nicht in das **operative** Wirtschaftsgeschehen einmischen und andererseits dafür Sorge tragen, dass seine regulierenden Funktionen so effizient wie möglich erfüllt werden. Die teilweise bis ins Kleinste gehenden Standards und Vorschriften der EU sind hier ein abschreckendes Beispiel. Eine überbordende Regulierung wäre das Gegenteil dessen, was wir unter nachhaltiger Marktwirtschaft verstehen: Sie würde jede Eigeninitiative und Selbstverantwortung ersticken und den Staat in Bereiche hineinziehen, die der Markt besser regeln kann. Die Kunst liegt in einem adäquaten Verhältnis von Rahmenvorgaben und deren Kontrolle einerseits und einer ungestörten Entfaltung von Eigeninitiative, Kreativität und Marktkräften innerhalb dieses Rahmens. Dies ist wie bei einem Fußballspiel: Ohne Fair-Play-Regeln und einen guten Schiedsrichter würde es im Chaos enden, bei zu viel Regeln oder einem übereifrigen Schiedsrichter in Langeweile erstarren.

Nachhaltiges Management statt Shareholder Value

Die Schaffung und Beachtung sozialer und ökologischer Leitplanken und fairer Marktspielregeln sind eine notwendige aber noch keine hinreichende Bedingung für eine nachhaltige Marktwirtschaft. Als wesentliche Ergänzung dieser Rahmenbedingungen gehört zu einer nachhaltigen Marktwirtschaft die **Anwendung des Prinzips der Nachhaltigkeit auf den Wirtschaftsprozess selbst**, durch ein nachhaltiges Management.

Dazu muss aber unbedingt das bisherige **Shareholder Value-Denken aus den Köpfen**, das Hauptsteuerungsinstrument neoliberaler Wirtschaftsideologie für Wirtschaftsunternehmen und Banken. Der Shareholder Value, also eigentlich der Wert des Unternehmens für die Shareholder (Aktionäre oder Gesellschafter), wurde bald – was ursprünglich gar nicht im Sinne des Erfinders (vergleiche Rappaport) war – immer kurzfristiger definiert und auf die aktuelle Gewinnprognose und die jeweiligen Aktienkurssteigerungen eingeengt. Die »Kurspflege« durch quartalsweise Erfolgsberichte wurde jetzt zur wichtigsten Managementaufgabe. Um das Management hautnah an den Shareholder Value zu koppeln, gab man ihm immer höhere gewinnabhängige Erfolgsbeteiligungen oder Aktienoptionen und diese wurden immer weiter in der Hierarchie nach unten weitergereicht, so dass die Unternehmen heute unisono auf ein einziges Ziel ausgerichtet sind: höchster kurzfristiger Gewinn beziehungsweise Kurssteigerung. Für andere Ziele ist – jedenfalls in börsennotierten Aktiengesellschaften – kein Platz mehr.

Und für eine andere Managementdenke auch nicht. Man muss sich nicht wundern, wenn wir in solchen Unternehmen heute die Manager haben, die wir haben. Profitstreben (fürs Unternehmen) und Geldgier (bei der eigenen Tantieme) passen haargenau zusammen; und das ist genau so gewollt. Wie sagte Shakespeare: »Und ist das Wahnsinn, so hat er doch Methode«. Ja, das hat er, und nur wenige standhafte Manager können sich dem – jedenfalls in börsennotierten Aktiengesellschaften – entziehen. Auch an dieser Stelle sei nochmals betont, dass es in Unternehmen, bei denen der Finanzmarkt nicht so direkt durchschlägt (Aktiengesellschaften mit stabilen Aktionärsverhältnissen, Personen-Gesellschaften, GmbHs, Stiftungen, Genossenschaften), nach wie vor weitsichtig und verantwortungsvoll agierende Manager gibt. Und zum Glück sind diese Unternehmen in Deutschland zahlenmäßig weit in der Überzahl. Doch Banken und Großunternehmen sind fast alle in börsennotierten AGs organisiert, und von dort aus greift die Shareholder Value-Denke mehr und mehr auf die übrige Wirtschaft über.

Das ausschließliche Shareholder Value-Denken war und ist falsch vom Ansatz her. Shareholder Value, also der Wert eines Unternehmens, ist kein primäres Unternehmensziel, das Handlungen steuern kann, sondern allenfalls ein Ergebnis. Man zäumt hier das Pferd wirklich vom Schwanz her auf. Wer bezahlt denn in einer Marktwirtschaft die ganze Veranstaltung? Nein, nicht die Shareholder. Die stellen nur das Grundkapital, was auch schon sehr verdienstvoll ist, aber bestenfalls zehn bis 30 Prozent des erforderlichen Kapitals ausmacht. In einer Marktwirtschaft bezahlt letztlich alles der Kunde, inklusive des Gewinns. Wir bräuchten also nicht einen Shareholder Value sondern einen »Customer Value«. Dieser würde den wahren Wert eines Unternehmens kennzeichnen. Die Aktionäre und Aktienanalysten müssten sich demnach fragen: Welche Produkte hat das Unternehmen, heute und in drei Jahren? Welche Marktvorteile haben diese gegenüber Konkurrenzprodukten? Wie steht es um die Kundenbeziehungen des Unternehmens? Auf welchen Märkten ist das Unternehmen vertreten und welche Wachstumsmöglichkeiten bieten sie für die Zukunft? Denn der Wert eines Unternehmens entwickelt sich nachhaltig nur positiv, wenn es das **Hauptziel seines Wirtschaftens** gut erfüllt: am Markt nachgefragte Produkte oder Dienstleistungen besser als die Konkurrenz herzustellen und zu einem attraktiven Preis anzubieten, der die Kosten deckt und noch einen ausreichenden Gewinn erwirtschaftet. Dieses Ziel **gibt dem Unternehmen seinen Sinn** und kann konkret in Strategien und Handlungen umgesetzt werden: durch eine effiziente Marktforschung, die die Bedürfnisse der Kunden aufspürt, eine kreative Entwicklung, die daraus attraktive Produkte entwickelt, eine effiziente, kostengünstige und qualitätsorientierte Produktion und einen kundenorientierten Vertrieb. Für all das braucht es einen gut ausgebildeten Mitarbeiterstamm und man benötigt Kapital für Investitionen und Vorfinanzierungen, Eigenkapitalgeber und Banken, die dem Unternehmen längerfristig Kapital zur Verfügung stellen und dafür Zinsen und eine nachhaltige Wertentwicklung erwarten können.

Hieraus ergibt sich sehr nachvollziehbar, was ein Unternehmen wirklich weiterbringt: **nachhaltiges Management**, das heißt die an langfristigen Zielen orientierte Entwicklung und die Kultivierung **nachhaltiger Erfolgspotenziale**. Für Unternehmen in einer Marktwirtschaft sind dies:

- **Hohe Kunden-und Marktorientierung**: Aufspüren der (heutigen und künftigen) Kunden- und Marktbedürfnisse, stabile Kundenbeziehungen und der Gewinn neuer Kunden in neuen Märkten durch gute Qualität und Verlässlichkeit; hierfür braucht es ein gutes Marketing mit einem feinen Gespür für den Markt und die Kundenbedürfnisse sowie einen kundenorientierten Vertrieb.

- **Attraktive Produkte oder Dienstleistungen** sind die Basis des Erfolgs in einer Marktwirtschaft; in einer nachhaltigen Marktwirtschaft sollen sie zudem einen Beitrag zur Lebensqualität bieten (bei Investitionsgütern analog zur Kundenzufriedenheit) und langlebig beziehungsweise gut recycelbar sein; erforderlich hierzu ist eine gut entwickelte Innovationsfähigkeit, mit der die Bedürfnisse des Marktes effizient in attraktive Produkte umgesetzt werden können, durch einen exzellenten Forschungs- und Entwicklungsbereich (der bei kleineren Unternehmen teilweise ausgelagert sein kann) und ein Produktdesign, das neben Schönheit auch die Nachhaltigkeit im Auge hat.
- **Effiziente Produktion** und /oder **Logistik**, die die Produkte oder Dienstleistungen kostengünstig und in guter Qualität herstellen und zu einem wettbewerbsfähigen Preis effizient zum Kunden liefern kann.
- **Mitarbeiterpotenzial**: Ein gut ausgebildeter, erfahrener und motivierter Mitarbeiterstamm ist die Basis des Geschäfts, bei allen vor- und nachgenannten Bereichen; ein Manager ist arm dran, wenn er diese Basis nicht hat, und sollte alles tun, um diese Basis zu stärken (siehe hierzu ausführlicher später).
- **Nachhaltige Ressourcennutzung**: Sparsamer Einsatz von Rohstoffen und Energie, sowie umweltschonende Produktion, möglichst unter Beachtung einer Kreislaufwirtschaft, helfen Kosten zu reduzieren – gerade auch im Hinblick auf die steigenden Energie- und Rohstoffkosten – und schonen die Umwelt (vergleiche hierzu ausführlicher später sowie in Kapitel III.5).
- **Finanzielle Stabilität**: Stabile, nicht allzu wankelmütige Gesellschafter oder Aktionäre, die auf nachhaltigen Erfolg und nicht auf maximalen, kurzfristigen Gewinn setzen; ausreichendes Eigenkapital; ein überschaubarer Schuldenstand; penible Liquiditätsplanung (um Zahlungsunfähigkeit auf alle Fälle vermeiden zu können); effizientes Risikomanagement; stabile Bankbeziehungen.
- **Nachhaltiger Gewinn**: Wenn die obigen Erfolgspotenziale stimmen, kommt der Gewinn quasi von alleine. Das Management sollte sich anspruchsvolle aber nachhaltige Gewinnziele für mindestens drei Jahre setzen; nicht maximalen, kurzfristigen Gewinn; denn dieser kann oft ein Strohfeuer sein, hohe Risiken produzieren und langfristige Erfolgspotenziale zerstören.

Es mag überraschend klingen, dass der Gewinn bei der Entwicklung und Stabilisierung der nachhaltigen Erfolgspotenziale sich von alleine einstellt. Aber es hat seine wirtschaftliche Logik, weil Unternehmen mit attraktiven Produkten, hoher Kunden- und Marktorientierung, hoher Produktivität, sparsamem Ressourceneinsatz, stabilen Finanzen und last but not least einem motivierten, gut ausgebildeten Mitarbeiterstamm einfach immer erfolgreich sein werden. Dies bestätigt auch meine Erfahrung in verschiedenen Unternehmen über Jahrzehnte hinweg. Nachhaltiges Management eignet sich auch ganz hervorragend im Rahmen einer strategischen Planung, weil die Erfolgspotenziale bei einem dynamischen Umfeld immer wieder von neuem gesichert werden müssen. Es bewirkt auch – viel besser als der kurzfristig orientierte Shareholder Value – eine stabile Wertentwicklung des Unternehmens, ist also durchaus auch im Sinne der Shareholder. Es berücksichtigt dabei aber gleichzeitig Kunden- und Mitarbeiterinteressen, sowie Umweltbelange und kann auch sinnvolle Kooperationen mit anderen Unternehmen einbeziehen, weil es auf Dauer und Verlässlichkeit angelegt ist. Nachhaltiges Management ist aber definitiv nichts für kurzfristig orientierte Sanierertypen oder Zocker. Vielmehr erfordert es fähige Manager, die über das nächste Quartal hinaus denken und planen und ihre Mitarbeiter führen und motivieren können.

Und es braucht ein breiter gefächertes Zielsystem. Dabei kann durchaus auch der sogenannte **Stakeholder-Ansatz** mit integriert werden, der mit den Erfolgspotenzialen Schnittmengen hat (zu Stakeholder Value vergleiche etwa Welge, S. 263 ff, sowie dessen Integration in die Balanced Scorecard, Schmeisser). Ein Unternehmen agiert, wie das obige Beispiel zeigt, in einer sozialen Gemeinschaft mit Kunden, Mitarbeitern, anderen Unternehmen, Geldgebern, der Gesellschaft und der Umwelt, sogenannten Stakeholdern. Nur durch das optimale Zusammenwirken aller kann sowohl der Unternehmenserfolg als auch das Gemeinwohl nachhaltig gesichert werden. In einer breiter angelegten Zielmatrix können für strategische Überlegungen sowohl die nachhaltigen Erfolgspotenziale als auch die unterschiedlichen Einflussbereiche eines Unternehmens gescannt werden: die Kunden und Märkte (für die innovative, kostengünstige Produkte und Dienstleistungen in guter Qualität angeboten werden sollen), die Shareholder und Banken (für die ausreichende Rendite und Zinsen erwirtschaftet werden müssen), die Mitarbeiter (für die es Verantwortung trägt und in deren Weiterbildung es investiert), die Gesellschaft (in der das Unternehmen agiert) und nicht zuletzt die Umwelt (die es so schonend wie möglich behandeln soll). In diesen Zielsetzungen spiegeln sich die soziale und ökologische Verantwortung des Unternehmens. Da sie meist qualitativen Charakter haben, gehen sie nicht direkt in die Erfolgsrechnung des Unternehmens ein, sondern sie bilden Leitlinien für die Unternehmensstrategie und für das Unternehmensverhalten gegenüber den verschiedenen Stakeholdern, also auch für die »Corporate Social Responsibility« (CSR). Zur Klarstellung sei angefügt, dass sich solche CSR-Ziele aber durchaus in der Erfolgsrechnung niederschlagen können, etwa wenn Unternehmen soziale oder kulturelle Projekte sponsern oder höhere soziale oder ökologische Standards befolgen als gesetzlich vorgeschrieben. Während sich solche Beispiele durch zusätzliche Kosten zunächst negativ auf die Erfolgsrechnung auswirken, kann man sich künftig durchaus vorstellen, dass Unternehmen mit einer ausgeprägten und nachvollziehbaren CSR von Verbrauchern, die immer mehr Wert auf Nachhaltigkeit legen, bevorzugt werden, so dass sich diese Aufwendungen auch in höheren Erträgen niederschlagen.

Gesellschaftern beziehungsweise Aktionären und Banken wird mit der traditionellen Erfolgsrechnung (Gewinn-und Verlustrechnung, sowie Bilanz und Geschäftsbericht) berichtet. Den übrigen Stakeholdern, insbesondere Kunden, Mitarbeitern und Gesellschaft über einen CSR-Bericht. Der Begriff Corporate Social Responsibility (CSR) umschreibt den freiwilligen Beitrag der Wirtschaft zu einer nachhaltigen Entwicklung, die über die gesetzlichen Forderungen hinausgeht. CSR steht für verantwortliches unternehmerisches Handeln über die eigentliche Geschäftstätigkeit hinaus, also über ökologisch relevante Aspekte (z.B. nachhaltiges Ressourcenmanagement, Energieeinsparung, Kreislaufwirtschaft, Emissionsvermeidung und dergleichen) sowie soziale Aspekte, bezüglich den Mitarbeitern (stabile Arbeitsplätze, Ausbildungsplätze, freiwillige Sozialleistungen, Führungs- und Arbeitsgrundsätze, Fortbildung, Gewinnbeteiligung, Einhaltung von internationalen Sozialstandards in ausländischen Standorten etc.), bezüglich Kunden (z.B. besondere Qualitätsstandards, Liefertreue oder Einbeziehung von Kunden in Entwicklung oder Beurteilung von Produkten etc.) und bezüglich der Gesellschaft (z.B. Spenden, Sponsoring, Private Public Partnership, Einbeziehung von kommunalen beziehungsweise regionalen Gremien in bestimmte Standortentscheidungen etc.) (vergleiche hierzu auch die CSR-Plattform von BDA und BDI). Politik und Nachhaltigkeitsverbände sollten künftig gemeinsam dafür Sorge tragen, dass solche CSR-Berichte zum Standard bei allen größeren Unternehmen werden und dass damit nicht »Greenwashing« betrieben, sondern über glaubwürdige nachhaltige Aktivitäten und Entwicklungen berichtet wird.

Dass solche ausgewogenen Zielsetzungen nicht einer »Sozialromantik« entspringen, sondern sich durchaus auch im Zeitalter der Globalisierung mit guten Erfolgsziffern kombinieren lassen, zeigen Beispiele wie etwa Faber-Castell, der weltgrößte Hersteller von Blei- und Buntstiften, der sich bei allen 16 internationalen Produktionsstandorten (inklusive China) strikten sozialen und ökologischen Leitlinien verpflichtet, die auch extern überprüft werden. Ähnliche Beispiele finden sich in Firmen wie dem Textilhersteller Trigema, der Drogeriemarkt-Kette dm oder bei Ritter Sport (vergleiche Koch) oder bei Hipp (vergleiche Hipp). Der Mittelstand ist an den langfristigen Erfolgsfaktoren des Unternehmens häufig noch viel näher dran. Selbstverständlich finden sich Beispiele für ausgewogene Zielstrukturen, wenn auch nicht ganz so ausgeprägt, auch bei Großkonzernen wie Bosch oder BASF (vergleiche manager magazin: Good Company Ranking).

Als Argument für den Shareholder Value wird immer wieder angeführt, dass mit ihm das ganze Unternehmen sehr effizient auf eine Zielsetzung ausgerichtet werden könne. Abgesehen davon, dass ich das für die Masse der Mitarbeiter anzweifle (siehe hierzu später), ist es zweifellos richtig, dass mit einem einzigen Ziel einfacher klar zu kommen ist als mit einer Zielmatrix. Aber erstens nützt das wenig, wenn die wirtschaftliche Realität – zumindest mittelfristig – mit diesem Ziel nicht übereinstimmt. Und zweitens, schickt man die wirtschaftliche Elite jahrelang auf die Universität, damit sie anschließend nur mit einem Ziel umgehen kann? Jeder Haushaltvorstand muss zwischen verschiedenen Zielsetzungen abwägen, kurzfristigen und langfristigen: Leisten wir uns teure Urlaube, oder sparen wir auf ein Häuschen im Grünen? Kaufen wir uns dauernd teure Kleider, oder legen wir was für die Ausbildung der Kinder zurück? Oder überlässt man solche »komplexen« Entscheidungen als ausgebildeter Manager lieber seiner Frau?

Selbstverständlich ist es nicht trivial, die verschiedenen monetären und nichtmonetären Zielsetzungen in ein jeweils adäquates Gleichgewicht zu bringen und zu gewichten, aber es ist eine ebenso anspruchsvolle wie lohnende Managementaufgabe. Die bereits angeführte Balanced Scorecard stellt hierfür seit Jahren ein wissenschaftlich fundiertes Instrument zur Verfügung (vergleiche Schmeisser). Hierbei kann ein nachhaltiger Gewinn durchaus als primäre Führungsgröße agieren, wenn dabei die anderen Ziele nicht zu kurz kommen. Und die Gewichtung der Ziele kann je nach wirtschaftlicher Lage des Unternehmens auch durchaus variieren. Es ist nachvollziehbar, dass in wirtschaftlich schwierigen Zeiten die Bestandssicherung des Unternehmens vor freiwilligen Leistungen rangiert, während in guten Zeiten mit Letzteren großzügiger umgegangen werden kann. Ergänzend soll noch erwähnt werden, dass etwa Umweltschutz nicht nur über unternehmensindividuelle Zielsetzungen, sondern im Wesentlichen über staatliche Vorgaben für alle geregelt werden muss. Aber es ist wichtig, dass Umweltschutz, ebenso wie das Gemein- wohl, sowie Kunden- und Mitarbeiterinteressen nicht aus dem Blickwinkel des Managements verschwinden, wie das im neoliberal geprägten Shareholder Value-Denken propagiert wird.

Und es braucht für eine erfolgreiche Unternehmensführung und Wertentwicklung nicht die bislang moderne kurzfristige, sondern eine **mittelfristige, nachhaltige Orientierung,** sowohl auf Seiten des Managements als auch auf Seiten der Kapitalgeber. Mit Aktivitäten und Erfolgsberichten im Quartalsrhythmus lassen sich nur heiße Luft aber keine nachhaltigen Werte schaffen. Prominente und erfolgreiche Beispiele für eine solche Mittelfrist-Orientierung ihrer Unternehmenspolitik sind etwa BASF, Bosch, Audi und auch Porsche, bevor Herr Wiedeking zum Zocker wurde. Gerade am letzten Beispiel lässt sich gut zeigen, wie schnell Unternehmenswerte, die durch eine jahrelang erfolgreiche und nachhaltige Unternehmenspolitik aufgebaut wurden, durch ein am kurzfristigen Erfolg orientiertes Zokken vernichtet werden können.

Damit dieses neue (alte) Denken wieder Fuß fassen kann, sollten generell die erfolgsabhängigen Gehaltsbestandteile für Manager (Tantiemen, Boni, Aktienoptionen) begrenzt (z.B. auf maximal **50 Prozent** vom Grundgehalt) und an **mittelfristigen Erfolgskriterien** festgemacht werden. Mit dem »Gesetz zur Angemessenheit der Vorstandsvergütung« hat die Bundesregierung den Aspekt der Mittelfristigkeit bei Vergütungssystemen bereits umgesetzt. Bezüglich der Entgelthöhe bleibt das Gesetz jedoch sehr vage. Aber gerade zu hohe erfolgsabhängige Prämien, das ließ sich in den letzten Jahren studieren, **verstärken die Gier und vernebeln den Blick für Risiken,** offenbar auch bei gestandenen Managern. Oder sie locken solche an, denen die charakterlichen Voraussetzungen für eine verantwortungsvolle Unternehmensführung fehlen. Zu den Erfolgskriterien sollte der Aufsichtsrat durchaus auch aktuelle nicht-monetäre Ziele aus dem Zielkranz des Unternehmens vorgeben. So koppelt beispielsweise VW die Vorstandsvergütung unter anderem an die Kunden- und Mitarbeiterzufriedenheit. Gerade die Mitarbeiterzufriedenheit ist bei der desaströsen Motivationslage der Arbeitnehmer in Deutschland ein wichtiges Zielkriterium. Nach meiner Erfahrung lässt sich durch die Vorgabe personalbezogener Erfolgskriterien durchaus etwas bewegen, wenn man den Führungskräften gleichzeitig passende Seminare zur Mitarbeiterführung anbietet. Um die nachhaltige Orientierung zu verstärken, sollten in den Aufsichtsratssitzungen **Dreijahrespläne** als Pflichtpunkt der Tagesordnung fundiert dargelegt und ausführlich diskutiert werden.

Es ist wichtig festzuhalten, dass der Umstieg vom Shareholder Value auf die nachhaltigen Erfolgspotenziale nicht nur im gesamtwirtschaftlichen Interesse von Bedeutung ist. Auch Aktionäre und sonstige Shareholder würden davon profitieren, wie auch die obigen Beispiele erfolgreicher Unternehmen zeigen. Nachhaltiger Erfolg ist immer besser als ein kurzfristiges Rendite-Feuerwerk, dem meist ein ebenso schneller Niedergang folgt, weil wesentliche Erfolgskriterien vernachlässigt wurden. Es ist eine relativ leichte Übung, den Gewinn kurzfristig in die Höhe zu treiben, indem man zum Beispiel Forschung und Entwicklung abbaut, Mitarbeiter entlässt, nichts mehr investiert oder an der Qualität spart. So mancher »Sanierer« hat sich dadurch einen »guten« Ruf erworben. Man muss nur wieder weg sein, wenn die Probleme kommen. Die einzigen Shareholder, denen ein nachhaltiger Erfolg nicht reichen wird, das sind Finanzinvestoren, die ausschließlich auf den schnellen Erfolg aus sind, weil sie dann wieder Kasse machen wollen; und auf die sollten wir frohen Herzens verzichten können (siehe hierzu später).

Wirtschaft der Verantwortung statt organisierter Verantwortungslosigkeit

Der Neoliberalismus hat, wie oben dargelegt wurde, zu einem **System der organisierten Verantwortungslosigkeit** geführt. Das Credo der Neoliberalen heißt Freiheit. Doch Freiheit für wen? Gemeint ist damit absolute Freiheit für die Wirtschaftsakteure. Man setzte das ideologisch geschickt gegen das Modell der kommunistischen Zwangswirtschaft, die ja gerade am Zusammenbrechen war, und propagierte ein Gegenmodell ohne jegliche staatliche Gängelung und Regulierung. Freiheit bedeutet hier aber in erster Linie die Befreiung der Wirtschaftsakteure von jeder Verantwortung, außer der für maximalen Gewinn. Das vorgebliche Ziel, die Hebung des Gemeinwohls, besorge ja angeblich der Markt. **»Die soziale Verantwortung von Unternehmen besteht darin, ihre Gewinne zu erhöhen«**, so drückt es in vollendeter Klarheit der Vater des Neoliberalismus, Milton Friedman, aus (Friedman 1970). Das haben seine Adepten mittlerweile wunderbar umgesetzt.

Was mit in die Krise geführt hat, war, dass Wirtschaftsakteure mit staatlicher Duldung immer weniger Verantwortung und Haftung für ihr Tun hatten. So haften beispielsweise amerikanische Hypothekenschuldner nicht mit ihrem Privatvermögen (wie in Deutschland), sondern nur mit ihrer Immobilie. Wenn sie ihren Kredit nicht zurückzahlen können, dann können sie die Immobilie ohne eine weitere Haftung einfach (oft heruntergewirtschaftet) zurückgeben. Diese weitgehende Haftungsfreiheit hat erst zu dem Hypotheken-Boom und den »Junk-Bonds« geführt. Die amerikanischen Banken hafteten gleichfalls kaum für die fahrlässige Vergabe dieser »Ninja-Kredite« weil sie diese verbriefen, versichern und weltweit weiterverkaufen konnten. Die Banken der westlichen Welt, die sich an diesem fahrlässigen Handel beteiligt haben, hafteten kaum, weil sie ihr Eigenkapital durch die Deregulierung auf unter drei Prozent reduzieren konnten und als systemrelevante Banken im Problemfall vom Staat mit Steuergeldern gestützt wurden. Banker und Manager profitierten von millionenschweren Boni, teilweise sogar noch im Verlustfall. Sie hafteten weder mit Eigenkapital noch mit »Mali« – und sie wurden trotz der immensen Schäden, die sie angerichtet haben, jedenfalls bislang, auch kaum juristisch zur Verantwortung gezogen, – zumindest wenn sie nicht zusätzlich silberne Löffel gestohlen haben. Das Gleiche gilt bislang für die Chefs der Landesbanken (welche eigentlich für die Förderung der regionalen Wirtschaft geschaffen wurden), die sich unter Überschreiten ihrer Kompetenzen mit Milliardensummen in den internationalen Handel mit dubiosen amerikanischen Hypothekenpapieren gestürzt hatten, was dann, ebenfalls mit Milliardensummen, die Steuerzahler ausbaden mussten. Auch deren (politische) Aufsichtsräte haften nicht, weil sie davon angeblich nichts gewusst oder jedenfalls nichts verstanden hatten. Letzteres ist sogar glaubhaft, aber warum sitzen sie dann in solchen Aufsichtsräten? Claudia Honegger et al. sprechen bezüglich der Banken-welt von einer »strukturierten Verantwortungslosigkeit«, einmal mit Bezug auf strukturierte Finanzpapiere, die immer undurchschaubarer wurden, andererseits aber auch mit Bezug auf ein Bankensystem, das sich als ein »Verschiebebahnhof der Verantwortungslosigkeit« erwiesen hat (Honegger).

Hedgefonds dürfen ungestraft ganze Länder durch Devisenspekulationen ins Chaos stürzen, Private-Equity-Fonds Unternehmen an die Wand fahren, mit oft dramatischen Konsequenzen für die Mitarbeiter. Rating Agenturen haben durch Insidergeschäfte der anderen Art Banken und Anleger weltweit geschädigt, indem sie die Junk-Bonds, für die sie als Berater tätig waren, günstig bewertet haben, ohne dafür zur Verantwortung gezogen zu werden. Und die Bankenaufsicht in Deutschland, USA und vielen anderen Ländern hat entweder geschlafen oder die Augen bewusst zu gemacht, ohne dass es dort Konsequenzen gäbe, weder personell noch sonstwie.

Auch Manager von Wirtschaftsunternehmen können diese durch katastro-phale Managementfehler in den Ruin treiben, wie etwa bei Arcandor/Quelle, mit bitteren Konsequenzen für die Mitarbeiter; oder Milliardenwerte vernichten, wie bei Daimler mit der Chrysler-Fusion oder bei Porsche mit dem irrwitzigen Über-nahmeversuch von VW, ohne dass die Betreffenden Konsequenzen zu tragen hät-ten. Der Verlust trifft sie nicht, da sie ja am Eigenkapital nicht beteiligt sind; statt-dessen gehen sie oft noch mit Millionen-Abfindungen in den vorzeitigen Ruhestand. Sollten sie, im absoluten Ausnahmefall, doch mal für einen Fehler haftbar gemacht werden, so tritt hierfür die D&O-Versicherung (eine spezielle Haftpflichtversicherung für Manager und Aufsichtsräte) ein, die die Firma für sie bezahlt und die die Manager und Aufsichtsräte vor den finanziellen Folgen einer persönlichen Haftung schützt. Wie teilweise mit der Verantwortung für Kunden umgegangen wird, kann man sich anschaulich oben im Kapitel Banken betrach-ten. Oder im Nahrungsmittelbereich, wo Gen-Food gegen den Willen der Ver-braucher in den Markt gedrückt, oder bei Nahrungsmitteln Geschmacksverstär-ker verwendet werden, die süchtig machen. Die Gewinnerzielung rangiert eindeutig vor der Verantwortung für die Kunden und deren Gesundheit. Verant-wortung für Gesellschaft und Umwelt ist im Shareholder Value ohnehin nicht vorgesehen. Ein Gipfel der Verantwortungslosigkeit ist, dass offenbar selbst hochrangige Vertreter der deutschen Schutzgemeinschaft für Kapitalanleger (SdK), die zum Schutz von Kleinaktionären gegründet wurde, viel Geld damit verdient haben, dass sie absichtlich Kurse von Unternehmen schlecht geredet haben, bei denen sie vorher auf fallende Kurse gewettet hatten. Sollte sich dieses bewahrheiten, wäre es wenigstens – im Gegensatz zu den meisten obigen Fällen – strafbar.

All diese Beispiele zeigen, dass in der heutigen neoliberalen Wirtschaft dank weitgehender Deregulierung, eines laschen Wirtschaftsrechts, einer Haftung, die gegen Null geht, und praktisch keinerlei Sozialbindung von Wirtschaftsakteuren, – obwohl die Sozialbindung des Eigentums im deutschen Grundgesetz steht – praktisch jeder ungestraft spekulieren, zocken, sich bereichern, Firmen an die Wand fahren, Mitarbeiter auf die Straße setzen, oder sogar gegen ganze Volkswirtschaften spekulieren darf, ohne dass er hierfür gerade zu stehen hat, weder finanziell, noch rechtlich, noch gesellschaftlich! **Gier ohne Reue** ist hier Programm. Das exzessive Gewinnstreben des Neoliberalismus und die damit zusammenhängende exorbitante Gehalts- und Bonusexplosion ließen die Gier zum treibenden Element einer Wirtschaft werden, die jedes Maß verlor, jede Verantwortung erodieren ließ und Schulden machen und Zocken zum Prinzip erhob.

Wie können wir aus diesem System der organisierten Verantwortungslosigkeit eine Wirtschaft der Verantwortung machen, und zwar sowohl auf der Ebene der Unternehmen als auch auf der Ebene der Volkswirtschaften? Vielleicht kann der Philosoph der Verantwortung, Hans Jonas, uns hierfür den Weg weisen. In seinem Buch »Das Prinzip Verantwortung« (Jonas) analysiert er zunächst das veränderte Wesen menschlichen Handelns unter den Bedingungen der modernen Technik. Hierbei vertritt Jonas die These, dass die klassischen und tradierten Ethiken den veränderten Bedingungen nicht mehr gerecht werden. Prinzip der bisherigen Ethik sei eine Konzentration auf den unmittelbaren Nahbereich menschlicher Verantwortung (z.B. in der Maxime der Nächstenliebe). Weder sei eine Verantwortung gegenüber zukünftigen Generationen, oder gegenüber fremden und entfernten Kulturen noch gegenüber der Umwelt thematisch gewesen, da die vormoderne Technik nicht über derartige Handlungsreichweite in Raum und Zeit verfügte. Mit dem Wandel der Technik müsse die Ethik zur »Fernstenliebe« erweitert werden. Vor diesem Hintergrund formuliert Jonas, an Kant anknüpfend, einen neuen ethischen Imperativ, der dem Prinzip Verantwortung zugrunde gelegt wird:

»Handle so, dass die Wirkungen deiner Handlung verträglich sind mit der Permanenz echten menschlichen Lebens auf Erden.«

Auch wenn Jonas den Begriff Nachhaltigkeit nicht verwendet, ist es genau dieses Leitthema, auf das sein Prinzip Verantwortung abzielt. Und es ist sicher zulässig, seine Handlungsmaxime von der Technologie als solcher auf die Wirtschaft im Allgemeinen zu übertragen, weil die Wirtschaft weitgehend der Treiber der Technologie ist und wirtschaftliche Entscheidungen von Konzernen und Volkswirtschaften heute auch die Fernwirkungen – auf die Umwelt, auf andere Länder der Erde und auf künftige Generationen – haben, um die es Jonas geht.

Mit dem System der nachhaltigen Marktwirtschaft haben wir den passenden Rahmen definiert, in dem sich eine Wirtschaft der Verantwortung herausbilden kann. Die Kategorie der Verantwortung bezieht sich dabei sowohl auf zurückliegende Handlungen wie auf zukünftige Handlungsfolgen. Verantwortung besitzt eine retrospektive Dimension, die zumeist mit der Rechenschaft und gegebenenfalls Schuldzuweisung für vollzogene Handlungen einhergeht, sowie eine prospektive Dimension, die sich auf die Vermeidung voraussehbarer Schadensfolgen bezieht (Heidbrink). Manager reden ja gerne von Verantwortung. Dies kann dann aber nicht die zynische neoliberale Einengung auf den Gewinn sein, sondern muss gleichgewichtig neben nachhaltigen Gewinnzielen auch die Verantwortung für die Mitarbeiter, die Kunden, die Produktqualität und die Umwelt meinen. Bei der Förderung und Erhaltung der nachhaltigen Erfolgspotenziale ist diese erweiterte Verantwortung systemisch integriert – und zwar nicht zum wirtschaftlichen Nachteil von Unternehmen und Anteilseignern, sondern durchaus auch im Interesse einer nachhaltigen und damit dauerhaften Gewinnerzielung.

Die Bindung der variablen Bezahlung an mittelfristige und an qualitative Ziele, wie Mitarbeitermotivation und Kundenorientierung, unterstützen diese erweiterte Verantwortung. Um die nachhaltige Zielorientierung auch finanziell zu unterlegen, sollten die variablen Gehaltsbestandteile für Manager und Banker – jedenfalls zum überwiegenden Teil – nicht in bar sondern in Aktien aufs eigene

Unternehmen, oder bei Nicht-Aktiengesellschaften in entsprechenden Eigenkapitalnahen Zahlungsmitteln ausgegeben werden, die frühestens nach zwei bis drei Jahren veräußert werden dürfen, so dass sich die Folgen der Managerentscheidungen bereits im Unternehmensergebnis, und damit auch im variablen Einkommen widerspiegeln (positiv und negativ).

Parallel dazu muss auch das Wirtschaftsrecht die Haftung und Verantwortung von Unternehmen und Managern für Schäden, die sie der Allgemeinheit zufügen, wieder besser verankern und definieren. Um hierbei einen unübersehbaren Paragraphendschungel zu vermeiden, schlagen wir ähnlich der Straßenverkehrsordnung einen **Paragraph 1 des Wirtschaftsrechts** vor, der eine allgemeine Orientierung und Haftungsgrundlage für Wirtschaftsakteure definiert:

>*Die Freiheit von Wirtschaftssubjekten endet dort, wo sie die gesetzten Spielregeln oder Standards missachten, anderen schaden, die Freiheit oder Menschenwürde von anderen verletzen oder ihre Marktmacht missbrauchen. Banken, Unternehmen und deren Management haften für Überschreitungen dieser Leitplanken und für Schäden, die sie anderen (Staat, Unternehmen, Kunden, Aktionären, Mitarbeitern, Bürgern) zufügen.*«

Ein solcher General-Paragraph, der natürlich juristisch noch ausgefeilt werden müsste, soll sicherstellen, dass die Verantwortung von Wirtschaftsakteuren sich auch im Handelsrecht widerspiegelt. Dies soll nicht dazu führen, dass sich Manager aus lauter Angst vor juristischen Konsequenzen nichts mehr trauen. Es soll auch keine Prozesslawine vergleichbar dem amerikanischen Produkthaftungsrecht ausgelöst werden. Aber es soll mit dem unhaltbaren Zustand Schluss machen, dass ein kleiner Warenhausdiebstahl härtestens verfolgt und bestraft wird, aber zum Beispiel Banken unter grober Missachtung ihrer Sorgfaltspflicht (und des vorgeschriebenen Risikomanagements) den Staat und damit den Steuerzahler, wie geschehen, in Haftung nehmen können, oder Private-Equity-Gesellschaften übernommene Unternehmen absichtlich in Schulden treiben und damit deren Untergang provozieren können, nur um so schnell wie möglich ihr investiertes Geld wieder heraus zu ziehen. Es muss für jeden Wirtschaftsakteur (wie für jeden Autofahrer auch) klar sein, dass er haftet, wenn er vorsätzlich oder auch nur fahrlässig, unter Missachtung seiner Sorgfaltspflicht, anderen Schaden zufügt oder auf andere Art und Weise die definierten Spielregeln verletzt.

Da der Staat durch seinen Ordnungsrahmen und durch rechtliche Vorgaben selbstverständlich nur den groben Rahmen definieren kann und soll, wäre es hilfreich, wenn innerhalb dieses Rahmens Selbststeuerungskräfte der Wirtschaft die spezifische Verantwortung bezüglich nachhaltigkeitsorientierter Grundsätze definierten. Dies könnten global definierte Werte-Kodizes sein, wie etwa die Empfehlungen der UN-Kommission unter dem Namen »Global Compact«, die weltweit bereits von tausenden Unternehmen befolgt wird, oder die Norm ISO 26000 für soziale Verantwortung in Unternehmen, oder die Prinzipien der »fair trade«-Organisation. Diese hätten den Vorteil, dass sie global definierte Grundsätze für eine global agierende Wirtschaft darstellen. Grassmann schlägt zusätzlich branchenspezifische Werte-Kodizes vor – über Branchenverbände oder Industrie- und Handelskammern. Die könnten naturgemäß sehr viel näher am jeweiligen Geschäft spezifischere Kodizes aufstellen und durch Androhung des Ausschlusses von Mitgliedern auch eher Druck auf die Einhaltung der Kodizes ausüben (vergleiche Grassmann). Dazu sind natürlich unternehmensspezifische Werte- und Nachhaltigkeitsgrundsätze (»Corporate Social Responsibility«) ein sehr wichtiges Instrument, das erfreulicherweise schon viele Unternehmen aufgestellt haben. Viele veröffentlichen auch, wie oben dargelegt, Sozial- und/oder Umweltberichte (CSR-Berichte). Auch wenn häufig eine gute Portion »green washing« mit dabei ist, so zeigt dies doch, dass öko-sozialen Nachhaltigkeitswerten eine Bedeutung in der Öffentlichkeit oder bei Kunden zugemessen wird. Dieser Trend könnte und sollte durch politische Vorgaben, durch das Engagement von Wirtschaftsverbänden, durch positive Beispiele von Unternehmen, durch Aufklärungsarbeit von NGOs und insbesondere auch durch nachhaltigkeitsorientierte Kaufentscheidungen der Verbraucher positiv verstärkt werden. Auch ein öffentliches Ranking von (größeren) Unternehmen nach Nachhaltigkeitskriterien, beispielsweise auf der Basis von standardisierten CSR-Berichten, könnte hierzu beitragen. So könnten wir gemeinsam den Weg aus der organisierten Verantwortungslosigkeit des Neoliberalismus hin zu einer werteorientierten Wirtschaft der Verantwortung schaffen, die eine nachhaltige Marktwirtschaft ermöglicht. Das Prinzip Verantwortung könnte dabei den leider häufig zu beobachtenden Gegensatz zwischen Ökonomie und Moral aufheben, weil die Verantwortungskategorie, die ja traditionell fest in der Ökonomie verankert ist, das Potenzial hat, als Bindeglied zwischen ökonomischen Anforderungen, rechtlichen Regeln, ethischen Leitbildern und moralischen Werten zu vermitteln (vergleiche hierzu auch Heidbrink).

Dann braucht es aber auch wieder Manager, die nicht vorwiegend von Gier getrieben werden und wie Pawlow'sche Hunde auf Boni und Rendite dressiert sind. Sie müssen wieder **Werte** und **Charakter** haben und neben dem Gewinn auch **Verantwortung** spüren und tragen, für die Mitarbeiter, für die Kunden, für die Qualität ihrer Produkte, für die Gesellschaft, in der sie agieren, für eine soziale Marktwirtschaft und last but not least für die Umwelt. Hierauf sollten sie durch eine entsprechende Ausbildung vorbereitet werden. Es steht nur zu befürchten, dass die meisten Professuren für Volks- und Betriebswirtschaftslehre (zum Glück nicht alle) in den letzten Jahrzehnten durch Neoliberale besetzt worden sind – und die bekommt man ja als Beamte nicht weg. Ob man hier durch die Ereignisse auf Einsicht und Besserung hoffen kann? Staatliche Korrekturen am neoliberalen Wirtschaftssystem, kritische Studenten und eine kritische Öffentlichkeit könnten dies unterstützen.

Aber auch die Staaten selbst müssen wirtschaftliche Verantwortung im Sinne der Nachhaltigkeit übernehmen. Sie müssen in ihrer Verantwortung Vorgaben und Gesetze zum Schutz der Umwelt machen, Sozialstandards vorgeben, die sozialen Netze nachhaltig finanzierbar und sicher gestalten, ein ausgewogeneres Steuersystem installieren und die immensen Schulden abbauen, um sie nicht nachfolgenden Generationen aufzubürden. Wir werden hierauf an späterer Stelle zurückkommen.

Nachhaltige Technologie und nachhaltige Geschäftsfelder

Nachhaltige Technologie muss drei Anforderungen erfüllen:
Sie muss
- menschengerecht,
- verantwortbar und
- umweltschonend sein.

Die erste Anforderung betrifft eine **menschengerechte Technologie.** Das bedeutet eine Technologie, die den Menschen im Arbeitsprozess sinnvoll unterstützt und ihm schwere, eintönige oder unzumutbare Arbeit abnimmt, beispielsweise durch Automation oder Roboter. Die ihn aber nicht entmündigt, zu stark dem Maschinenrythmus unterwirft, oder durch die Beschränkung auf kleinste Arbeitseinheiten jeglicher schöpferischen oder sinnvollen Tätigkeit beraubt (vergleiche hierzu auch Schumacher, S. 133 ff.). Zum Glück liegen die Zeiten der extremen Fließbandarbeit à la »Moderne Zeiten« von Charly Chaplin zumindest in den westlichen Industriestaaten weitestgehend hinter uns. Durch »Job Enrichment«, »Job Enlargement« und Gruppenarbeit wurde die Arbeit im Fertigungsprozess wieder mehr auf den Menschen zugeschnitten; nicht nur aus menschenfreundlichen Gründen, sondern weil sich dies auch auf die Produktivität und die Fehlerquote positiv auswirkte. Wir müssen jetzt eher bei der zweiten Automatisierungswelle im Verwaltungs- und Dienstleistungsbereich (etwa bei Banken und Versicherungen) aufpassen, dass uns hier nicht wieder die gleichen Fehler unterlaufen. Generell sind dies Bereiche, die in Deutschland mitbestimmungspflichtig sind, und wo der Betriebsrat die Mitarbeiterinteressen entsprechend mit einbringen kann und soll.

Die zweite Anforderung für nachhaltige Technologien betrifft das oben bereits angesprochene **Prinzip Verantwortung,** nun nicht auf die Wirtschaft, sondern wie bei Hans Jonas auf die Technologie selbst bezogen. Technologie muss verantwortbar sein, sowohl gegenüber der Umwelt, gegenüber dem Menschen und gegenüber nachfolgenden Generationen, also sowohl kurz- als auch langfristig. Dies ist weniger problematisch bei einfachen und überschaubaren Technologien, umso mehr aber bei komplexen Großtechnologien (wie etwa der Kerntechnik) und Technologien, mit denen man sich in ganz neue Gebiete vorwagt und deren Folgen man noch nicht so richtig abschätzen kann (wie etwa die Gentechnik oder die Nanotechnologie). Nicht dass solche Technologien von vorneherein abzulehnen wären. Dies stünde einem Hochlohnland wie Deutschland schlecht an, dass man Hochtechnologie von vorneherein ablehnt. Hier muss aber das Instrument der Technikfolgenabschätzung greifen, mit dem versucht wird, die möglichen Nebenwirkungen und (Spät-)Folgen neuer Technologien vor ihrer Einführung im großen Maßstab zu überprüfen, oder die mittlerweile bei bestimmten Voraussetzungen auch gesetzlich verankerte Umweltverträglichkeitsprüfung. Dies darf man nicht nur der wirtschaftlich interessierten Seite überlassen, sondern dabei müssen auch unabhängige Wissenschaftler einbezogen werden, und bei größeren Themen auch die Politik und gegebenenfalls eine Bürgerbeteiligung (zu Methoden und Verfahren vergleiche Bröchler).

Letztendlich ist es eine eminent gesellschaftsrelevante und politische Frage, ob eine Technologie wie die Kernenergie, die strahlende Folgen für Jahrtausende nach sich zieht, und für deren Endlagerung 40 Jahre nach ihrer Einführung immer noch keine Lösung in Sicht ist, eingeführt oder verlängert wird. Oder etwa die breite Einführung von Gentechnologie in den verschiedensten Gebieten. Da mögen manche harmlos sein, andere aber unübersehbare Risiken beinhalten. Das muss sine ira et studio geprüft werden, ohne sich von der Macht der Fakten unter Druck setzen zu lassen. Auf der anderen Seite müssen wir in Deutschland aber auch dafür Sorge tragen, dass die Vorlaufzeit für technische Projekte und Investitionsvorhaben (inklusive einer Technikfolgenabschätzung und einer gegebenenfalls notwendigen Bürgerbeteiligung) deutlich verkürzt werden. Fünf bis 15 Jahre, die heute teilweise für Großprojekte benötigt werden, sind eindeutig zu lang und nutzen niemandem. Hier muss man sich um zeitnähere und auch bezüglich der Bürgerbeteiligung effizientere Verfahren bemühen. Sonst werden wir zu einem Technik-Verhinderungsland, und das kann sich Deutschland – auch bei einer nachhaltigen Marktwirtschaft – nicht leisten.

Zum dritten Aspekt gehört der bereits dargestellte Erfolgsfaktor »**nachhaltiges Ressourcenmanagement**«, der als eines der Leitprinzipien in den Wirtschaftsprozess zu integrieren ist. Daher sollte er auch als Unternehmensziel im Rahmen eines Stakeholder-Ansatzes definiert werden, um ihn Führungskräften und Mitarbeitern als wesentliche Leitgröße transparent vor Augen zu halten. Über die Umweltbeeinflussung durch das Unternehmen und entsprechende Maßnahmen, diese so gering wie möglich zu halten, ist, wie oben dargelegt, regelmäßig dem Management und im Rahmen von CSR-Berichten auch der Öffentlichkeit und der zuständigen Umweltbehörde zu berichten. Die Umwelt ist, worauf Schumacher hinwies, betriebs- und volkswirtschaftlich als Kapital zu behandeln, das es möglichst zu erhalten gilt, und nicht als Aufwandsposition, die beliebig verbraucht werden kann, zumal wenn sie kostenlos oder kostengünstig zur Verfügung steht (Schumacher, S. 13). Um wenigstens Letzterem entgegen-zuwirken, ist es die Aufgabe einer Umweltpolitik, Umweltschäden, wo notwen-dig zu untersagen, zu begrenzen oder durch geeignete Maßnahmen »externe« Umweltkosten in »interne« Kosten umzuwandeln, zum Beispiel über Öko-Steu-ern oder über Emissionshandel. Fast möchte man sagen »glücklicherweise« wer-den zunehmend Rohstoffe (wie Erdöl, Metalle, Seltene Erden und andere) knapp und damit teuer, so dass sich auch über diese Schiene nachhaltiges Ressourcen-management bezahlt macht.

Was bezweckt man nun mit nachhaltigem Ressourcenmanagement konkret? Mit Energie, Rohstoffen und sonstigem Umweltgebrauch (Boden, Wasser, Luft) so sparsam und schonend wie möglich umzugehen. Hierfür sollte in größeren Unternehmen ein eigenes Ressort beziehungsweise eine Abteilung eingeführt werden, weil sich dort neben der Kontroll- und Berichtsfunktion mittlerweile ebenso viel Kosten einsparen lassen wie im Einkauf. Es gibt inzwischen eine sol-che Fülle von Effizienztechnologien, die Einsparungen an Energie oder im Roh-stoffverbrauch – und damit eben auch an Kosten – um bis zu 80 Prozent ermög-lichen. Während dies eher die Fertigungs- beziehungsweise Verfahrenstechnik betrifft, ist ein anderer Ansatz die Verwendung von recyclingfähigen Einsatz-stoffen beziehungsweise Produkten. Das Ziel ist dabei eine Kreislaufwirtschaft, bei der »Abfallprodukte«, gegebenenfalls nach einer Zwischenbehandlung, wie-der als Ausgangsstoffe dem Produktionsprozess zugeführt werden können, ent-weder im gleichen Unternehmen oder zwischen verschiedenen Unternehmen. Auf die vielfältigen hierfür mittlerweile zur Verfügung stehenden Technologien kann im Rahmen dieses Buches nicht eingegangen werden (vergleiche hierzu etwa die Zusammenstellungen bei v. Weizsäcker, 1995, sowie v. Weizsäcker, 2010). Weil die Technologien so vielfältig und teilweise auch komplex sind, braucht es hierfür Spezialisten für Energie- und Verfahrenstechnik, für Materialkunde und für Logistik, die sich kleinere Unternehmen durchaus auch extern über Bera-tungsleistungen beschaffen können. Während die angesprochenen Effizienz-gewinne auf Unternehmensebene auf jeden Fall einerseits Kosten sparen und andererseits zur Umweltschonung beitragen, ist deren Wirkung auf volkswirt-schaftlicher Ebene nicht immer so eindeutig. Häufig werden solche Effizienzge-winne durch anderweitigen Mehrverbrauch kompensiert (der sogenannte »Rebound Effekt«). So kann etwa die Effizienzsteigerung bei Automotoren durch schwerere Autos mit höherer Leistung oder durch eine höhere Fahrleistung kompensiert beziehungsweise überkompensiert werden; oder im Fall von Flugzeugmotoren durch längere und häufigere Flüge; oder man kauft sich einen neuen energiesparenderen Kühlschrank, lässt den alten aber im Keller weiterlaufen. Ob daraus tatsächlich insgesamt eine Energieeinsparung resultiert, ist also zumindest fraglich. Die bisherige Erfahrung spricht eher dagegen. Eine garantierte »Formel für nachhaltiges Wachstum«, wie sie von Weizsäcker im oben zitierten Buch unterstellt wird, ergibt sich durch die Effizienztechnologien auf volkswirtschaftlicher Ebene jedenfalls nicht automatisch, so sinnvoll sie im einzelnen auch sind. Zu einem echten »nachhaltigen« Wachstum gehört notwendigerweise eine geringere Umweltbelastung. Hierfür müssen Effizienztechnologien entweder mit umweltgerechten Preisen (Internalisierung) oder mit einer Begrenzung der Gütermenge kombiniert werden (hierauf wird in Kapitel III.5 näher eingegangen).

Zu einer echten Ressourcenschonung auf beiden Ebenen trägt jedoch der Einsatz erneuerbarer Energien bei. Diese haben durch politische Vorgaben wie der kostendeckenden Einspeisevergütung in den letzten Jahren eine boomhafte Entwicklung genommen, die trotz steigenden Strombedarfs netto eine Reduzierung der CO_2-Emissionen ergeben hat (auch hierauf wird in Kapitel III.5 noch näher eingegangen).

Das Erfreuliche ist, dass nachhaltige Technologie mittlerweile auch mehr und mehr neue Geschäftsfelder schafft, gerade auch für innovative mittelständische Unternehmen: Vierzehn nachhaltige Zukunftsmärkte hat das Beratungsunternehmen »z_Punkt« in einer Studie für das »Expertenforum Mittelstand« ausgemacht: Dezentrale Energieversorgung, erneuerbare Energien, Green IT, nachhaltige Wasserwirtschaft, neue Antriebstechnologien und Kraftstoffe, effiziente Fahrzeugtechnologien, neue Bildungsmärkte, seniorengerechte Produkte und Infrastrukturen, individuelle Gesundheitsprävention, Gesundheitskonzepte für Entwicklungsländer, Green Buildings, Versorgungsinfrastrukturen für Megacities, Social Commerce (eine Art interaktiver Konsum mit Mitspracherecht des Verbrauchers) sowie nachhaltige Produktions- und Kreislaufwirtschaft (vergleiche z_Punkt). Diese Märkte haben nicht nur ein ökologisches oder soziales Potentzial, sondern eben auch ein ökonomisches. Das beste und am weitesten entwickelte Beispiel hierfür sind die erneuerbaren Energien, die bereits viele erfolgreiche Unternehmen und über 300.000 Arbeitsplätze in Deutschland hervorgebracht und die auch ein enormes Exportpotenzial haben. Auch recyclingfähige Baustoffe und Verpackungssysteme erfreuen sich bereits einer stark steigenden Nachfrage; desgleichen Wärmedämmsysteme und Technologien zur Energieeinsparung.

Die wachsende wirtschaftliche Bedeutung der Umwelttechnik unterstreicht auch der Umweltbericht 2010 der Bundesregierung: »Klima- und Umweltschutz, Ressourcen- und Energieeffizienz tragen in großem und wachsendem Umfang zur wirtschaftlichen Entwicklung, zur Wertschöpfung und zur technologischen Entwicklung in unserem Land bei. Der deutsche Anteil am Weltmarkt für Umwelttechnologien und -dienstleistungen beträgt heute 224 Milliarden Euro, das sind 16 Prozent.« Andere nachhaltige Geschäftsfelder sind erst dabei sich zu entwickeln. Aber alle haben nicht nur in Deutschland sondern weltweit enorme Wachstumspotenziale, weil die Klimaproblematik, knapper werdende Rohstoffe und sich wandelndes Verbraucherverhalten die Nachfrage nach nachhaltigen Produkten ankurbelt. Dies gilt auch für nachhaltige Finanzanlagen, die gerade durch die Finanzkrise immer stärker nachgefragt werden.

Auch Großunternehmen springen auf den in Fahrt gekommenen Zug zu nachhaltigen Geschäftsfeldern auf. So hat etwa Siemens ein Vorstandsressort für Nachhaltigkeit eingerichtet und verkündete im November 2010 das Ziel, bis 2014 50 Prozent des Umsatzes mit nachhaltigen Produkten machen zu wollen. Auch der Sportschuhhersteller Puma verkündet vollmundig eine konsequente Nachhaltigkeitsstrategie, bei der Umwelt- und Sozialstandards für alle Produktionsstandorte weltweit definiert und kontrolliert werden sollen, und zwar mit externer Überprüfung. Auch wenn dabei sicherlich noch eine gute Portion »Greenwashing« unterstellt werden kann, so zeigt es doch einen neuen Trend auf. Und dieser Trend würde sich nicht durchsetzen, wenn nicht eine steigende Nachfrage nach nachhaltigen Produkten und nachhaltigem Management zu verzeichnen wäre und die Rendite bei diesen Produkten nicht stimmen würde. Auch nachhaltige Produktion und Kreislaufwirtschaft setzen sich mehr und mehr durch, wenn auch vielleicht weniger wegen ethischer Einsicht sondern wegen zunehmender Knappheit und stark steigender Preise für eine Vielzahl von Rohstoffen, wie etwa Metalle und seltene Erden.

Wenn man so manche Topmanager reden hört oder agieren sieht, könnte man den Eindruck gewinnen, es käme im Unternehmen nur auf sie an. Die Mitarbeiter scheinen nur ausführende Organe zu sein, oder ein Kostenfaktor, der durch Einsparprogramme oder Standortverlagerungen in Billiglohnländer zu reduzieren ist. Keine Frage, ein Topmanager kann durch eine richtige Strategie, durch sein Charisma oder durch gute Beziehungen zu wichtigen Shareholdern wesentlich zum Unternehmenserfolg beitragen. Aber ohne gut ausgebildete und motivierte Mitarbeiter und Führungskräfte produziert er oben nur heiße Luft. In Mitarbeiter zu investieren zahlt sich immer aus. Denn gute Mitarbeiter sind die eigentlichen Träger des Geschäfts – und eben kein Kostenfaktor. Sie sind mit Verlaub gesagt, für das Unternehmen wichtiger als das Kapital, das im Prinzip nur das notwendige Geld zur Verfügung stellt, soweit es sich nicht um geschäftsführende Gesellschafter handelt. Gute Mitarbeiter, als aktives »Humankapital«, leisten die tägliche Arbeit auf allen Ebenen und in den verschiedensten Funktionen des Unternehmens, als Monteure, Entwickler, Controller, Einkäufer oder Vertriebsmitarbeiter, als Mann oder Frau an der Basis, Projektleiter, Abteilungs- oder Bereichsleiter beziehungsweise -leiterin. Jeder leistet an seiner Stelle und in seiner Position einen wesentlichen Beitrag zum Unternehmenserfolg. Dies gering zu schätzen und diese Leistungspotenziale nicht richtig einzusetzen und abzurufen, ist der größte Fehler, den ein Manager machen kann.

Arbeit ist für Menschen ein ganz wesentliches Element der Selbstverwirklichung, des schöpferischen Tuns, der erfüllenden Erfahrung einer kooperativen Zusammenarbeit mit Anderen und auch eines (gemeinsamen) Erfolgsgefühls (vergleiche hierzu näher Fromm; Schumacher). Dies in einer modernen, stark arbeitsteiligen Industriewelt verwirklichen zu können, ist schwierig genug. Man wird aber keine zufriedenstellende Motivation von Mitarbeitern erreichen, wenn diese Grundanforderungen nicht berücksichtigt werden. Mitarbeiter brauchen in der Arbeit einen **Sinn**. Diesen werden sie aber sicher nicht in der Maximierung des Gewinns sehen – zumal ihnen dies auch ihren eigenen Arbeitsplatz wegrationalisieren könnte. Es wundert nicht im Geringsten, dass nach einer aktuellen Gallup-Umfrage sich nur noch dreizehn Prozent (!) aller Arbeitnehmer in Deutschland als motiviert bezeichnen, 67 Prozent machen nur noch »Dienst nach Vorschrift« und 20 Prozent haben »innerlich gekündigt«. Eine Bankrott-Erklärung für das Management und ein klarer Beleg für die Schädlichkeit des Shareholder Value-Prinzips – übrigens auch für die Shareholder selbst. Denn wer soll die Wertschöpfung der Unternehmen erarbeiten, wenn die Mitarbeiter nicht mitziehen? Die Chefs alleine jedenfalls werden es nicht bewerkstelligen können, auch wenn ihre teilweise absurd hohen Gehälter das zu suggerieren scheinen. Wie weit sich das Topmanagement mittlerweile teilweise von den Anliegen der Mitarbeiter entfernt hat, zeigt ein Beispiel aus dem früher für seine Mitarbeiterorientierung bekannten Siemens-Konzern: Der neue Vorstandsvorsitzende Löscher, der wunderbare Reden über soziale Verantwortung und Nachhaltigkeit halten kann, präsentierte im April 2010 stolz einen Rekord-Halbjahresgewinn von knapp 4 Milliarden Euro; gleichzeitig verkündete er die dringende Notwendigkeit, sich von 4200 Mitarbeitern trennen zu müssen. Wie passt das zusammen? Klar, wenn es Unternehmen schlecht geht, kommt man auch an einschneidenden Maßnahmen wie betriebsbedingten Kündigungen nicht vorbei. Aber in Zeiten von Rekordgewinnen? Die Mitarbeiter zu halten oder sozialverträglich abzubauen hätte den Gewinn vielleicht gerade mal um ca. fünf Prozent geschmälert. Gleichzeitig ließ sich Herr Löscher sein Gehalt im Vergleich zu seinem Vorgänger auf sieben Millionen Euro verdoppeln; im Folgejahr wurde es aufgrund des Rekordgewinns noch deutlich mehr. Herr Löscher sollte mal in den Unternehmensannalen nachschauen, was der Unternehmensgründer Werner von Siemens hierzu zu sagen hatte: »Mir würde das verdiente Geld wie glühendes Eisen in der Hand brennen, wenn ich den treuen Gehülfen nicht den erwarteten Anteil gäbe.« Herr Löscher hat, wie es scheint, weniger empfindliche Hände.

Um wirklich motiviert sein zu können, brauchen Mitarbeiter eine sinnvolle Tätigkeit, mit und in einer menschengerechten Technologie und Organisation, Wertschätzung, kooperative und konstruktive Zusammenarbeit mit Kollegen und Vorgesetzten, Fortbildungs- und Entwicklungsmöglichkeiten und last but not least ein gerechtes Entlohnungssystem mit nicht zu großer Spreizung.

Welch motivierende Wirkung Wertschätzung haben kann, sei an folgendem Beispiel aus meiner Praxis dargelegt. Ich hatte einmal als Geschäftsführer die Aufgabe, einen Produktionsbetrieb zu sanieren, der seit Jahren relativ hohe Ausschüsse und demzufolge rote Zahlen produzierte. Die Experten vor Ort und aus der Zentrale hatten das Problem nicht lösen können. Ich selbst hatte wenig Ahnung von Fertigungstechnik. Also entschloss ich mich zur Flucht nach vorne: Ich ging von Abteilung zu Abteilung und befragte die Mitarbeiter in der Produktion (alles nur angelernte Kräfte), welche Vorschläge sie hätten zur Verbesserung der Qualität und Produktivität. Nach der ersten Verblüffung kam eine ganze Reihe von Vorschlägen. Sie wurden alle umgesetzt, obwohl keiner davon wirklich bahnbrechend war und einige auch weder Qualität noch Produktivität betrafen. Dennoch gingen die Ausschusszahlen drastisch zurück. Im Wesentlichen wohl, wie auch der Betriebsrat bestätigte, der Tatsache geschuldet, dass der neue Chef, statt wie erwartet, harte Sanierungsmaßnahmen durchzuziehen, die Mitarbeiter nach ihrer Meinung fragte. Die dadurch bezeugte Wertschätzung erzeugte eine gesteigerte Eigenverantwortung. Die Verbesserungen der monatlichen Produktionszahlen wurden durch kleine Aufmerksamkeiten der Geschäftsführung gemeinsam gefeiert, und nach wenigen Monaten schafften wir den Turn around. Ich habe ähnliche Aktionen auch in anderen Unternehmen durchgeführt, immer mit dem gleichen Erfolg. Aber selbstverständlich dürfen sie nicht Einzelaktionen bleiben, sondern den Mitarbeitern wirklich den glaubwürdigen Eindruck vermitteln, dass die Unternehmensleitung sie wirklich als Träger des Geschäfts sieht.

Wenn die genannten Voraussetzungen für Mitarbeiterzufriedenheit in diesem Sinne erfüllt sind, können sie auch in eine sogenannte »Unternehmenskultur« eingebracht werden, die den Mitarbeitern Identität und Motivation vermitteln soll. Allerdings sind alle Bemühungen um eine Unternehmenskultur reine Augenwischerei, wenn die nackte Gewinnmaximierung alles dominiert. Hierfür braucht es Glaubwürdigkeit und einen Sinn, wie oben unter »Nachhaltiges Management« beschrieben, der für jedes Unternehmen zu spezifizieren ist. Und ein solcher Zielkranz, in dem die nachhaltigen Erfolgspotenziale des Unternehmens, wie innovative Produkte, exzellente Qualität, hohe Kundenorientierung, nachhaltige Ressourcennutzung und die Mitarbeiterzufriedenheit als anzustrebende Ziele dargestellt werden, ist dann auch eine gute Grundlage für die Aufstellung einer Unternehmenskultur oder -philosophie. Sie muss aber immer mit der gelebten Unternehmenswirklichkeit übereinstimmen, sonst wird sie schnell als Scharlatanerie bloßgestellt und ihre Wirkung verpufft. Demgegenüber kann eine gut gemachte und gemeinsam erarbeitete Unternehmenskultur nach meiner Erfahrung sehr positiv zur Identifikation und Motivation der Mitarbeiter sowie zur Effizienzsteigerung der Arbeitsabläufe beitragen.

Wenn Mitarbeiter wirklich als Träger des Geschäfts gesehen werden, dann kann und soll dieser Grundansatz auch durch einen dazu passenden Führungsstil sowie geeignete Modelle zur Mitbestimmung und zur Beteiligung der Mitarbeiter am Unternehmenserfolg unterstützt werden. Erfolgsorientierte Bezahlung, Ausgabe von Firmenaktien oder Genuss-Scheinen (in Nicht-Aktien-Gesellschaften) oder Ähnliches verstärken das »Mit-Unternehmertum« der Mitarbeiter.

Verbraucherposition stärken

Marktwirtschaft funktioniert nur, wenn die **Verbraucher** – zumindest in ihrer Gesamtheit – den Produzenten einigermaßen **ebenbürtig** gegenüber stehen und über ausreichende Markt- und Produktinformationen verfügen. Dies ist durch die zunehmende Marktmacht der Produzenten (hier inklusive Banken und Dienstleister) und die globalisierten Märkte immer weniger gegeben. Hierbei spielt auch die Werbung eine zunehmend dominantere Rolle. Die Menschen werden mit immer größerem Aufwand, in immer größerer Dichte und mit ständig raffinierteren Methoden mit Werbebotschaften berieselt, ob sie wollen oder nicht, im Fernsehen, im Radio, im Internet, in Zeitungen und Zeitschriften, an Bus- und U-Bahnhaltestellen. Man kann sich diesem ständigen Beeinflussungsstrom nicht entziehen. Und dabei tritt die eigentliche Funktion der Werbung – die Information der Verbraucher über Produkte und deren Eigenschaften – immer mehr zurück zugunsten von rein emotionaler Suggestion. Werbung informiert immer weniger darüber, mit welchen Produkten der Konsument seine Bedürfnisse am besten und günstigsten befriedigen kann. Vielmehr werden aktiv neue Bedürfnisse geweckt, die angeblich nur mit den beworbenen Produkten befriedigt werden können. Vollends fragwürdig wird das, wenn sich die Werbung direkt an Kinder wendet.

Um es klar zu sagen: Werbung ist wichtig in einer Marktwirtschaft. Aber sie hat sich von ihrer eigentlichen Funktion mehr und mehr entfernt. Wir müssen über eine **sinnvolle Begrenzung von Werbung** nachdenken, die ihre Auswüchse abmildert und den Verbraucher wieder einigermaßen auf einen ebenbürtigen Status kommen lässt und ihm auch die Informationen zur Verfügung stellt, die er für seine Auswahl am Markt benötigt. Werbung, die sich offensichtlich direkt an Kinder wendet, gehört verboten. Notwendiger Inhalt jeder Werbung sollte eine ausreichende und wahrheitsgemäße Information über Produkte beinhalten. Und der Umfang der Werbeausgaben sollte sinnvoll begrenzt werden, beispielsweise auf einen angemessenen Prozentsatz vom Umsatz. Es ist doch ein Unding, wenn heute zum Beispiel ausgerechnet in der Pharmabranche mehr Geld für Werbung als für Forschung und Entwicklung ausgegeben wird; und wir bezahlen diese Kosten ungefragt über die laufend steigenden Kassenbeiträge. Fraglos wird dieser Vorschlag einen Sturm der Entrüstung in der Werbewirtschaft, in der übrigen Wirtschaft und in den Medien auslösen. Aber wir haben die beschriebenen Auswüchse der Werbung zu lange schleifen lassen und im Zuge der Liberalisierung auch noch weiter dereguliert. Wenn wir aber eine funktionierende Marktwirtschaft wollen, dann müssen wir den Verbraucher wieder zum mündigen und ebenbürtigen Marktteilnehmer machen.

Hierzu reicht es auch nicht, die Werbung zu begrenzen. Wir brauchen dahingehend schärfere **Verbraucherschutzbestimmungen** und stärkere Institutionen, die darüber wachen. Denn der Verbraucher ist doch häufig nicht in der Lage, die Gefährlichkeit, Schädlichkeit oder Risiken von Produkten und Dienstleistungen zu beurteilen. Hier gibt es schon gute Bestimmungen bei Arzneimitteln, Kinderspielzeug oder Elektrogeräten. Defizite gibt es aber beispielsweise sicherlich noch bei Nahrungs- und Genussmitteln und bei Finanzprodukten. Bei ersteren wird kaum auf schädliche Stoffe oder solche, die abhängig oder dick machen, hingewiesen. Noch besser sollten solche Stoffe von vorne herein verboten werden. Schlechte Ernährung und Übergewicht sind doch bereits eine Volkskrankheit und verursachen für die Betroffenen und die Gemeinschaft immensen Schaden. Geht hier wirklich die Freiheit der Nahrungsmittelindustrie vor Volksgesundheit und Krankheitskosten? Wussten Sie, dass von 300 in der EU zugelassenen Zusatzstoffen die Hälfte als gesundheitlich umstritten gilt? Aber nicht der Hersteller muss die Unschädlichkeit der Stoffe beweisen, sondern der Verbraucher die Schädlichkeit, und das kann er natürlich nicht (vergleiche SZ v. 15. 12. 2010, S. 21). Und dass Verbraucher bei Bankprodukten und vor Bankberatern Schutz brauchen, das hat sich ja gerade in der Krise deutlich gezeigt. Zumindest Instrumente wie »Risikoampeln« für Geldanlagen, die Zulassung und Überprüfung von Bankprodukten und das Verbot von Provisionen für Bankberater sollten zum Schutz der Verbraucher eingeführt werden. Hier hat sich auch durch die Krise in der EU nur wenig getan. Im Gegenteil sind gerade die für den Verbraucher sicher übersichtlichen Risikoampeln nicht nur nicht eingeführt, sondern von der EU sogar verboten worden (vergleiche ebenda). So weit reicht der Arm der Lobby.

Drittens sollte die **Produktkennzeichnung** noch deutlich transparenter werden. Dies ist unerlässlich, damit der Verbraucher seine Funktion am Markt auch wirklich ausüben kann. Dazu muss er die angebotenen Produkte und Dienstleistungen mit einander vergleichen und deren Qualität sowie weitere relevante Eigenschaften wie Gesundheitsschädlichkeit, Genmanipulation oder Energieverbrauch beurteilen können. Es ist nicht hinnehmbar, wie hinhaltend sich Industrie und Handel dagegen sperren. Solange der Gesetzgeber diese Forderung noch nicht erfüllt hat, können sich pfiffige Verbraucher über das Handy durch den Strichcode von Produkten deren Inhaltsstoffe und die Art der Produktion abrufen (vergleiche www.barcoo.mobi).

Nur wenn Verbraucher auf diese Weise besser gestellt werden, können sie ihre Funktion im Markt wirklich ausfüllen. Die potentielle Marktmacht von Konsumenten kann ja beträchtlich sein. Man denke nur beispielsweise an den Verbraucher-Boykott bei dem Thema »Brent Spar«. Konsumenten sollten sich dann aber auch ihrer Verantwortung bewusst werden und neben dem Preis auch auf andere wesentliche Kriterien achten, wie Qualität, Umweltbelastung durch die Produkte und unethisches Verhalten der Produzenten, soweit sie davon Kenntnis haben beziehungsweise haben könnten. Das Problem ist nur, dass – wie eine aktuelle Umfrage für das Bundesumweltamt ergeben hat – das Bewusstsein der Bundesbürger für Umwelt, Gesundheit und Nachhaltigkeit durchaus ausgeprägt ist, allein, als Verbraucher handeln sie kaum danach. Oberstes Kriterium für den Einkauf bleibt der Preis. Selbst bei der Ernährung und damit der eigenen Gesundheit ist »Geiz immer noch geil«. Der Marktanteil von Lebensmitteln aus fairem Handel liegt bei gerade einmal 1,5 Prozent, der von Bio-Produkten bei 3,5 Prozent. Dieser niedrige Anteil lässt sich nicht mit niedrigem Einkommen und

Sparerfordernissen erklären. Auch hier muss also der Appell an die **Verantwortung** und für Nachhaltigkeit greifen. Die Zahl der verantwortungsbewussten Verbraucher insgesamt wird auf acht bis zehn Prozent geschätzt (vergleiche Studie Verbraucherverantwortung). Doch die Studie lässt auch einen Hoffnungsschimmer zu: In den letzten Jahren hat sich die Zahl der verantwortungsbewussten Verbraucher verdoppelt, wenn auch von einem niedrigen Niveau ausgehend. Aber immerhin, damit kommen sie bereits an die Zehn-Prozent-Marke und damit kann man den Markt durchaus schon positiv in Richtung Nachhaltigkeit beeinflussen: bei der Ernährung, beim Energieverbrauch, bei nachhaltigen Geldanlagen und bei menschengerechten Arbeitsbedingungen. Es wäre in einer Marktwirtschaft das direkteste und mächtigste Element: Verbraucher zeigen den Produzenten durch ihre Nachfrage (oder Nichtnachfrage) an, wo's langgeht. Dann müssten wir nicht auf die zögerliche Politik warten.

Eine Lanze für den Mittelstand

Meist stehen Konzerne im Mittelpunkt der Betrachtung von Öffentlichkeit und Politik, wenn es um **die** Wirtschaft geht. Zu Unrecht. Das Rückgrat der deutschen Wirtschaft ist der Mittelstand. Er setzt sich zusammen aus den Klein- und Mittelunternehmen (KMU), die meist als Familienunternehmen geführt werden.

- **Mittelständische Unternehmen** in Deutschland
  - bilden mit 99,7 Prozent aller umsatzsteuerpflichtigen Unternehmen die überwiegende Mehrheit der Wirtschaftsunternehmen,
  - 95 Prozent aller Unternehmen werden als Familienunternehmen geführt,
  - beschäftigen 66 Prozent aller sozialversicherungspflichtigen Arbeitnehmer,
  - und stellen 83 Prozent aller Ausbildungsplätze.
- Es gibt KMU in allen Branchen; sie umfassen Selbständige, Handwerksbetriebe und gewerbliche Unternehmen.
- KMU haben laut Definition weniger als 500 Mitarbeiter und weniger als 50 Millionen Euro Umsatz; es gibt jedoch Familienunternehmen, die deutlich größer sind.

Man sieht allein an diesen Zahlen, welch **große Bedeutung** der Mittelstand in Deutschland hat. Das Ausland beneidet uns um dieses flexible und leistungsfähige Herz der deutschen Wirtschaft. Personengesellschaften und GmbHs überwiegen als Rechtsform, Aktiengesellschaften sind eher selten. Die Einflüsse des Kapitalmarkts sind daher nicht so direkt wie bei Großunternehmen in Form von börsennotierten Aktiengesellschaften. Ein Kennzeichen der meisten mittelständischen Unternehmen ist die Führung durch Eigentümer-Unternehmer, das heißt **Management und Kapitalrisiko** sind in einer Hand. Haftung und Verantwortung für Unternehmen, Mitarbeiter und Kunden sind dadurch meist stärker ausgeprägt als in Großunternehmen. Der mittelständische Unternehmer und seine Manager sind näher dran an den langfristigen Erfolgspotenzialen des Unternehmens. Sie wissen aus eigener Erfahrung und Anschauung, was sie an ihren Mitarbeitern haben und dass sie sich um sie kümmern müssen. Sie wissen, dass sie in stabile Kundenbeziehungen und damit in Qualität investieren müssen. Und sie können auch nicht übersehen, zumal wenn der Firmensitz in kleineren Städten ist, dass sie mit ihrem Unternehmen ein wesentlicher Teil der dortigen Gesellschaft sind. Gerade Familienunternehmen mit ihrer stabilen Gesellschaftersituation sind auch viel weniger abhängig von kurzfristigen Renditezielen des Kapitalmarktes als Aktiengesellschaften und können langfristigere Strategien verfolgen.

Die Mitarbeiterführung in KMU ist schon wegen der überschaubaren Größe einfacher und direkter. Die Mitarbeiter fühlen sich dort meist nicht als kleines Rädchen, sondern wissen, dass es auf sie ankommt. Die KMU sind flexibler, anpassungsfähiger, weniger bürokratisch und für Ihre Größenordnung oft erstaunlich innovativ. Die meisten Erfindungen werden im Mittelstand gemacht, nicht in Großunternehmen, obwohl letztere den Löwenanteil an staatlichen Forschungsgeldern bekommen.

Mittelständische Unternehmen sind nicht nur in Deutschland selbst sondern **auch im Export erstaunlich wettbewerbsfähig.** Mehr als 1.000 von ihnen zählen in ihren Spezialgebieten zu den Marktführern weltweit (vergleiche »Unsere Marktführer«). Der überwiegende Exportanteil wird nicht von internationalen Konzernen sondern von mittelständischen Unternehmen abgewickelt. Dies ist umso erstaunlicher, als sich diese Unternehmen, anders als Konzerne, keine großen Spezialabteilungen hierfür leisten können.

Ohnehin sollte dringend mit dem Irrglauben aufgeräumt werden, **große Unternehmen** seien **per se** besser. Sie sind nachweislich weder besser bei Innovationen, noch bei Effizienz, Management oder gar Kunden- oder Marktorientierung – nicht einmal, wie dargelegt, im internationalen Geschäft. Ab einer bestimmten Unternehmensgröße, die je nach Art des Unternehmens zwischen 500 und ca. 2.000 Mitarbeitern liegt, nimmt der interne Koordinationsaufwand übermäßig zu, die Bürokratie wächst, die Flexibilität nimmt ab und die Mitarbeiter fühlen sich nur noch als kleine Rädchen, was der Motivation stark abträglich ist. Größe gibt dann vorwiegend Vorteile bei der Marktmacht und beim Lobbying; beides ist jedoch wettbewerbsschädlich. Märkte brauchen um zu funktionieren eine Vielzahl von Akteuren, die dezentral agieren und miteinander in Wettbewerb stehen. Dies ist überall dort, wo es viele mittelständische Unternehmen gibt, sehr viel besser gewährleistet, als in Bereichen, in denen wenige Großkonzerne den Markt beherrschen.

Probleme haben mittelständische Unternehmen häufig beim Eigenkapital und bei der Unternehmensnachfolge. Die Eigenkapitalquote liegt im Schnitt unter 15 Prozent (Großunternehmen 23 Prozent). Dies war gerade in der Wirtschaftskrise ein kritisches Element, weil es durch die klamme Situation der Banken zu Kreditklemmen kam. Verstärkt wurde dies noch dadurch, dass ausgerechnet die für Mittelstandsfinanzierung zuständige, halböffentliche Bank IKB durch Finanzhandel mit Schrottpapieren in Milliardenhöhe ins Trudeln kam. Eine weitere schwierige Situation für Familienunternehmen entsteht auch immer wieder dadurch, dass für einen ausscheidenden Unternehmer kein adäquater Nachfolger gefunden wird.

Beide Probleme können dazu führen, dass mittelständische Unternehmen Finanzinvestoren oder Private-Equity-Gesellschaften als Gesellschafter aufnehmen oder mehrheitlich an solche verkauft werden. Finanzinvestoren mit langfristigen Anlagezielen und in Minderheitspositionen können dabei durch Stärkung der Eigenkapitalbasis, gerade bei anstehenden Unternehmenserweiterungen oder Großinvestitionen, durchaus eine wertvolle Verstärkung darstellen. Private-Equity-Gesellschaften mit kurzfristigem Anlagehorizont und Ambitionen auf Mehrheits- positionen passen für Familienunternehmen aber wie die Faust aufs Auge. Sie zahlen der Familie vielleicht einen höheren Preis als langfristige Investoren, aber sie verfolgen im Prinzip exakt die entgegengesetzte Strategie von Familienunternehmen. Sie verfolgen weder eine langfristige Unternehmensstrategie noch die Erhaltung langfristiger Erfolgspotenziale, sondern kurzfristige Unternehmensverwertungsziele mit hohen Renditen, wie den Verkauf lukrativer Anteile und Verramschung des Rests; die Mitarbeiter interessieren solche Investoren bestenfalls am Rande (siehe auch unten unter »Heuschrecken«). Wie Unternehmerfamilien immer wieder an solche Gesellschaften verkaufen können, bleibt ein Rätsel. Es widerspricht dem Wesen von Familienunternehmen, der Gründer würde sich im Grabe herumdrehen und die Mitarbeiter bezahlen diesen Verkauf häufig mit dem Verlust ihrer Arbeitsplätze.

Lösungen für die schwierige Nachfolgeproblematik in Mittelstandsunternehmen zu diskutieren, würde den Rahmen dieses Buches sprengen. Aber generell wäre die deutsche Wirtschaftspolitik gut beraten, wenn sie sich bei ihren wirtschaftspolitischen Entscheidungen weniger an Finanzinstituten oder international agierenden Großkonzernen orientiert, sondern mehr an der Bedeutung und den Bedürfnissen des Mittelstands – und das nicht nur in Sonntagsreden, sondern in der aktuellen Politik. Das sollte schon bei der Firmengründung beginnen. In einem Ranking der Weltbank zu den Schwierigkeiten bei der Gründung eines neuen Unternehmens liegt Deutschland auf einem verheerenden 102. Platz (Heuser, S. 50 f.). Und es geht weiter mit der Kreditbeschaffung und Transparenzvorschriften: Hedgefonds kommen heute leichter an Geld und haben geringere Transparenzvorschriften als ein Mittelständler, der Werte durch Produktion schafft. Staatliche Hilfen, wie Abwrackprämie und Opel-Unterstützung (sowie früher schon die missglückte Holzmann-Unterstützung), zielen meist auf Großunternehmen. Die meisten Arbeitsplätze bietet aber der Mittelstand, er ist standorttreuer und verlagert weniger Arbeitsplätze und Steuern. Bessere Kredit-Ausstattung, Unterstützung bei der Nachfolgeregelung, Schutz vor »Heuschrecken«, eine Erleichterung von Kooperationen und eine bessere Vernetzung mit Hochschulen wären wesentliche Verbesserungen in Richtung Mittelstand. Dazu kommt eine gute politische Unterstützung beim Export ins außereuropäische Ausland, die mittelständische Unternehmen naturgemäß eher benötigen als internationale Großkonzerne. Den Mittelstand dann auch bei politischen Vorhaben und Entscheidungen besser einzubeziehen, würde die Wertschätzung unterstreichen und insgesamt für eine bessere Wirtschaftspolitik sorgen, nach dem Motto von E. F. Schumacher: »Small is beautiful« (vergleiche Schumacher).

Begrenzung des Größenwachstums von Konzernen

In einer nachhaltigen Marktwirtschaft muss auch das **Größenwachstum von Konzernen begrenzt** werden. Die Globalisierung erfordert zwar durchaus größere Unternehmenseinheiten. Im Hinblick darauf wirkten ja auch Nationalstaaten eifrig am Schmieden von »Nationalen Champions« mit. Aber das notwendige Maß wird durch viele internationale Konzerne bereits überschritten, und doch geht das Größenwachstum durch Fusionen und Übernahmen ungebremst weiter. Viele Märkte funktionieren wegen übergroßer Unternehmen und dadurch verursachtem Wettbewerbsmangel bereits nicht mehr. Auf wesentlichen Märkten in Deutschland und teilweise auch in Europa beherrschen bereits Oligopole das Marktgeschehen, so zum Beispiel bei den Strom-, Mineralöl-, Automobil-, Pharma- oder Finanzmärkten. Im Computer- und Internetmarkt befinden wir uns mit Microsoft, Google, E-Bay und Facebook sogar bereits auf dem Weg zu weltweiten Monopolen. Wo Oligopole oder gar Monopole die Märkte beherrschen, kann von Marktwirtschaft nicht mehr die Rede sein. Die beteiligten Konzerne können mit ihrer Marktmacht die Preise nach Belieben manipulieren. Das hat das Kartellamt jüngst für den Benzinmarkt und im Jahr davor für den Strommarkt festgestellt; auch dass dadurch die Preise überhöht sind. Weil es ihm jedoch nicht gelingt, die Manipulationen nachzuweisen, bleibt es untätig.

Das Versagen des Kartellamtes oder der Politik begann jedoch früher: Man darf in einer funktionsfähigen, nachhaltigen Marktwirtschaft **Monopole oder Oligopole** erst gar **nicht entstehen lassen**, weil man sonst die Marktwirtschaft abschafft. Solche mächtigen Konzerne können nicht nur die Preise bestimmen, sie erdrücken mit ihrer Marktmacht auch kleinere Konkurrenten, oder übernehmen sie gleich ganz, behindern Innovationen, die ihnen nicht in den Kram passen, sie dominieren mit ihren Werbemilliarden auch die Verbraucher und sie machen sich mit Parteispenden oder der Drohung mit Standortwechseln auch die Politik gefügig. Erschwerend kommt hinzu, dass Staaten bei wirtschaftlichen Schwierigkeiten übergroßer Unternehmen – schon wegen der Zahl der Arbeitsplätze – in Zwangshaftung genommen werden (wie zum Beispiel bei Holzmann, Opel oder General Motors). Umgekehrt wird die Kontrolle von Großunternehmen für Staaten und auch Staatengemeinschaften beziehungsweise deren Institutionen immer schwieriger. Um diese Funktion der Größenbegrenzung von Konzernen ausüben zu können, muss sowohl das deutsche Kartellamt als auch die europäische Wettbewerbskommission, die diese Funktion auf europäischem Maßstab ausübt, gestärkt werden, personell, gesetzlich und politisch. Diese sollen im Zusammenspiel für transparente Wettbewerbsregeln sorgen und deren Einhaltung überwachen. Sie sollen Fusionsanträge nationaler beziehungsweise internationaler Unternehmen prüfen und, wenn diese zu übergroßen, marktbeherrschenden Konzernen führen, auch wirklich untersagen. Es ist mittlerweile ohnehin durch verschiedene Studien belegt, dass mehr als 70 Prozent aller Fusionen ihre Ziele nicht erfüllen oder gar scheitern. Megafusionen wie Daimler/Chrysler oder AOL/Time Warner, oder das kleinere Beispiel Schäffler/Conti sind hierfür prominente Belege.

Darüber hinaus sollen die Kartellbehörden bestehende internationale **Konzerne**, für die diese Kriterien bereits zutreffen, **entflechten können**. Die vormalige Zerschlagung von Rockefeller hat dem internationalen Ölmarkt gut getan. Ähnliches wäre mittlerweile aber gerade bei Energie-, Auto- oder IT-Konzernen wieder dringend an der Zeit. Überraschender Weise hat die Schwarz-Gelbe Koalition einen entsprechenden Gesetzentwurf für Deutschland vorgelegt! Ob der wirklich ernst gemeint ist und zum Tragen kommt, bleibt abzuwarten. Außerdem müsste er darüber hinaus sinnvollerweise wohl zumindest auf EU-Ebene angesiedelt werden.

Kartellrechtlich untersagt oder zumindest erschwert werden sollten auch sogenannte **feindliche Übernahmen**. Die Angst, von finanzstärkeren Unternehmen übernommen zu werden, treibt das Management von Aktiengesellschaften häufig zu völlig unangemessenem (und meist auch riskantem) Rendite- und Wachstumsstreben oder zu teils ruinösen Abwehrschlachten (vergleiche etwa Schäffler/Conti oder Porsche/VW). Auch das Beispiel ACS/Hochtief zeigt sehr anschaulich, wie ein stark verschuldeter Konzern wie ACS einen besser geführten und weniger verschuldeten übernehmen kann, um sich damit zu entschulden. Das ist schlicht pervers. Dem vorgeblich darwinistischen »fressen oder gefressen werden« müssen restriktive und faire Spielregeln zugrunde gelegt werden; nebenbei gesagt liegt dieses Prinzip – jedenfalls in dieser Banalität – der Evolution gar nicht zugrunde.

Kooperationen gerade zwischen kleineren Firmen sollten demgegenüber kartellrechtlich großzügiger geduldet und sogar staatlich gefördert werden (solange sie nicht Kartellbildung oder Wettbewerbsausschluss beinhalten). Denn diese stellen häufig eine fürs Gemeinwohl förderliche Alternative zu destruktiver Konkurrenz dar, sowie eine flexiblere und meist effizientere und marktkonformere Alternative zu Fusionen und Konzernbildungen.

Keine weitere Privatisierung von Infrastruktur und Daseinsvorsorge

Die ebenfalls zum Neoliberalismus gehörende Forderung, der Staat solle sich auch aus ihm ursprünglich angestammten Bereichen wie Infrastruktur und Daseinsvorsorge (wie z.B. Bahn, Energie- und Wasserversorgung, Bildung, Gesundheit, Rente usw.) zurückziehen und alles privatisieren, sollte nicht weiter verfolgt werden. Diese Bereiche gehören weiterhin unter staatliche beziehungsweise kommunale Kontrolle, weil sonst der Staat seiner Gestaltungsmöglichkeit in diesen für die Gemeinschaft so grundlegenden Bereichen beraubt und diese nur noch nach Profitgesichtspunkten weiterentwickelt würden. Bildungschancen für alle, unabhängig vom Einkommen, wären völlig illusorisch (siehe z.B. die USA), Rente nur privat finanziert, wäre gerade in Zeiten ständiger Finanzkrisen ein Albtraum (vergleiche England und die USA) und bezahlbare Gesundheitsvorsorge für alle unerreichbar (siehe die USA). Auch im Bereich der großen Energieversorger oder der Bahn können sich die Staaten glücklich schätzen, die hier noch Einfluss haben.

Das soll nicht heißen, dass hier ineffizienten Staatsbetrieben mit Beamtenmentalität das Wort geredet werden soll. Im Bereich der Stadtwerke hat man in den letzten Jahren mitverfolgen können, wie sich durch Wettbewerbsvorschriften aus ehemals relativ verschlafenen Beamtenbetrieben wettbewerbsfähige und kundenorientierte Unternehmen entwickelt haben. Hier gibt es auch durchaus erfolgreiche Beispiele von Re-Kommunalisierung: So haben bayrische Kommunen vor Jahren schon mit der Bayerngas die Erdgasbeschaffung zu 100 Prozent in die eigenen Hände genommen und fördern mittlerweile erfolgreich eigenes Gas in Norwegen, England und Dänemark. Vor zwei Jahren haben größere Stadtwerke mit der »Thüga« eines der größten Gas- und Stromversorgungsunternehmen übernommen, was sich ebenfalls positiv entwickelt. Und neuerdings wurde mit der »Steag« auch einer der großen deutschen Strom- und Fernwärmeerzeuger kommunalisiert. Stadtwerke stehen einer nachhaltigen Energie- und Wasserversorgung, eben weil sie kommunal dominiert sind, sehr viel näher als die großen Energiekonzerne. Andererseits lassen sich negative Beispiele von Privatisierung etwa bei der Bahn und der Wasserversorgung in Großbritannien anführen, wo Netze verrotteten und die Preise dennoch angehoben wurden. Die dortige Bahn musste mittlerweile unter hohen Verlusten wieder verstaatlicht werden. Auch der versuchte Börsengang der Deutschen Bahn zeitigt mittlerweile Folgen, unter denen alle Kunden zu leiden haben. Selbst der von neoliberalen Selbstzweifeln ansonsten nicht geplagte Verkehrsminister Ramsauer (CSU) kommentierte im Hamburger Abendblatt, die Bahn sei im letzten Jahrzehnt wohl zu sehr »aufs Renditegleis gesetzt worden«. Ständiges Kurzfristdenken ruiniere aber irgendwann jedes Unternehmen. Zustimmung von unerwarteter Seite.

Abschöpfung überhöhter Gewinne

Der oben gemachte Vorschlag, wieder von der einseitigen, kurzfristigen Gewinnmaximierung abzulassen, war eher ein Appell an Manager, Aktionäre und Aufsichtsräte. Er lässt sich nicht oder nur teilweise gesetzlich umsetzen. Daher geraten die Gewinne selbst ins Blickfeld. Gewinne sind in einer Marktwirtschaft ein wesentlicher Erfolgsindikator. Sie sind ein Anreiz für Kapitalgeber und Management, dienen zur Finanzierung von Investitionen oder zur Stärkung der Eigenkapitalbasis. Wie bei der obigen Ursachenanalyse mehrfach gezeigt, liegt das Problem in der Übertreibung: **Überhöhte Gewinne** sind entweder ein Zeichen für sehr riskante Geschäfte (siehe unter Krise) oder für Marktbeherrschung (z.B. Microsoft). Beides ist unerwünscht und gefährlich. Außerdem führen sie zu einer überzogenen Kapitalakkumulation.

Die Frage ist also, ob sich **Gewinne begrenzen** lassen. Dies ist sicher leichter gesagt als getan. Felber will gewinnorientierte Unternehmen gleich ganz abschaffen, weil er nachvollziehbar argumentiert, dass ein begrenztes Gewinnstreben prinzipiell nicht möglich sei, weil ein Unternehmen, das nur mäßigen Gewinn anstrebe, in einer Konkurrenzwirtschaft Gefahr laufe, übernommen zu werden (Felber 2008, S. 275 ff. und 61 ff.). Letzteres ist sicher zutreffend, wenn sich an den Rahmenbedingungen nichts ändert. Den Gewinn abzuschaffen, hieße aber das marktwirtschaftliche Wirtschaftssystem grundsätzlich abzuschaffen, und das halte ich aus heutiger politischer und wirtschaftlicher Sicht (trotz Krise) weder für wünschenswert noch für realisierbar.

Die Frage ist jedoch, ob es durch Änderung der Rahmenbedingungen gelingen kann, das Gewinnstreben freier Wirtschaftsunternehmen zu begrenzen. Das Streben nach Einkommen und Gewinn muss ja an sich nicht verwerflich sein. Wir konnten in Europa damit in der zweiten Hälfte des letzten Jahrhunderts 40 Jahre lang ganz gut leben. Das Unheil liegt in der **Übertreibung** und in der **Ausschließlichkeit** des Profitstrebens. Diese kamen in dieser Breite und Intensität erst Anfang der 1990er-Jahre aus USA und England zu uns herüber geschwappt. Milton Friedman, der Vater des Neoliberalismus, propagierte dort schon seit den 1970er-Jahren die »Ethik« der Gewinnmaximierung und Rappaport den Shareholder Value als ausschließliches Ziel für Manager. Aktienanalysten, ausländische Pensions- und Hedgefonds und international agierende und sich finanzierende Konzerne sorgten dann für eine rasche Ausbreitung.

Bis dahin galt ein »**ausreichender**« Gewinn, neben anderen Zielen wie langfristigem Wachstum, Stabilität, mitarbeiter- oder gesellschaftsorientierten Zielen, zwar durchaus als primäres aber eben nicht ausschließliches Ziel. Was ausreichend war, definierten die Eigner oder, bei breit gestreuten Publikumsgesellschaften, auch der Vorstand. Firmen wie Siemens, Bosch, BASF, RWE und andere waren hierfür prominente Beispiele. Damit konnten die Unternehmen langfristig stabil und durchaus erfolgreich agieren, die Eigner konnten gut damit leben (wenn auch etwas bescheidener als vor der Krise), und auch die Mitarbeiter und die Gesellschaft fanden in dieser »Sozialen Marktwirtschaft« ihren Platz. Daraus mussten die Unternehmen – wie es bei Neoliberalen so schön hieß – durch den Shareholder Value »wachgeküsst« werden.

Doch nun nach dieser etwas längeren Analyse zurück zu der Frage: Lässt sich diese ausschließliche und übertriebene Fixierung auf den kurzfristigen Gewinn/ Börsenkurs durch eine Änderung der Rahmenbedingungen korrigieren? – Eindeutig: Ja! Die Analyse und Historie zeigt ja, dass diese **einseitige Zielsetzung nicht gottgegeben** ist, sondern erst durch den Neoliberalismus als allein seligmachendes Ziel propagiert wurde. Dieser unselige Geist muss wieder zurück in die Flasche, weil er nachweislich schädlich ist für die Wirtschaft und für die Gesellschaft.

Ansatzpunkte hierfür sehen wir in der Beseitigung der einseitigen Zielvorgabe des Shareholder Value-Denkens sowie beim Auftreten überhöhter Gewinne. Letztere lassen sich zwar nicht verbieten, jedoch per Steuergesetz abschöpfen, beispielsweise durch eine **progressive Gewinnsteuer**, ähnlich der Progression bei der Lohn- und Einkommenssteuer. Die Steuerprogression könnte beispielsweise bei einer Eigenkapitalrendite von 15 oder 20 Prozent einsetzen. Um den Aufwand in Grenzen zu halten, sollte diese Steuer nur bei höheren absoluten Gewinnen greifen, zum Beispiel ab 50 Millionen Euro. Eine solche progressive Gewinnsteuer hätte mehrere Vorteile:

- Sie begrenzt das Streben nach überhöhten Gewinnen und damit auch überhöhten Risiken beziehungsweise Marktbeherrschung.
- Sie bringt zusätzliche Steuereinnahmen.
- Sie lässt Kleingewerbe und Mittelstand unbehelligt.
- Sie begrenzt das Größenwachstum von Unternehmen und eine unerwünscht starke Kapital-Akkumulation.
- Sie gibt kleinen und mittelgroßen Unternehmen wieder fairere Chancen.
- Die Märkte würden wieder besser funktionieren.

Aus Wettbewerbsgründen sollte eine solche Steuer möglichst in internationaler Abstimmung erfolgen, zum Beispiel EU oder G20. Solange (noch) nicht alle Länder mitmachen, was zu erwarten ist, sollte die Progression zunächst nur moderat ansteigen, um Wettbewerbsnachteile oder Firmenabwanderungen zu vermeiden.

Zu einer nachhaltigen Marktwirtschaft gehört definitionsgemäß auch die soziale Ausgewogenheit. Diese ging seit den neoliberalen Reformen in den 1990er-Jahren mehr und mehr verloren. Nach einer Umfrage der Bertelsmann Stiftung im Dezember 2007, also noch vor Ausbruch der Krise, hält nur noch eine kleine Minderheit von 15 Prozent der deutschen Bevölkerung die wirtschaftlichen Verhältnisse in Lande für gerecht; fast zwei Drittel dagegen für ungerecht.

Die drastisch zunehmenden Einkommens- und Vermögensunterschiede, wie sie oben dargelegt wurden (Kapitel II.4), stellen nicht nur einen wachsenden politischen Sprengsatz dar, sie sind letztlich auch nicht gut für die Wirtschaft. Sie beschleunigen das »Abheben« von fürstlich entlohnten Managern und Bankern von der realen Wirtschaftswelt, die sie aber steuern beziehungsweise finanzieren sollen. Sie verstärken die Demotivation von Mitarbeitern und die Unzufriedenheit der Bürger, die sich, wie aktuelle Studien belegen, bezüglich der Zufriedenheit mit ihrem Einkommen immer mit anderen vergleichen. Das absolute Einkommen erhöht die Zufriedenheit nur bis zu einer Höhe von ca. 30.000 Euro, darüber entscheidet eher das relative Einkommen über die Zufriedenheit. Die immer weiter sich öffnende Einkommensschere produziert also eine steigende Unzufriedenheit trotz wachsender Einkommen. Zu hohe Einkommensunterschiede untergraben auch zunehmend die Kaufkraft der Volkswirtschaft, weil die Reichen gar nicht so viel ausgeben können wie die Masse der Bevölkerung, der aber tendenziell immer weniger zum Ausgeben bleibt.

Der Markt wird dies nicht regeln. Im Gegenteil, er hat es in den letzten zwei Jahrzehnten eindeutig verschlimmert. Die unsichtbare Hand des Marktes verwandelt sich dann schnell in einen »unsichtbaren Fuß«, der den Benachteiligten »in den Hintern tritt«, wie Herman Daly süffisant anmerkt (zitiert nach Weber, S. 72). Für eine gerechtere Verteilung kann nur der Staat sorgen. Das war zu Zeiten der Sozialen Marktwirtschaft unter Ludwig Erhard noch ein durchaus präsentes Ziel. Besser Verdienende sollten durch eine höhere Steuerprogression und höhere Sozialabgaben entsprechend mehr zum Gemeinwohl beitragen. Und wer Gewinne machte, entließ kein Personal und ließ seine Mitarbeiter durch Lohnerhöhungen oder andere Benefits partizipieren. Unternehmen sahen sich damals durchaus noch als Sozialeinheiten. Unter der Ägide des Neoliberalismus und der Globalisierung ging dieses gemeinsame Grundverständnis mehr und mehr verloren. Die Politik hat dabei kräftig mitgewirkt: durch die Abschaffung der Vermögenssteuer, Absenkung des Spitzensteuersatzes und eine Ausweitung des Niedriglohnsektors beziehungsweise der Zeitarbeit. Sie müsste jetzt wieder deutlich gegensteuern und zumindest dort, wo wir es können, ohne unsere Wettbewerbsfähigkeit zu beschädigen, wieder Grenzen für die zunehmenden Einkommens- und Vermögensunterschiede einziehen. Hier können wir durchaus von den skandinavischen Ländern lernen: Sie haben diese Unterschiede immer kleiner gehalten, sind dennoch (oder gerade deshalb) wirtschaftlich erfolgreich und rangieren zugleich in der Zufriedenheitsskala weit vor uns.

Ein wesentliches Element zum Eindämmen der Einkommensunterschiede läge in der **Begrenzung der Managergehälter**. Das Gesamteinkommen eines Managers sollte auf das 20- bis maximal 30-Fache des Einkommens eines Arbeiters der untersten Lohngruppe seines Unternehmens (inklusive Leiharbeiter) begrenzt werden. Dies wäre gut für die Hygiene im Unternehmen und es würde verhindern, dass die Einkommensschere in der Bevölkerung immer weiter auseinander driftet.

In Norwegen beispielsweise ist dies ein ungeschriebenes Gesetz, und es wirkt sich sehr wohltuend auf den Zusammenhalt in den Unternehmen und der Gesellschaft aus. Die Qualität des Managements leidet übrigens nicht darunter. Auch in Deutschland gab es ungeschrieben eine solche Relation. Noch vor 20 Jahren erhielt der Vorstand eines Dax-Unternehmens im Schnitt etwa 14-mal so viel wie ein durchschnittlicher Einkommensbezieher (also etwa 20- bis 30-mal so viel wie die unterste Lohngruppe). Dies galt bis zur Fusion Daimler/Chrysler, nach der der damalige Daimler-Chef Schrempp nicht weniger verdienen wollte als sein amerikanischer Kollege. Die Fusion erwies sich bald als Flop, aber die Einkommensgrenze in Deutschland war eingerissen. Heute erhält (ich sage nicht verdient) ein Dax-Vorstand durchschnittlich das 52-Fache – in der Spitze das 300-Fache (!) – eines mittleren Einkommensbeziehers! Die Manager sind seitdem nicht besser geworden und sie würden durch die neuerliche Begrenzung nicht schlechter. Das Gerede vom Abwandern von Managern ist wenig stichhaltig: Obwohl in USA die Managergehälter nach wie vor deutlich höher sind, ist außer dem ehemaligen Vorstandsvorsitzenden der Siemens AG, Klaus Kleinfeld, noch keiner unserer Spitzenmanager abgewandert, und der auch nur, weil man ihn bei Siemens nicht mehr haben wollte. Der internationale Wettbewerb um Führungskräfte ist sehr viel geringer, als immer behauptet wird. Er ist noch nicht einmal in der EU verbreitet. Sie werden kaum einen deutschen Spitzenmanager in Frankreich oder England finden.

Managergehälter deutlich über der vorgeschlagenen Grenze sind durch nichts zu begründen, weder durch höhere Arbeitsbelastung oder Stress (die zweifelsohne gegeben sind), noch durch die höhere Verantwortung und schon gar nicht durch höhere Haftung, die bei angestellten Managern kaum gegeben ist. Die Gehälter wurden vorwiegend aus einem Statuswettbewerb heraus so in die Höhe getrieben (so auch Goeudevert, S. 149 f.) und durch Aufsichtsräte – inklusive Arbeitnehmervertreter – genehmigt, die offenbar auch jedes Maß verloren haben. Kein Wunder, wenn sich Aufsichtsratsvorsitzende, wie G. Cromme bei Siemens, selbst eine Aufsichtsratsvergütung von einer halben Million Euro (!) genehmigen lassen. Es wäre wünschenswert, wenn solche Begrenzungen nicht gesetzlich erzwungen, sondern durch freiwillige Regelungen von Branchenverbänden (Thema: »Governance«) erreicht werden könnten. Doch muss man hier leider skeptisch sein. Die Verbände hätten nach der Krise Zeit genug gehabt. Es wurden zwar teilweise die Kriterien für Boni von kurz- auf mittelfristig umdefiniert, doch für die Höhe der Boni beziehungsweise die Gesamtgehälter gibt es keine Regelung. Da Herr Cromme auch Vorsitzender der sogenannten »Governance Kommission« ist, die Vorschläge unter anderem für eine adäquatere Vorstandsvergütung machen sollte, ist klar, dass von Seiten der Wirtschaft keine diesbezüglichen Begrenzungsvorschläge kommen werden. Daher braucht man hierfür wohl doch eine gesetzliche Begrenzung.

Entsprechend muss es selbstverständlich auch eine **Begrenzung der Boni und des Gesamteinkommens von Bankern** geben. Allerdings passt hier der obige Maßstab nicht, weil im Bankgewerbe auch die Angestelltengehälter teilweise völlig abgehoben haben (siehe Kapitel II.2). Eventuell könnte hierfür der Faktor 20 bis 30 zum durchschnittlichen Mindestlohn angewandt werden. Dies wird sicherlich zu einem Aufschrei in der Bankenwelt führen. Aber es ist nicht nur gesellschaftlich sondern auch volkswirtschaftlich ein Problem, wenn bei

Banken weiterhin Gehälter bezahlt werden, die um Faktoren über denen der übrigen Wirtschaft (ganz zu schweigen von denen der Bankregulierer) liegen, ohne dass dort wirkliche Werte geschaffen werden. Zumal Banken den Vorzug haben, im Problemfall vom Staat gerettet zu werden. Dies ist dysfunktional, führt zu einer Fehlallokation von guten Mitarbeitern und verstärkt die Tendenz der Abgehobenheit der Banker von der realen Wirtschaft. Dies kann nicht hingenommen werden, auch wenn Banken privat organisiert sind. Und das Problem betrifft keinesfalls nur Banken, denen Staatshilfe zuteilwurde.

Ganz wesentlich ist auch eine Grenze nach unten bei den Erwerbseinkommen, durch **Mindestlöhne**, die entweder staatlich einheitlich, oder gegebenenfalls besser branchenindividuell durch Tarifpartner festgelegt werden. Sonst geht das Lohndumping nach unten immer weiter und der Abstand zum Arbeitsloseneinkommen verwischt. 20 von 27 Staaten der EU und sogar die USA haben bereits Mindestlöhne, nur Deutschland tut sich unendlich schwer damit. Wir brauchen Mindestlöhne auch noch aus einem anderen Grund. Seit Mai 2011 gilt die volle Freizügigkeit für Arbeitnehmer aus neuen Mitgliedsländern der EU, wie Polen oder den Baltischen Staaten. Selbst der Arbeitgeberpräsident Dieter Hundt sprach sich daher mittlerweile für gesetzliche Mindestlöhne aus, weil sonst deutsche Arbeitnehmer in einen Verdrängungswettbewerb kommen, in dem sie nicht bestehen könnten (vergleiche SZ v. 21. 12. 2010, S. 19).

Das **Steuersystem** in Deutschland ist weit entfernt davon, als gerecht empfunden zu werden. Es hat sich in den letzten Jahren auch noch zugunsten hoher Einkommen beziehungsweise Vermögen entwickelt (Absenkung des Spitzensteuersatzes von 53 Prozent auf 42 Prozent, Absenkung der Steuer auf Finanzvermögen (Abgeltungssteuer) auf 25 Prozent, Aussetzung der Vermögenssteuer), obwohl gerade diese so stark gestiegen sind, während die niedrigen stagnieren oder sogar absinken. Die Hauptlast tragen in Deutschland Arbeitnehmer mit mittlerem Einkommen. Die Arbeitnehmer zahlen mit der Lohnsteuer 76 Prozent der einkommensbezogenen Steuern, die Gutverdienenden nur 24 Prozent, obwohl sie 36 Prozent des Gesamteinkommens beziehen. Auch die OECD bemängelt in einer neuen Statistik (Daten von 2009) die relativ hohe Belastung deutscher Arbeitnehmer. Demnach werden diese mit Steuer- und Sozialabgaben in Höhe von 46 Prozent belastet (der dritthöchste Satz), im Vergleich zu knapp 33 Prozent im OECD-Durchschnitt. Noch ungünstiger schaut es bei Geringverdienern aus (zwei Drittel des Durchschnittseinkommens, häufig Alleinerziehende); diese werden bei uns immer noch mit 31,3 Prozent belastet, während sie im Durchschnitt der Länder nur gut die Hälfte (16,9 Prozent) zu tragen haben. Das Polittheater im Frühjahr 2011 um die Anhebung der Hartz IV-Entgelte um gerade einmal fünf Euro unterstreicht die derzeitige soziale Schieflage in unserem reichen Land.

Sollte die Begrenzung von Manager- und Bankergehältern nicht umgesetzt werden, müsste zumindest über die Wiederanhebung des **Spitzensteuersatzes** in der Einkommensteuer nachgedacht werden. Wie dargelegt, sind gerade die großen Einkommen in den letzten Jahren explodiert, so dass eine Wiederanhebung des Spitzensteuersatzes keinen absoluten Einkommensverlust darstellen würde. Eventuell könnte man damit den wirklich ungerechten »Progressionsbauch« für mittlere Einkommen bereinigen, der dort Lohn- oder Gehaltserhöhungen weitgehend auffrisst. Absolut ungerecht ist der niedrige **Steuersatz auf Finanzeinkommen** (Abgeltungssteuer) mit linear 25 Prozent. Dieser ist nur dem Abwandern von Finanzvermögen in Steuerschlupflöcher geschuldet. Nachdem zumindest die naheliegenden in der Schweiz, Lichtenstein und Österreich mittlerweile – wenn auch durch zweifelhafte Datenkäufe – einigermaßen geschlossen werden konnten und noch weiter geschlossen werden sollen, sollte über eine angemessene Anhebung – eventuell auch in Stufen – nachgedacht werden. Wir reden hier immerhin über Geldvermögen von 4,6 Billionen Euro! Damit könnte man auch deutlich großzügigere Freigrenzen für Zinseinkommen aus kleineren Sparvermögen mitfinanzieren. Bezüglich der Anhebung der Steuer auf Finanzeinkommen wäre ein Abgleich zu suchen, falls die Vermögenssteuer wieder eingeführt wird.

Zumindest wenn die zwei genannten Steuerelemente nicht eingeführt werden, wäre eine **Vermögenssteuer** ein weiteres Instrument zur Begrenzung der wachsenden Vermögensunterschiede und zur Steuergerechtigkeit. Es gibt sie in vielen Ländern, selbst in den USA und der Schweiz. Eigentlich haben wir sie gesetzlich auch noch in Deutschland. Sie wurde bis 1996 erhoben. Dann hat das Verfassungsgericht die zu niedrige Bemessung der Immobilien gerügt. Die damalige Bundesregierung hat dann nicht die Immobilienbewertung korrigiert (wie mittlerweile bei der Erbschaftssteuer), sondern kurzerhand die ganze Vermögensteuererhebung ausgesetzt! Das Vermögenssteuergesetz wurde jedoch nicht aufgehoben. Heute sucht die Bundesregierung für ihr »Sparpaket« dringend nach Milliardenposten, die sie einsparen könnte und findet sie prompt bei den sozial Schwachen. Bei der Vermögenssteuer verzichtet man aber locker auf 15 bis 20 Milliarden Euro. Warum? Ein häufig erwähntes Argument ist, dass es sich dabei um eine sogenannte Substanzsteuer handle und eine Steuer darauf die Substanz aufzehre. Die Grundsteuer und die KFZ-Steuer sind auch Substanzsteuern; da hat man dieses Argument noch nie gebracht. Außerdem geht es hier nur um einen Prozentsatz von ca. einem Prozent. Die Vermögen sind in den letzten Jahrzehnten um ganz andere Prozentsätze hochgeschnellt. Ein zweites Gegenargument ist, es würde ja bereits das Einkommen aus dem Vermögen besteuert, also sei die Vermögenssteuer eine Doppelbesteuerung. Spätestens mit der Reduzierung der Steuer auf Finanzeinkommen (Abgeltungssteuer) und der Körperschaftssteuer (Einkommensteuer von Kapitalgesellschaften) auf 25 Prozent, und zwar ohne Progression, gilt dieses Argument jedoch nicht mehr. Allein das Geldvermögen in privater Hand macht in Deutschland die enorme Summe von 4.600 Mrd. Euro aus! Hinzu kommen noch Sachwerte wie Immobilien (abzüglich Kredite) in Höhe von 3.700 Milliarden Euro. Soll dies weiterhin gänzlich unbesteuert bleiben? Ausgerechnet in einem Land, in dem »Eigentum verpflichtet« im Grundgesetz steht. Wo ließe sich dieser Grundsatz besser anwenden als bei der Vermögenssteuer? Mit großzügigen Freigrenzen für Kleinvermögen und Immobilienbesitz in privater Hand (z.B. 200.000 beziehungsweise eine Million Euro) ließen sich bei einem Steuersatz von einem Prozent nach Schätzung von Experten 15 bis 20 Milliarden Euro einnehmen. Betriebsvermögen sollte hierbei wegen der Arbeitsplätze im Mittelstand außen vor bleiben. Erfreulicherweise bekennt sich sogar eine Reihe von Vermögenden öffentlich zur Vermögenssteuer. Nur die Politik traut sich nicht heran, noch nicht einmal jetzt, wo sie angeblich »alles zusammenkratzen« muss, um die Schulden zu senken.

Auch die **Erbschaftssteuer** böte bessere Ansatzpunkte zur Vermögensgerechtigkeit. Von jährlich vererbten 150 bis 200 Milliarden Euro erhält der Staat gerade mal rund vier Milliarden Euro, also ca. zwei Prozent; das ist noch eine Milliarde weniger als nach dem alten Recht (vergleiche Heuser, S. 95). Die Politik in Deutschland ist doch derzeit so dafür, dass sich Leistung lohnt. Warum begünstigt man dann derart leistungslose Vermögenstransfers? Freigrenzen für Ehepartner und Kinder sollten bei der Erbschaftssteuer selbstverständlich weiterhin großzügig gestaltet werden. Darüber hinaus sollten auch hier Schutzklauseln für den Erhalt von Unternehmen eingebaut werden; hierbei könnten auch Teilübertragungen an die Mitarbeiter, die dieses Vermögen ja mit erarbeitet haben, in Form von Stiftungen oder ähnlichem steuerfrei gestellt werden. Allein durch eine korrekte Erfassung aller Vermögensarten und eine stärkere Progression ließen sich nach Expertenschätzungen die Einnahmen von heute vier auf acht bis zehn Milliarden Euro mehr als verdoppeln und ein Beitrag zur Einkommensgerechtigkeit leisten.

Die dargelegten Ansätze zu einer Verbesserung der Einkommens- und Vermögensgerechtigkeit sind nicht so zu verstehen, dass sie alle additiv eingeführt werden sollen. Sie sind teilweise alternativ zu sehen, wie etwa die Erhöhung der Steuer auf Finanzeinkommen und die Vermögenssteuer. Es müsste daraus von der Politik und von Steuerexperten ein abgestimmtes Konzept entwickelt werden. Hier ging es nur darum aufzuzeigen, dass es durchaus praktikable Stellschrauben gibt, um die ständig größer werdenden und gesellschaftsprengenden Einkommens- und Vermögensunterschiede zu begrenzen.

Wenn von mehr Steuern die Rede ist, wird sofort das Gegenargument kommen, dass wir in Deutschland doch ohnehin schon mit die höchste Steuerquote hätten und mit noch höheren Steuern die Wirtschaft abwürgen würden. Dies entspricht aber keineswegs mehr den Tatsachen. Nach einem Vergleich der OECD (siehe Tabelle 1) liegt Deutschland bei der Summe aus Steuern und Sozialabgaben im Verhältnis zum Bruttoinlandsprodukt für 2007 bei 36,2 Prozent, und damit sogar noch knapp unter Großbritannien mit 36,6 Prozent, während die Skandinavischen Länder traditionell mit durchschnittlich 47 Prozent deutlich höher liegen – und dennoch wirtschaftlich erfolgreich sind. Auch Frankreich, Belgien und Italien liegen mit rund 44 Prozent noch deutlich höher. Die USA und Japan liegen zwar mit rund 28 Prozent deutlich niedriger, sind aber seit Jahren keineswegs wirtschaftlich erfolgreicher und sind beide hoch verschuldet.

Tabelle 1: Steuern und Sozialabgaben im internationalen Vergleich in Prozent vom BIP

Land	1980	1990	2000	2007
Deutschland	36,4	34,8	37,2	36,2
Belgien	41,3	42,0	44,9	44,4
Dänemark	43,0	46,5	49,4	48,9
Finnland	35,7	43,5	47,2	43,0
Frankreich	40,1	42,0	44,4	43,6
Griechenland	21,6	26,2	34,1	31,3
Großbritannien	35,1	36,1	37,1	36,6
Irland	31,0	33,1	31,7	32,2
Italien	29,7	37,8	42,3	43,3
Japan	25,4	29,1	27,0	27,9
Luxemburg	35,7	35,7	39,1	36,9
Niederlande	42,9	42,9	39,7	38,0
Österreich	39,0	39,6	42,6	42,9
Portugal	22,9	27,7	34,1	36,6
Schweden	46,4	52,2	51,8	48,2
Schweiz	24,7	25,8	30,0	29,7
Spanien	22,6	32,5	34,2	37,2
USA	26,4	27,3	29,9	28,3

(Quelle: OECD)

2 Nachhaltige Finanzwirtschaft

Wegen der engen Verflechtung zwischen Realwirtschaft und Finanzwirtschaft ist es völlig klar, dass es **keine nachhaltige Marktwirtschaft** geben kann **ohne eine nachhaltige Finanzwirtschaft.** Dort gibt es, wie die Krise gezeigt hat, noch sehr viel mehr zu tun als in der Realwirtschaft. Denn Banken, Hedgefonds und andere Finanzinstitute wurden in den letzten zwei Jahrzehnten, wie oben dargelegt, zur Speerspitze eines ungezügelten Turbokapitalismus. Die neoliberale Deregulierung des Bankwesens seit den 1990er-Jahren, inklusive der Verwässerung der Eigenkapitalunterlegung (in den USA und Europa (Basel II)) und der Aufhebung der Trennung von Geschäfts- und Investmentbanken in den USA (1999), schwemmten alle Dämme hinweg. Angetrieben von einem immer ungezügelteren Renditestreben verlegten sich die Banken mehr und mehr weg vom normalen Kreditgeschäft und auf das renditestärkere aber risikoreichere Investmentgeschäft und den Eigenhandel mit Derivaten.

Die Verbriefungen und Derivate wurden in Folge der Deregulierung immer komplexer und riskanter und sie wurden weltweit vertrieben. Es ist schon absurd: Zur gleichen Zeit, wo die USA und England den Krieg gegen den Irak wegen angeblicher Massenvernichtungswaffen führten (die dann nicht gefunden wurden), wurden in ihren Finanzzentren New York und London hochriskante »**finanzielle Massenvernichtungswaffen**« (Finanzinvestor Warren Buffet) ersonnen und gehandelt, die schließlich die Welt in die größte Finanz- und Wirtschaftskrise seit 1929 rissen!

Der Finanzsektor hat sich ohne Frage zum kritischsten Bereich entwickelt und erfordert die grundlegendsten Reformen. Er hat die Krise 2008 ausgelöst und kurz darauf die Euro-Krise. Und man kann mit hoher Wahrscheinlichkeit darauf wetten, dass er noch weitere Krisen auslösen wird, wenn er nicht mit grundlegenden Reformen daran gehindert wird. Denn mittlerweile hat sich erwiesen, dass unregulierte Finanzmärkte keinesfalls zum Marktgleichgewicht und zur automatischen Stabilisierung tendieren, wie es die herrschende neoliberale Ideologie behauptet, sondern zu periodischen Übertreibungen, die sich in Krisen entladen und damit einen enormen Risikofaktor für die Weltwirtschaft darstellen (vergleiche hierzu auch Otte, S. 15 ff.). Auch Josef Ackermann, der Vorstandsvorsitzende der Deutschen Bank und Sprecher der Internationalen Bankenvereinigung zeigt sich diesbezüglich durchaus einsichtig: »Keine Frage. Wir müssen das Finanzsystem stabiler machen und Schwächen, die sich in der Krise auch bei Banken gezeigt haben, konsequent beseitigen. Davon gibt es eine ganze Reihe: zu wenig Eigenkapital und Liquidität, zu viel Risiko, zu wenig Transparenz, falsche Anreize und einiges mehr« (Ansprache auf der Hauptversammlung der DB am 27. Mai 2010). Warum nimmt man ihn nicht beim Wort und leitet daraus die erforderlichen Reformen ab, mit denen der Finanzsektor analog zur Realwirtschaft **stabiler und nachhaltiger gestaltet** werden kann? Auch hier weist uns die obige Analyse der Krisenursachen und der Schwachstellen des derzeitigen Finanzsystems den Weg. Die folgenden Vorschläge sind direkt daraus abgeleitet worden. Natürlich gäbe es auch weitergehende Reformen des Finanzwesens, wie etwa die Verstaatlichung von Banken (vergleiche etwa Felber, Gemeinwohl-Ökonomie, S. 50 ff.), was nach der Krise nicht mehr so revolutionär klingt wie vorher. Mussten doch Staaten in der Krise tatsächlich (unter Zuspruch der Bankenlobby) marode Banken verstaatlichen und deren Probleme mit Steuergeldern beheben. Dennoch halten wir dies angesichts der internationalen Verflechtungen des Finanzsektors nicht für durchsetzbar. Umso konsequenter muss der Sektor aber reformiert werden. Denn das geht natürlich gar nicht in einer Marktwirtschaft: in guten Zeiten privat, in schlechten beim Staat!

Um dem Leser den Überblick über die komplexe Materie und die Inhalte der politisch bereits auf den Weg gebrachten Reformen zu erleichtern, wird nach den Vorschlägen unter dem Stichwort »Umsetzung« jeweils angegeben, ob der Vorschlag bereits im amerikanischen Gesetz zur Finanzmarktregulierung oder den diesbezüglichen europäischen Ansätzen ganz oder teilweise enthalten ist.

Die Staaten tun gut daran, für Banken und sonstige Finanzinstitute wieder besondere **Regulierungsregeln** aufzustellen, die sie in den letzten Jahren sträflich gelockert haben. Das sind sie ihren Steuerzahlern und der übrigen Wirtschaft schuldig! Denn insoweit ist die Politik – auch die deutsche – mitverantwortlich für die Finanzkrise, weil sie gerade in den letzten 15 Jahren aufgrund der neoliberalen Schallmeientöne das gesamte Finanzwesen systematisch dereguliert hat: Hedgefonds wurden praktisch ohne Regulierung und Finanzaufsicht zugelassen, die Auslagerung von Bankgeschäften auf Zweckgesellschaften im Ausland ermöglicht (und damit Finanztransaktionen außerhalb der Bilanz und ohne Eigenkapitalunterlegung – und das noch steuerbegünstigt!) und Finanzwetten zugelassen wie Leerverkäufe von Aktien und CDS', Mehrfachverbriefungen und dergleichen mehr. Insoweit wurde die **Finanzkrise erst durch die staatliche Deregulierung ermöglicht**. Übrigens haben Kanada, Spanien und Italien sowie China, Indien und einige andere asiatische Staaten diese Deregulierung nicht mitgemacht. Deren Banken wurden daher durch die Krise kaum tangiert (die spanischen Banken dann allerdings durch die spanische Immobilienkrise). Daran kann man sich durchaus ein Beispiel nehmen und diese Deregulierung jetzt dringend wieder zurücknehmen, mit einigen Ergänzungen, die man aus der Finanzkrise erst gelernt hat.

Ganze zwei Jahre haben die westlichen Industriestaaten gebraucht, um endlich Konsequenzen aus der Finanzkrise zu ziehen. Die USA waren der Vorreiter mit ihrem Gesetz zur Finanzmarktregulierung vom Juni 2010. Es ist ein großer Erfolg für Präsident Obama, dass er dieses Gesetz trotz erheblichen Gegenwinds von Seiten der Republikaner und der starken Finanzlobby durchsetzen konnte. Dennoch wurden einige der wichtigen und weitergehenden Vorschläge des Präsidentenberaters Paul Volcker in den Mühlen zwischen den Demokraten und den Republikanern klein geschrotet. Die Reformen gehen zwar ohne Frage in die richtige Richtung, aber sie sind nicht grundlegend genug und sie gehen nicht weit genug. So urteilt auch Nouriel Roubini, der sich als »Prophet« der Krise einen Namen gemacht hat (Roubini). Sie scheinen aber immer noch weiter zu gehen, als das, was die europäischen Staaten bislang zustande gebracht haben. Zwar wurden mittlerweile zentrale Aufsichtsbehörden bei der EU beschlossen.

Und für die Regulierung riskanter und spekulativer Finanzgeschäfte hat der zuständige EU-Kommissar endlich – genau zwei Jahre nach der Lehman-Pleite – Regelungen vorgestellt, die mittlerweile ebenfalls beschlossen wurden. Auch hier ist zu sagen, dass sie in die richtige Richtung gehen, aber ziemlich halbherzig sind. Sie sollen auch erst 2012 in Kraft treten. Am wirksamsten sind wohl die Beschlüsse der Chefs der internationalen Notenbanken und der Finanzaufseher zur Eigenkapitalausstattung von Banken (Basel III) am 12. September 2010, die von den G20-Staaten im November verabschiedet wurden. Demnach soll die Eigenkapitalausstattung von Banken, die sich in der Krise als viel zu niedrig herausstellte, ungefähr verdoppelt werden, allerdings mit Übergangsfristen von vier Jahren.

Das gesamte Bankwesen – weil es für die übrige Wirtschaft so grundlegend ist – muss international mit einheitlichen Spielregeln ausgestattet und effizient und viel **straffer reguliert und kontrolliert** werden, mit gesonderten Regularien für Finanzinstitute, die als systemrelevant gelten. Hierfür braucht es dringend starke und kompetente, möglichst internationale **Finanzaufsichtsbehörden**. Zwar haben in und vor der Krise auch die Aufsichtsbehörden völlig versagt; das gilt für die SEC in den USA genauso wie für die BaFin in Deutschland, oder gar die politische Aufsicht der Landesbanken. Daher müssten dort erst Konsequenzen (auch personelle) gezogen werden, ehe den Aufsichtsbehörden neue, umfassendere Aufgaben übertragen werden. Dies ist leider nicht passiert, weder in den USA noch in Deutschland. Dennoch ist eine bessere Regulierung des Bankenwesens mit guten und effizienten Aufsichtsbehörden die einzige Chance nach diesem Desaster. Es ist gut, dass es in Europa künftig drei zentrale Aufsichtsbehörden geben wird – jeweils eine für Banken, für Versicherungen und für Wertpapierhandel – was angesichts der international agierenden europäischen Großbanken und Versicherungen schon ein Fortschritt ist. Doch wie diese mit den 27 nationalen Aufsichtsbehörden zusammenarbeiten werden, und wie das Durchgriffsrecht im Krisenfall funktionieren wird, bleibt abzuwarten. Zwei Grundfragen bleiben dabei natürlich auch weiterhin offen: Können Aufsichtsbehörden, die mit moderat bezahlten Beamten besetzt sind, Banken, die mit hochbezahlten Spezialisten ausgestattet sind und sich auch Kohorten von Anwaltskanzleien leisten können, wirklich effizient und dauerhaft erfolgreich regulieren? Und können die Regulierungsgesetze so schnell nachgefahren werden, wie die Bankenspezialisten sich neue Schlupflöcher einfallen lassen? Dennoch gibt es nach der Krise zu einer Re-Regulierung keine Alternative.

Umsetzung: USA, Europa teilweise

Neue Bankprodukte müssen (wie in der Pharmaindustrie) vor ihrer Zulassung auf Systemverträglichkeit und Risiken **überprüft** werden. Dies könnte entweder, wie in den USA vorgesehen, von einer Verbraucherschutzbehörde oder besser, weil fachlich näher, von der Bankenaufsicht – am besten auf europäischer Ebene – mit erledigt werden. Die Banken werden zwar monieren, das koste zu viel Zeit und reduziere die Kreativität. Dem kann man nur entgegenhalten, dass wir der ungeprüften Kreativität von Bankern die Finanzkrise zu verdanken haben und so dringlich erscheint kein Bankprodukt, dass es nicht vorher gründlich auf schädliche Auswirkungen überprüft werden könnte.

Umsetzung: USA teilweise

Verbot von Zweckgesellschaften und ähnlichen Konstruktionen, mit denen Bankgeschäfte außerhalb der Bilanz und ohne ausreichende Eigenkapitalunterlegung abgewickelt werden können.

Umsetzung: Fehlanzeige

Derivate, CDOs und CDS', deren unkontrollierter Handel den Finanzcrash ausgelöst hatte, sollen **nur an Börsen** gehandelt werden dürfen und standardisiert werden, damit diese riskanten Aktivitäten transparenter werden (EU/USA). Der Handel mit hochriskanten Derivaten sollte deutlich eingeschränkt werden, um mögliche schädliche Auswirkungen auf das internationale Finanzsystem zu begrenzen. Im Grunde sollte nur derjenige CDS' abschließen können, der entsprechende Kredite abgeschlossen hat. Es würde doch auch niemand eine Brandversicherung abschließen auf ein Haus, das er gar nicht besitzt. Soweit wollten aber weder die USA noch die EU gehen. Auch der internationale Handel dieser hochgefährlichen Papiere wird nur unzureichend kontrolliert und eingeschränkt.

Umsetzung: USA/EU teilweise

Leerverkäufe von Aktien, Rohstoffen, Devisen und CDS' **gehören grundsätz-lich verboten.** Sie haben definitiv keinen volkswirtschaftlichen Nutzen, sondern dienen nur der Spekulation, die sich damit, zusammen mit dem vorgenannten Punkt, entscheidend begrenzen ließe; und zwar sowohl die Spekulation gegen Währungen, und damit gegen ganze Volkswirtschaften, als auch unerwünschtes Spekulieren mit Rohstoffen oder gar Nahrungsmitteln, sowie unfaires Spekulieren gegen Unternehmen.

Umsetzung: Fehlanzeige; diese wichtige Spekulationsbremse wurde weder in den USA noch in der EU eingeführt, bislang nur in Deutschland, was dann aber wirkungslos blieb.

Vorschrift **effizienter Risikomanagementsysteme** für alle Banken, deren Ergebnisse laufend Management, Aufsichtsrat und Regulierungsbehörde vorzulegen sind.

Umsetzung: teilweise

Versagt haben auch die **Ratingagenturen**, die die sich türmenden Risiken bei den Banken nicht gesehen haben oder nicht sehen wollten, weil sie im Auftrag von Banken auch noch als Berater tätig waren. Solche Verschränkungen müssen untersagt werden! Ferner sollten auch Ratingagenturen von der Bankenaufsicht kontrolliert werden. Eventuell sollten zumindest parallel zu den privaten Ratingagenturen auch überstaatliche Agenturen installiert werden, die die Bonität von Staaten bewerten. Eine solche könnte beispielsweise – möglichst unabhängig – an die EZB oder an den Internationalen Währungsfonds angehängt werden. Wie die Griechenland-Krise zeigt, dürfen sich Staaten oder staatliche Institutionen (wie z.B. die EZB) nicht von den Ratings privater Agenturen abhängig machen.

Umsetzung: Fehlanzeige

Dort wo Regeln der kaufmännischen Solidität im Bankmanagement grundlegend missachtet oder gar die Grenzen des rechtlich Zulässigen überschritten wurden, sind **Konsequenzen** zu ziehen – inklusive Schadenersatzforderungen. Es ist doch fast nicht zu fassen: Da wurde durch unverantwortliches Zocken von Banken die ganze Welt in eine der schwersten Krisen gestürzt, Staaten in Schulden getrieben, für die die Steuerzahler aufzukommen haben, weltweit zehn Millionen Menschen in die Arbeitslosigkeit gestürzt und Millionen von Anlegern durch falsche Beratung ihr Erspartes ruiniert, und kaum ein Banker wurde bislang hierfür verurteilt, wenn nicht wie im Falle Madoff offensichtlicher Betrug vorlag. Wenn es überhaupt Verurteilungen gab, kamen sie mit Bewährung und überschaubaren Geldbußen davon. Im Gegenteil erstreiten gescheiterte Banker noch Boni für ihr verantwortungsloses Tun! Hier fehlt ganz offensichtlich eine generelle Haftungsgrundlage gemäß dem in Kapitel III.1 vorgeschlagenen § 1 des Wirtschaftsrechts. Glücklicherweise kommen langsam einige Anklagen gegen Vorstände der HRE und von Landesbanken in Gang, teilweise auch erst durch Druck von parlamentarischen Untersuchungsausschüssen, wie beim Fall Hypo Alpe Adria und der Bayrischen Landesbank (BLB). Wobei Letzteres auch eher ein Sonderfall ist. Wegen des milliardenschweren Handels mit amerikanischen Schrottpapieren, der erstens über den Aufgabenbereich von Landesbanken hinausging und bei dem zweitens die Risikovorsorge nicht funktioniert hat, wurde noch kein Manager verurteilt. Und die politischen Aufsichtsräte der BLB kommen davon, weil sie sich die Haftung vor einigen Jahren in der Satzung von »fahrlässig« auf »grobfahrlässig« herauf stufen ließen, was wohl schwer nachzuweisen ist.

Umsetzung: Fehlanzeige

Exzessiv steigende **Boni** haben entscheidend mit dazu beigetragen, dass immer mehr hochriskante Produkte entwickelt und gehandelt wurden. Die Boni an Bankangestellte in New York haben sich von 1995 bis 2007 von fünf auf 34 Milliarden US-Dollar versiebenfacht! Das durchschnittliche Einkommen der Mitarbeitern von Goldman Sachs betrug 2009 sage und schreibe 595.000 US-Dollar! Höherrangige Investmentbanker kommen locker auf mehrere Millionen, der Chef verdiente (besser: bekam) 2007 fast 70 Millionen US-Dollar! Offenbar brennen bei so viel Anreiz alle Sicherungen durch. Dies räumen mittlerweile selbst hochrangige Investmentbanker wie der Morgan-Stanley-Chef James Gorman ein, der bei einer Branchenkonferenz sagte, an der Wallstreet herrsche ein »Heldenkult«, der Händler dazu treibe, übermäßige Risiken einzugehen. »Wenn du ein waghalsiges Geschäft eingehst und es geht auf, verdienst du wie ein Bandit. Und wenn es nicht aufgeht, wirst du zwar gefeuert, aber du musst nichts zurückzahlen.« (SZ vom 10.11.2010). Er hätte ergänzen können: Wenn zu viele Geschäfte nicht aufgehen, haftet der Steuerzahler.

Daher sollten **variable Bankereinkommen** in ihrer Relation zu den Festeinkommen **begrenzt** (z.B. max. 50 Prozent) und von zumindest mittelfristigen Erfolgskriterien abhängig gemacht und selbstverständlich bei schlechten Ergebnissen auch negativ werden können (Mali), um die Haftung der Banker zu erhöhen. Auch ihr Gesamteinkommen muss wieder in vernünftige Regionen zurückgeführt werden. Es gibt überhaupt keinen Grund, dass im Bankgewerbe Leute mit vergleichbarer Ausbildung vier- bis zehnmal mehr verdienen als in der Realwirtschaft – oder gar bei der Bankenaufsicht. Im Gegenteil, es ist dysfunktional, wenn damit gute Leute aus der Realwirtschaft abgezogen werden in Bereiche, in denen keine wirklichen Werte, dafür aber hohe Risiken produziert werden, für die dann am Ende auch noch der Steuerzahler die Haftung übernehmen muss. Hier braucht es offensichtlich eine überstaatliche Regelung, weil die Branche nicht in der Lage zu sein scheint, für eine Selbstreinigung zu sorgen. Wenn eine Bank hier voranginge, müsste sie damit rechnen, dass ihr andere mit höheren Boni das Personal abwerben. Ein klarer Fall von Marktversagen.

Umsetzung: Fehlanzeige; das einzige, was hiervon eingeführt wurde, sind mittelfristige Erfolgskriterien und eine Begrenzung der Bezahlung von Managern verstaatlichter Banken, was nur von begrenzter Dauer sein wird.

Provisionen an Bankberater für den Absatz bestimmter Produkte an Privatkunden sollten untersagt werden, weil nur so eine kundenorientierte Beratung möglich wird.

Umsetzung: Fehlanzeige

Die Systemrelevanz von Banken verringern

Banken erwiesen sich in der Krise in zweierlei Hinsicht als **systemrelevant**: Erstens ist es ihnen »gelungen«, durch ihr verantwortungsloses Zocken die ganze Welt in eine Wirtschaftskrise zu stürzen. Und zweitens traute sich nach dem Konkurs von Lehman Brothers mit seinen katastrophalen Folgen für das internationale Finanzwesen kein Staat mehr, ein größeres Finanzinstitut in Konkurs gehen zu lassen, weil sonst zu befürchten stand, dass das gesamte internationale Banksystem kollabiert wäre – und mit ihm die Weltwirtschaft. Daher wurden sie mit horrenden Summen an Steuermitteln und Staatsgarantien, teilweise sogar mit Verstaatlichung gestützt.

Daraus folgt aber zwingend: **Systemrelevante Banken sind keine normalen Wirtschaftsunternehmen.** Auch wenn sie privat organisiert sind, sind sie ein ganz wesentlicher Teil des Finanz- und Wirtschaftssystems. Nur sie bekommen die günstigen Kredite von den Notenbanken und sind deren verlängerter Arm bei der Geldschöpfung und der Kreditvergabe an die Wirtschaft; und sie genießen (wenn auch unfreiwillige) Staatsgarantien. Dann dürfen sie sich aber auch nicht dieser Verantwortung entziehen, sondern müssen durch geeignete Vorsorgen ganz besonders auf die Stabilität des Finanzsystems und die Stetigkeit des Kreditflusses für die Wirtschaft achten. Das ist in den letzten Jahren schmählich missachtet worden und offenbar selbst nach dem Crash noch nicht bei den Verantwortlichen angekommen, wie die neuerlichen Boni-Exzesse oder die folgende Äußerung vom Deutschland-Chef von Goldman Sachs, Alexander Dibelius, belegt: »Banken, besonders private und börsennotierte Institute, haben keine Verpflichtung, das Gemeinwesen zu fördern.« – Doch das haben sie, im obigen Sinne, auch wenn das nicht in das neoliberale Denken von Herrn Dibelius und seinen Kollegen passt!

Um zu vermeiden, dass bei künftigen Bankenkrisen die Stützung kriselnder, systemrelevanter Banken wiederum voll vom Steuerzahler übernommen werden muss, haben die Wirtschaftsweisen einen sogenannte **Stabilitätsfonds** vorgeschlagen, der durch Beiträge größerer Banken finanziert werden soll. Je bedeutender und systemrelevanter eine Bank ist, desto höher sollen ihre Beiträge ausfallen. Dieser Fond soll bei Liquiditätsschwierigkeiten von systemrelevanten Banken vorrangig einspringen. Hierfür reichen aber keinesfalls die von der Bundesregierung vorgeschlagene Bankenabgabe von ca. 1,2 Milliarden Euro pro Jahr. Warum dürfen dafür, wie vorgeschlagen, maximal 15 Prozent der Gewinne aufgewendet werden? Die Öffentlichkeit musste in der Krise für die Bankenrettung mit zweistelligen Milliardenbeträgen gerade stehen, die Bankeneigner wurden geschont (warum, ist ohnehin unverständlich). Sollen sie nun wieder geschont werden? 1,2 Milliarden Euro sind angesichts der Summen der gerade erfolgten Bankenrettung ein Tropfen auf den heißen Stein! Zum Vergleich: Der Bankenrettungsfonds der Bundesregierung (Soffin) umfasste 578 Milliarden Euro. Während dieser vorwiegend ein Bürgschaftsrahmen war, um die Vertrauenskrise der Banken untereinander zu reduzieren, musste die öffentliche Hand zur Rettung der Commerzbank, der HRE, der IKB und der Landesbanken nach Expertenschätzungen mindestens 50 bis 60 Milliarden Euro einschießen. Für die HRE kamen dann nochmals 40 Milliarden Garantiesumme dazu. Was will man da mit 1,2 Milliarden Euro? Nach Berechnungen der Deutschen Bank müsste ein solcher Fonds für Europa mindestens 120 bis 150 Milliarden Euro erreichen, für Deutschland wären mindestens 40 bis 60 Milliarden Euro erforderlich. Dies dürfte angesichts der in der Krise benötigten Finanzmittel die absolute Untergrenze sein. Damit diese Summen baldmöglichst erreicht werden, wären Jahresbeiträge von wenigstens dem Drei- bis Vierfachen der genannten Bankenabgabe erforderlich, aufgeteilt nach Größe und Risikopositionen der Banken. Auch hier zum Vergleich: Der Gewinn allein der Deutschen Bank im nicht besonders guten Jahr 2009 betrug rund fünf Milliarden Euro. Die Beträge scheinen also nicht aus der Welt. Und sowohl die Banken, als auch insbesondere die Politik und die Öffentlichkeit müssten doch ein Interesse daran haben, den Bankensektor so schnell wie möglich krisensicher zu machen. Eventuell könnte anfangs für den Stabilitätsfonds zunächst ein Teil der noch übrigen Gelder des Bankenrettungsfonds Soffin eingestellt werden, der dann sukzessive von den Banken übernommen würde.

Umsetzung: USA und D, allerdings völlig unzureichend

Ein **besonderes Insolvenzrecht** für Banken soll dafür sorgen, dass, gegebenenfalls unter Zuhilfenahme des Stabilitätsfonds, Banken oder marode Bereiche geordnet in Insolvenz gehen können, ohne gleich eine Krise auszulösen oder Staatsgelder in Anspruch zu nehmen. Dabei sollen Banken auch entflochten werden können, um im Krisenfall systemrelevante Bereiche weiterführen und andere gegebenenfalls geordnet in die Insolvenz gehen zu lassen. Ob sich dies im Ernstfall als praktikabel erweist, muss sich zeigen.

Umsetzung: D/USA

Eine ganz wesentliche Grundlage zu Stabilisierung der Banken und anderer Finanzinstitute ist die **Erhöhung des Eigenkapitals**. Es wurde im Zuge der Deregulierung und gelockerter Eigenkapitalrichtlinien, insbesondere durch die Richtlinie »Basel II«, auf bis zu zwei Prozent reduziert (siehe Kapitel II.2). Wie sich jetzt gezeigt hat, brauchen Banken zur Risikoabsicherung wieder ein ausreichendes bilanzielles Eigenkapital von mindestens fünf, besser acht Prozent, um ihre Risiken weitgehend selber abdecken zu können und nicht wieder der Allgemeinheit aufzubürden. Riskantere Bankgeschäfte (sofern zugelassen) sollten abhängig vom Risiko mit höheren Eigenkapitalrelationen unterlegt werden. Für systemrelevante Banken soll noch ein zusätzlicher Puffer von zwei bis drei Prozent verlangt werden. Mit der neuen Vorschrift »Basel III« korrigieren die internationalen Bankaufseher ihren früheren Fehler und erhöhen die Eigenkapitalunterlegung für Bankgeschäfte ca. um den Faktor zwei, was nach viel klingt, aber angesichts der niedrigen Basis kaum ausreichen wird, um die künftigen Risiken auf die Banken begrenzen zu können. Wegen der Übergangsregelung, die für viele Banken erforderlich sein dürfte, werden die neuen Eigenkapitalvorschriften ohnehin erst in vier Jahren erreicht sein.

Umsetzung: EU/USA

Die »Systemrelevanz« von Banken hängt ganz wesentlich von ihrer Größe und Verflechtung ab. »Too big, to fail« war in der Krise das (zugegebenermaßen unpräzise) Kriterium dafür, dass Banken auch bei Missmanagement mit Steuergeldern gerettet wurden. Um diesen Risikobereich für Staaten so klein wie möglich zu halten, sollten Bankfusionen, durch die die Banken »too big to fail« werden, künftig untersagt und bestehende **Großbanken**, die den Staat im Risikofall durch ihre Größe in Zwangshaft bringen würden, (auch ohne Insolvenz) **entflochten** werden. Die Trennung von Geschäfts- und Investmentbanken wäre hierfür ein guter Ansatz. Merwin King, als Chef der Bank of England sicher kein potenzieller Revolutionär, stellte 2009 trocken fest: »Wenn Banken zu groß sind, um pleite zu gehen, dann sind sie einfach zu groß« (ebenso auch Roubini, a.a.O.). Nur handelt niemand danach, weder in England, noch in Deutschland noch in den USA. Im Gegenteil, perverser Weise wurden durch die Krise Großbanken noch größer, wie in USA, Großbritannien und Deutschland. So hat die mit staatlicher

Förderung fusionierte Commerzbank/Dresdner Bank eine Bilanzsumme von 844 Milliarden Euro (2009), was ca. einem Drittel des deutschen BIP entspricht. Die Deutsche Bank durfte sich mit Genehmigung des Kartellamts und der Bundesregierung die (ehemals öffentliche) Postbank einverleiben und kommt mittlerweile auf eine Bilanzsumme von rund 1,5 Billionen Euro, also sogar zwei Drittel des BIP. Wer sollte diese Institute stützen, wenn sie mal straucheln? Und der Trend zur Größe wird noch beschleunigt durch Fusionen und Übernahmen von in der Krise klamm gewordenen Banken, wie unsere Landesbanken oder die IKB. Der Trend geht also in die völlig falsche Richtung und kein Kartellamt und keine Bankenaufsicht bremst. Wir werden künftig fast nur noch Banken haben, die »too big to fail« sind. Da helfen dann auch kein besonderes Insolvenzrecht und kein Stabilitätsfonds mehr. Leider ist dieser Trend international. So werden im Krisenfall wieder Staaten mit Steuergeldern einspringen müssen. Nur sind die Staatsschulden in den meisten Ländern so groß geworden, dass dies selbst zur Finanzkrise führen könnte. Wir bräuchten dringend internationale Wettbewerbsregeln, um einen solchen schädlichen Größenwettlauf von Banken zu verhindern.

Umsetzung: Fehlanzeige

Bändigen der Finanzblase

Entwickelten sich die Finanz- und die Realwirtschaft bis Mitte der 1970er-Jahre einigermaßen parallel, so hob die Finanzwelt fortan förmlich ab. Die hauptsächlichen Gründe waren die Aufhebung des Goldstandards 1973 und ab den 1980er-Jahren das Aufkommen des neoliberalen Finanzhandels. Man handelte zunehmend nicht mehr mit Papieren, die die reale Wirtschaft zur Grundlage hatten (wie etwa Aktien), sondern mit Papieren, die auf Papieren beruhten, die auf Papieren beruhten … (Verbriefungskaskaden); ganz am Ende war dann vielleicht eine Hypothek, die durch den realen Hauswert eventuell bereits nicht mehr gedeckt war. So entwickelte sich quasi eine **Parallelwelt zur Realwirtschaft**, in der durch den hohen Kredithebel und die hohen (aber verschleierten) Risiken sehr viel höhere Renditen erzielt werden konnten, ohne dass echte Werte geschaffen wurden. Die Volumina der Finanzwirtschaft sind mittlerweile ca. 100-mal größer als die der

Realwirtschaft! Die hohen Boni und Gesamteinkommen, die damit zu verdienen waren, hoben die Banker noch weiter von der Realwirtschaft ab. Dazu kommt, dass sie die Folgen ihres Tuns durch die verschachtelten Papierbeziehungen, die so weit weg waren vom realen Leben, nicht sehen konnten oder wollten.

Man kann sich das Zusammenspiel zwischen Finanz- und Realwirtschaft und seine Fehlfunktion bildlich gesprochen etwa so vorstellen: Die Geld- und Kreditwirtschaft soll die Wirtschaft mit Geld und Krediten versorgen, analog zum Blutkreislauf des Menschen, der alle Organe und Lebensfunktionen mit ausreichendem Sauerstoff versorgt. Nun macht sich etwa die linke Herzkammer selbständig und pumpt über einen Bypass (Investmentbanken) immer mehr Blut aus dem Körper heraus. Dieses wird zu Blutkonserven verarbeitet und dabei mit künstlichem Plasma und teilweise schädlichen Zusatzstoffen gestreckt (neue Finanzprodukte). Damit wird nun ein rauschender (Finanz-)Handel mit hohen Renditen aufgezogen, weil ja alle Körper dringend auf Blut angewiesen sind, mittlerweile aber zu wenig davon bekommen. Das Knochenmark (Zentralbank) bemerkt zwar diesen Mangel und stellt mehr Blut her, das aber nicht im Körper landet, sondern über die linke Herzkammer und den Bypass abgezweigt und dem lukrativeren Blutkonservenhandel zugeführt wird.

Bei dieser Verbildlichung wird sofort klar, dass das heutige Finanzsystem an einer systemischen Missbildung, die sich selbst verstärkt, erkrankt ist. Sie kann nur durch eine gezielte Operation geheilt werden. Dabei muss dringend der Bypass geschlossen und das Herz des Geldkreislaufs, das Bankensystem, wieder auf seine ursprüngliche Funktion der Geld- und Kreditversorgung der Realwirtschaft zurückgeführt werden. Hierzu ist eine strikte **Trennung** in **Geschäfts- und Investmentbanken** erforderlich. Diese Operation wurde übrigens 1933 in USA schon einmal ausgeführt, und zwar als Konsequenz aus der damaligen Weltwirtschaftskrise (Glass-Steagall Act)! Erst 1999 wurde diese Trennung durch die neoliberalen Reformen wieder aufgehoben. Hätte man es doch beibehalten! Gerade jetzt ist es doch widersinnig, wenn Banken nach der Krise billiges Geld von der Zentralbank bekommen, dieses aber nicht für dringend benötigte Firmenkredite verwenden, sondern für höher rentierliche (weil riskantere) Investmentgeschäfte. Dazu kommen noch sogenannte »Carry-Trade-Geschäfte«, bei denen Geld in den Ländern geliehen wird, wo die Zinsen niedrig sind (um die heimische Wirtschaft anzukurbeln), aber in Ländern mit höheren Renditeerwartungen (z.B. Schwellenländer) spekulativ angelegt wird.

Für diese Trennung in Geschäfts- und Investmentbanken plädieren auch der Präsidentenberater Paul Volcker sowie der bereits genannte Nouriel Roubini (a.a.O., 2010). Die Hauptaufgabe von **Geschäftsbanken** muss sein und bleiben, Geld von Sparern und liquide Mittel von Unternehmen einzusammeln und der Wirtschaft und Privatleuten für Investitionen zu vernünftigen Konditionen zur Verfügung zu stellen. Damit lassen sich allerdings keine Renditen von 25 Prozent erwirtschaften wie mit spekulativem Eigenhandel von Investmentbanken. Aber dafür sind beispielsweise unsere Sparkassen und Genossenschaftsbanken von der Krise weitgehend verschont geblieben. Selbstverständlich sollen dann nur Geschäftsbanken Zugang zum billigen Geld der Zentralbanken bekommen.

Investmentbanken sollen sich wieder auf ihr Kerngeschäft beschränken: die Beratung und Unterstützung von Unternehmen und Staaten bei Finanzaktivitäten wie der Emission von Anleihen oder Aktien oder bei Fusionen beziehungsweise größeren Investments. Für eigene Investments müssen sie sich das Geld wie früher auch über eigene Anleihen oder Aktien beschaffen. Volcker und Roubini plädieren dafür, ihnen spekulativen Eigenhandel ganz zu untersagen und nur Handel für Kunden zuzulassen. Wenn zudem riskante Geschäfte mit höherem Eigenkapitalanteil unterlegt werden müssen und stark spekulative Geschäfte von der Regulierung untersagt werden, wird das Rentabilitätsgefälle zwischen Geschäftsbanken und Investmentbanken ohnehin eingeebnet. Geschäfte zwischen Geschäfts- und Investmentbanken sollten weitgehend beschränkt und zumindest überwacht werden. Roubini will »Brandmauern« dazwischen einziehen.

Umsetzung: Fehlanzeige; diesen wichtigen Schritt trauten sich weder die USA noch die EU; der gefährliche Bypass im Finanz-Kreislauf bleibt also bestehen)

Eine weitere Quelle für das Entstehen von Finanzblasen ist die Zurverfügungstellung **billigen Geldes durch die Notenbanken** über längere Zeiträume. Dies machte die FED nach der Dotcom-Krise im Jahr 2000 und den Terroranschlägen 2001 jahrelang und heizte damit den amerikanischen Immobilienboom an. Insoweit ist die expansive Geldpolitik der Notenbanken (die EZB folgt der FED meist zumindest tendenziell) mit verantwortlich für die Krise. Man schaffte Wachstum mit immer unsolider finanzierten Finanzstrukturen. Denn billiges Geld bestraft das Sparen und begünstigt die Kreditaufnahme zur Ausweitung der Staatsschulden und zu spekulativen Zwecken. Die Kreditschöpfung der Notenbanken wurde so durch die Geschäfts- und Investmentbanken potenziert. So wurde ein immer größeres Kreditgebäude aus immer mehr Schichten gebaut, verbrieft und weiterverkauft. »Das Ganze glich einem Kartenhaus, an dem ständig weitergebaut wurde. Und als man dann unten eine Karte herauszog, brach es sehr schnell zusammen.« (Otte, S. 22)

Nach der Krise kurbelten die FED, die EZB und andere Zentralbanken wiederum mit riesigen Mengen billigen Geldes die Konjunktur an. Sie blähten ihr Finanzvolumen im Vergleich zu vor der Krise um das Zwei- bis Dreifache auf! Es versickerte allerdings zum großen Teil im Finanzsektor, wo es vorwiegend für Eigenhandel und Finanzgeschäfte missbraucht wurde beziehungsweise neue Blasen bei Vermögenswerten bildet, während die Wirtschaft nach wie vor über eine Kreditklemme klagte. Hier, in diesem Missbrauch der billigen Zentralbankgelder, liegt die Quelle der wieder enorm sprudelnden Gewinne der Investmentbanken. Hier hätte unbedingt eine Zweckbindung für die angeforderten billigen Zentralbankgelder gemacht werden müssen, auch wenn diese nur unzureichend kontrolliert werden könnte. Noch besser wäre daher die vorgeschlagene Aufspaltung der Banken in Geschäfts- und Investmentbanken, weil nur noch erstere auf die Zentralbankmittel zugreifen könnten und diese dann direkt in die Wirtschaft schleusen würden.

Die Gefahr, wenn es zu lange billige und zu hohe Kredite gibt, denen kein reales Wirtschaftswachstum gegenüber steht, besteht kurzfristig in **neuen Finanzblasen** (wofür es durchaus schon wieder Anzeichen gibt) und mittelfristig in einer weltweiten **Inflation**. Mit 2,7 Prozent hat die Inflationsrate in Deutschland im Frühjahr 2011 den als zulässig erachteten Korridor von maximal zwei Prozent bereits deutlich verlassen. Die FED und die EZB denken bereits viel zu lange über eine geordnete Rückführung der zu hohen Geldmenge nach. Der kleine Zinsschritt der EZB von Anfang 2011 um 0,25 Punkte hatte allenfalls symbolischen Charakter. Die chinesische Notenbank hat bereits mehrfach reagiert, allerdings hat dort das Wirtschaftswachstum auch bereits wieder die Höhen von vor der Krise erreicht und die Inflation nimmt beängstigende Ausmaße an. Einen geldpolitischen Sündenfall beging die EZB, als sie um die Euro-Krise zu bekämpfen, Staatsanleihen von gefährdeten Staaten in Zahlung nahm. Dies entspricht praktisch dem Anwerfen der Euro-Druckmaschine. Angeblich nimmt sie Geld an anderer Stelle wieder aus dem Markt; wenn dies aber nicht gelingt, heizt es Inflationstendenzen an. Noch weiter geht die amerikanische FED, die sogar 600 Milliarden US-Dollar an amerikanischen Staatspapieren aufkauft, um noch mehr Geld in die immer noch schwächelnde US-Wirtschaft zu pumpen. Dies schwächt auf jeden Fall den Außenwert des Dollars, begünstigt künftige Inflationstendenzen und bildet neue Finanzblasen irgendwo in der Welt, weil das meiste Geld nicht in der amerikanischen Wirtschaft landet, sondern über den internationalen Finanzmarkt in boomende Schwellenländer und in Rohstoffspekulationen fließt. So wird die nächste Krise produziert.

Umsetzung: weitgehend Fehlanzeige

Eine weitere Lektion, die Notenbanken aus der Krise lernen müssten, ist, dass sie bei ihrer Geldpolitik nicht nur auf den direkten Geldwert zu achten haben, sondern auch auf **Blasenbildungen** in Vermögens- beziehungsweise Anlagebereichen, zum Beispiel übertriebene Immobilien-, Aktien- oder Rohstoffbooms. Erstere haben die jetzige Krise ausgelöst, die zweiten die Dotcom-Krise im Jahr 2000. Jetzt zeichnet sich eine Rohstoffblase ab. Sie waren und sind direkte Auswirkungen von Kreditblasen, quasi partielle Inflationen, die, wie man jetzt weiß, gefährliche Krisen auslösen können und daher vorsorglich durch eine restriktivere Geldpolitik der Notenbanken bekämpft werden müssten.

Umsetzung: Fehlanzeige

Sehr zweifelhafte Ratschläge vernimmt man derzeit auch vom IWF: Die Staaten und Notenbanken sollten vom bisherigen Ziel, die Inflation auf zwei Prozent zu begrenzen, abrücken und das Ziel auf vier Prozent erhöhen. Dies sei der Situation angemessener. Das würde bedeuten: eine Halbierung des Geldwerts innerhalb von zehn Jahren! Freilich, für verschuldete Staaten wäre das vorteilhaft. Eine Staatsanleihe ließe sich nach zehn Jahren leichter zurück zahlen; aber Gehälter, Renten oder Sozialleistungen wären dann auch nur noch die Hälfte wert! Während Regierungen und Notenbanken in USA und Japan eher Angst vor einer Deflation

(Preisspirale nach unten) haben, zeigt der stetig steigende Goldpreis das Misstrauen privater Anleger in die Geldpolitik der Notenbanken und die Angst vor einer Inflation. Er ist von Ende 2008 bis Mitte 2011 um über 60 Prozent gestiegen, die Goldbestände privater Goldfonds sogar um 65 Prozent! Sie sind mit über 2000 Tonnen bereits größer als die Bestände von China und der Schweiz zusammen!

Es müssen dringend Begrenzungen gefunden werden, die Finanzblasen und die Auseinanderentwicklung der Finanzwirtschaft von der Realwirtschaft verhindern, indem die **Geldschöpfung** zum Beispiel an **die reale Wirtschaftkraft gebunden** wird. Hierfür müssten international noch geeignete Kriterien und Mechanismen gefunden werden. Doch wäre dies prinzipiell eine bedeutend bessere Bindung als die frühere Goldbindung. Einen bedenkenswerten Alternativvorschlag hierzu hat die chinesische Notenbank gemacht: Sie will die Geldmenge an einen Korb von Rohstoffen knüpfen. Zudem sollten Mehrfachverbriefungen untersagt werden, die Notenbanken das Geld so bald wie möglich wieder knapp machen und der Zugang der Investmentbanken zu den günstigen Finanzmitteln der Notenbanken unterbunden werden. Geldschöpfung ist schließlich eine originär staatliche Aufgabe, auch wenn Privatbanken daran beteiligt werden. Binswanger schlägt konsequenter Weise vor, die Geldschöpfung wieder ausschließlich zu den Notenbanken zurückzuholen, also inklusive der Geldschöpfung über Sichtguthaben und Verbriefungen, die derzeit über Banken läuft. Nur so könne die Geldschöpfung vorausschauend kontrolliert werden (vergleiche Binswanger, S. 140 ff.). Allerdings sind es derzeit die Notenbanken selbst, die aus Angst vor einer neuen Rezession oder gar Deflation die Geldmenge drastisch ausweiten. Damit wird aber die Saat für neue Blasen und damit für die nächste Krise gelegt. Seit Anfang der 1970er-Jahre der Goldstandard der Währung aufgegeben wurde, gibt es keinerlei Begrenzung für die Geldschöpfung mehr. Diese Grenzenlosigkeit des Geldes und die nachfolgende Deregulierung der Finanzmärkte haben das Abheben der Finanzmärkte von der Realwirtschaft ausgelöst. Beide Welten müssen sich dringend wieder aneinander angleichen und sich im Gleichschritt entwickeln. Ein moderates und nachhaltiges Wachstum beider Welten würde die Grundlage für eine stabile wirtschaftliche Entwicklung ohne Wachstumsblasen und Inflation und ohne weiteren Raubbau an unseren natürlichen Lebensgrundlagen bilden (vergleiche hierzu auch Kapitel III.5).

Umsetzung: Fehlanzeige

Generell sollte die Daseinsberechtigung von Hedgefonds/Private-Equity-Ge-sellschaften und sonstigen Finanzinstitutionen überprüft werden. Es ist nicht ersichtlich, welche volkswirtschaftlich wichtige Funktion von ihnen ausgeführt wird, die nicht auch von solideren Finanzinstitutionen ausgeübt werden könn-ten. Es gibt allein 10.200 Hedgefonds mit einem Finanzvolumen von ca. 2.000 Milliarden US-Dollar! 80 Prozent davon haben sich auf den Cayman Islands niedergelassen, weil sie dort keine Steuern zahlen und eine großzügige Aufsicht haben. Der ganze Bereich ist derzeit völlig unreguliert. Nach dem neuen ame-rikanischen Regulierungsgesetz und auch nach einer entsprechenden EU-Richt-linie müssen sich Hedgefonds künftig wenigstens registrieren lassen und ihre Anlagestrategie offenlegen. Das ist immerhin ein vorsichtiger Anfang, aber es wird nicht reichen. Im Gegenteil: Je schärfer die Regulierung der Banken wird, desto mehr werden Gelder in die weitgehend unregulierten »grauen« Finanz-märkte fließen. Daher müssen sie, wenn man sie nicht ganz austrocknen will oder kann, genau so reguliert werden wie die Banken. Dazuhin muss man den Spekulanten unter ihnen das Handwerk legen; alles andere wird bei den hohen Gewinnmöglichkeiten in diesem Bereich verpuffen oder umgangen werden. Hedgefonds und weitgehend auch Investmentbanken befassen sich vorwiegend mit Spekulation. Wem nutzt das? Mit ihrer Finanzkraft können sie, zumindest wenn sich einige von ihnen zusammentun, nahezu jede Währung ruinieren, wie die Pfund-Krise, die Asienkrise und nun die Euro-Krise belegen.

Bei der Euro-Krise konnte man gut mitbekommen, wie die **Devisenspeku-lation** funktioniert. Wie oben dargelegt, hatten sich Anfang 2010 offensichtlich einige Hedgefonds zusammengetan, um mehr bewirken zu können. Das Medi-um, das sie vorwiegend nutzten, waren Spekulationen mit CDS, also quasi mit Versicherungen gegen den Ausfall griechischer Staatspapiere, welche die Hedge-fonds aber gar nicht hielten. Das Gleiche funktionierte mit Leerverkäufen der Staatspapiere selbst. Die CDS' stiegen im Wert, die Staatspapiere fielen; wenn die Fonds sie ein oder zwei Wochen später einlösten, waren sie um ein paar Prozent-punkte reicher. Wenn man dabei mit Milliardeneinsätzen wettet, hat man sehr schnell viel Geld verdient. Es kann ja auch kaum etwas schiefgehen, denn die

Fonds setzten den Trend und andere folgten. Als dann noch Ratingagenturen griechische Staatsanleihen auf das Niveau von Schrottpapieren zurückstuften, gab es kein Halten mehr. Die Zinsen für die griechischen Anleihen schossen auf 20 Prozent hoch; nur noch übertroffen von den Gewinnen der Fonds. Anschließend machte man das Gleiche mit portugiesischen, spanischen und irischen Papieren. Parallel dazu fiel jeweils der Euro, sodass sich auch mit der Spekulation auf den fallenden Euro prächtig Geld verdienen ließ.

Von interessierter Seite wird häufig argumentiert, ein paar Hedgefonds könnten gar nicht gegen Währungen spekulieren, weil sie gar nicht genügend Kapital dafür bewegen könnten. Können sie wohl, zumal wenn sich einige kapitalstarke Fonds wie hier zusammentun. Und das Schöne für sie ist ja, dass die Spekulanten immer nur den Trend setzen müssen. Andere Anleger, auch seriöse, folgen dann nach. Spätestens wenn Ratingagenturen Staatsanleihen bestimmter Länder herunter stufen, müssen gerade seriöse Fonds sie abstoßen. Und je länger eine bestimmte Währung fällt, desto mehr Anleger suchen sich dann weltweit Anlagen in derzeit stabileren Währungen. Das heißt, die Masse anderer Anleger besorgen dann ganz ohne spekulative Absicht mit großen Finanzvolumina das Geschäft der Spekulanten. Für jene ein gefundenes Fressen.

Liberale Kommentatoren pflegen meist zu sagen, Spekulanten seien doch nur die »Überbringer der schlechten Botschaft« und würden doch nur die »Finger in bestehende Wunden legen« (z.B. die Strukturprobleme der Währungsunion). Ich kann dieses Gerede nicht mehr hören. Man lobt doch auch keinen Einbrecher dafür, dass er uns zeigt, dass unser Haus nicht einbruchsicher ist. Nein, dem wird das Handwerk gelegt. Ebenso sind Spekulanten eben keine harmlosen Botschaftenüberbringer, und sie legen auch nicht selbstlos Finger in Wunden, sondern sie füllen sich schamlos die Taschen, indem sie jedwede sich bietende Schwäche einer Währung ausnutzen – aus purer Profitgier – ohne auch nur irgendwie auf die negativen Folgen für die betroffenen Volkswirtschaften Rücksicht zu nehmen. In der Asienkrise haben sie mehrere Länder fast zugrunde gerichtet. Dies ist nur deshalb nicht kriminell, weil es die Staatengemeinschaft aus unerfindlichen Gründen bislang noch nicht verboten hat. Dabei hatte selbst der Hauptmatador bei Devisenwetten, George Soros, als er 1992 fast im Alleingang den Pfund-Kurs nach unten spekuliert hatte, gesagt, dass so etwas eigentlich verboten gehöre. Er durfte es ungestört in der Asienkrise gegen den Baht wiederholen und war gegen den Euro wieder dabei. Hier werden durch finanzstarke Hedgefonds ganze Volkswirtschaften ruiniert – und die internationale Politik schaut ungerührt zu!

Keine Frage, dort wo eine Währung oder die dahinter stehende Volkswirtschaft keinerlei Probleme hat, können Spekulanten nichts ausrichten. Aber wo gibt es das schon auf Dauer. Die USA und Japan beispielsweise haben viel größere Schulden als der Euro-Raum. Dennoch muss die Währungsunion zweifellos ihre Strukturprobleme beseitigen und energisch ihre Schulden abbauen (vergleiche hierzu Kapitel III.4). Im Falle der Euro-Spekulation ist aber besonders empörend, dass die Finanzmärkte die Probleme, die sie selbst verursacht haben (nämlich die hohe Verschuldung der Staaten), jetzt schamlos zum Schaden der Staaten, die sie gerettet haben, ausnutzen. Am augenfälligsten ist dies in Irland, das durch die Garantien für seinen überdimensionierten Bankensektor vor dem Staatsbankrott steht und exorbitante Zinsen zahlen muss.

Wenn die internationale Staatengemeinschaft die Spekulanten nicht durch entschlossene, abgestimmte Maßnahmen an die Kette legt, dann suchen sich diese bald das nächste Opfer, wenn Europa abgegrast ist. Wenn die Politik das immer noch nicht erkennt und endlich handelt, ist ihr nicht mehr zu helfen – dummerweise uns Bürgern dann auch nicht. Hierzu bedarf es einer scharfen Kontrolle und Regulierung, auch und gerade von Hedgefonds. Zusätzlich sollten zumindest europaweit, möglichst weltweit Spekulationen mit Kreditausfallversicherungen (CDS) auf Staatsanleihen, die man gar nicht hält, sowie Leerverkäufe von Staatsanleihen und von Devisen verboten werden. Eine unabgestimmte Aktion, wie sie Deutschland im Mai 2010 gemacht hat, nützt hier gar nichts.

In gleicher Art und Weise müssen auch **Spekulationen mit Rohstoffen und Nahrungsmitteln** eingedämmt werden, die meist von den gleichen Finanzinstitutionen betrieben werden. Damit werden künstliche Engpässe oder Preisspiralen bei Rohstoffen oder Lebensmitteln ausgelöst, die mit der Realität wenig zu tun haben, aber zu Friktionen in der Realwirtschaft oder gar zu Hungersnöten führen können. Beides ist extrem schädlich und nützt niemandem, außer dem Profitinteresse von Spekulanten. Warum wird es dann aber nicht unterbunden? Ende 2010 konnte man an der Rohstoffbörse LME in London mit verfolgen, wie der Kupferpreis spekulativ nach oben getrieben wurde. Ein bislang unbekannter Händler, vermutlich eine größere Investmentbank, hat in der zweiten Hälfte des Jahres 2010 Kupferkontrakte im Wert von drei Milliarden US-Dollar erworben. Damit befanden sich zum Jahresende 90 Prozent der Kupferbestände der LME in einer Hand. So ist es nachvollziehbar, dass der Kupferpreis an der LME seinen Wert in sechs Monaten um über 50 Prozent von 6.000 auf über 9.300 US-Dollar je Tonne gesteigert hat. Ähnliche Masseneinkäufe wurden bei Aluminium, Nickel und Zink gemeldet (vergleiche SZ vom 24.–26.12.2010). An den Rohstoff und Lebensmittelbörsen spielen Investmentbanken und Hedgefonds mittlerweile eine größere Rolle als die echten Rohstoff- oder Lebensmittelhändler. Jedes Kilo Reis wird mittlerweile zehn- bis 100-mal hin und her gehandelt, bis es einmal ausgeliefert wird. Das macht überhaupt keinen Sinn, jedenfalls nicht für die echte Wertschöpfung und für den Welthandel. Also muss es kanalisiert werden. Jeder (echte) Händler soll weiterhin die Möglichkeit haben, seine Ware auf Termin zu kaufen oder zu verkaufen; er soll auch Preisabsicherungen für seine Waren machen dürfen. Aber ein umfangreicher Leerhandel von Rohstoffen durch Investmentbanken, Hedgefonds oder anderen Finanzinstitutionen gehört unterbunden. Und zusätzlich müssen Mengenbegrenzungen je Händler eingeführt und die Transparenz der Börsen verbessert werden, wie das Beispiel LME zeigt.

Umsetzung: weitgehend Fehlanzeige

Zur Stabilisierung der Finanzmärkte ist eine Finanztransaktionssteuer erforderlich

An der Einführung einer internationalen **Finanztransaktionssteuer (FTS)** führt kein Weg mehr vorbei. Eine solche Steuer wurde 1972 zuerst vom amerikanischen Wirtschaftsnobelpreisträger James Tobin vorgeschlagen. Er bezog sie ausschließlich auf Devisengeschäfte (Tobin-Steuer). Die FTS bezieht sich auf alle Kapitalbewegungen; sie wäre quasi eine Kapitalumsatzsteuer. Was die meisten nicht mehr wissen: Wir hatten in Deutschland eine solche Steuer auf Börsenumsätze (Börsenumsatzsteuer). Sie wurde 1991 im Zuge der neoliberalen Deregulierung der Finanzmärkte abgeschafft. Auch Großbritannien hat eine, wenn auch eine mit vielen Ausnahmen. Es ist doch verwunderlich: Wir zahlen auf alle wirtschaftlichen Transaktionen eine Umsatz- beziehungsweise Mehrwertsteuer, nur nicht auf Finanztransaktionen. Warum eigentlich? Es wird doch wohl nicht damit zusammenhängen, dass mit Finanztransaktionen kein Mehrwert geschaffen wird. Die Begründung zu ihrer Abschaffung war damals, man wolle die Rahmenbedingungen für die Finanzmärkte verbessern. Mit der Begründung könnte man dann ja auch die Mehrwertsteuer abschaffen, um die Rahmenbedingungen für die Realwirtschaft zu verbessern. Was ist eigentlich der Grund für diese Ungleichbehandlung? Die bessere Lobby der Finanzwirtschaft?

Die Einführung einer FTS wird seit Jahren immer wieder von verschiedenen Seiten vorgeschlagen, unter anderem auch von der Organisation »attac«; seit der Finanzkrise auch verstärkt von europäischen Wissenschaftlern und Politikern. Mittlerweile machen sich sogar auch große deutsche Parteien dafür stark. Denn die FTS ist wohl die einzige Möglichkeit, um die Finanzwirtschaft einigermaßen angemessen an den Kosten der Krise, die sie ausgelöst haben, zu beteiligen und die Staaten von ihren enormen Schulden, die sich dabei aufgetürmt haben, zu entlasten. Bei einem Steuersatz von nur 0,1 Prozent würden laut dem Österreichischen Institut für Wirtschaftsforschung in Deutschland Steuereinnahmen von etwa 35 Milliarden Euro erzeugt werden, weltweit wohl über 200 Milliarden Euro. Nur eine FTS ist auch in der Lage, das immer kürzere Hin-und-her-Zocken im internationalen Finanzmarkt zu dämpfen.

Es gibt kein ernst zu nehmendes Argument gegen diese Steuer, außer dem Protest der Finanzlobby, dem sich die Politik aber nach wie vor beugt. Das immer wieder vorgebrachte Argument, dass dies die Kosten für die Bankkunden in die Höhe treiben würde, stimmt jedenfalls für die Masse der Kunden nicht. Der Charme einer Kapitalverkehrssteuer liegt ja gerade darin, dass der Steuersatz pro Bewegung sehr gering ist (vorgeschlagen werden derzeit Sätze von 0,05 bis 0,1 Prozent) und damit bei normalen Banktransaktionen kaum ins Gewicht fällt. Nur wenn bei spekulativen Aktivitäten die Geldbewegungen sehr häufig hin und her gehen, fällt sie ins Gewicht. Gerade da ist es aber auch erwünscht, um die Spekulation einzudämmen (vergleiche hierzu auch Otte, S.128 ff.). Als weiteres Argument dagegen wird oft angeführt, dass die Liquidität der Finanzmärkte dadurch zu stark reduziert würde. Dies ist geradezu lächerlich. Die internationalen Finanzmärkte sind so liquide (flüssig), dass täglich sage und schreibe ein bis zwei Billionen US-Dollar um die Welt fließen. Nur ein bis zwei Prozent davon dienen der Bezahlung von realem Warenverkehr, 98 Prozent sind völlig losgelöst vom Welthandel und überwiegend spekulativ unterwegs! Der Finanzmarkt ist also keineswegs bedroht, illiquide zu werden; er ist im wahrsten Sinne des Wortes »überflüssig«.

Das Problem ist aber, dass diese Steuer in internationaler Abstimmung eingeführt werden müsste, und dass Amerika, Großbritannien, Kanada und einige andere Länder jedenfalls derzeit dagegen sind, vorwiegend aus den bereits genannten Gründen. Ob Europa sie allein (gegebenenfalls ohne UK), oder zusammen mit asiatischen Bundesgenossen einführen könnte, ist eine offene Frage. Natürlich würden bestimmte Finanzgeschäfte dann in Steueroasen abwandern. Aber dafür würde unser Finanzmarkt dann sicherer und die Spekulationen würden deutlich eingeschränkt. Es spräche viel dafür, dass sich später weitere Staaten anschließen würden. Vielleicht auch bald die USA, spätestens dann, wenn sich die internationale Spekulationsgilde auf den Dollar einschießt, wofür es viele fundamentale Gründe gäbe. Angesichts der hohen Verschuldung der meisten westlichen Staaten, die durch die von der Finanzwirtschaft verursachten Krise und deren Abwehr noch drastisch erhöht wurden, gibt es für die Staaten eigentlich auch kaum eine andere Möglichkeit, als die Banken durch eine FTS angemessen an den Kosten der Krise zu beteiligen.

Neuerdings wird von den USA und dem IWF als Alternative zur FTS eine sogenannte **Finanzaktivitätssteuer** vorgeschlagen. Sie bezöge sich nicht auf alle Finanztransaktionen, sondern auf Gewinn, Gehälter und Boni von Banken, gegebenenfalls mit einem unteren Limit, so dass nur Großbanken besteuert würden. Sie gleicht der von der amerikanischen Regierung bereits auf den Weg gebrachten Bankensteuer sowie prinzipiell auch der von der deutschen Regierung vorgeschlagenen Bankenabgabe. Sie wäre, eine ausreichende Größenordnung vorausgesetzt, besser als nichts. Aber sie hätte nicht die entschleunigende und anti-spekulative Wirkung einer FTS.

Umsetzung: Fehlanzeige

Spekulative Einwirkungen aus dem Finanzsektor betreffen in erster Linie die börsennotierten Aktiengesellschaften. In zweiter Linie kommen hier Private-Equity-Gesellschaften oder Finanzfonds in Betracht, die sich nicht aus langfristigen unternehmerischen Gründen in Wirtschaftsunternehmen einkaufen, sondern in kurzfristiger spekulativer Absicht.

Die Aktiengesellschaft ist international zur gebräuchlichsten Organisationsform vor allem für Großunternehmen geworden. Aus Sicht der Unternehmen liegt das in erster Linie an der relativ einfachen Kapitalbeschaffung über Börsen sowie der klaren Organisationsstruktur und dem ebenso klaren Aktienrecht. Attraktiv für Kapitalanleger sind der einfache Erwerb von Unternehmensanteilen über die Börse, die Haftungsbeschränkung und die Hoffnung auf Wertsteigerung der Aktien. Wie oben dargelegt ist die börsennotierte Aktiengesellschaft aber mittlerweile zum Einfallstor der spekulativen Finanzwirtschaft in die Realwirtschaft geworden. Viele Aktionäre, insbesondere institutionelle Anleger, wie Hedgefonds oder Private-Equity-Gesellschaften handeln mit Unternehmensanteilen wie mit reinen Finanztiteln. Ihr Interesse besteht dabei meist nicht in einer langfristigen Kapitalanlage und einer stabilen Dividende, sondern in einer möglichst kurzfristigen Wertsteigerung ihrer Aktienanteile, die es ihnen erlaubt, diese Anteile baldmöglichst mit hoher Rendite wieder zu veräußern. Für solche spekulativen Anleger ist der oben besprochene Shareholder Value der adäquate Treibriemen, um das Management zu kurzfristigen (häufig riskanten) Wertsteigerungen zu animieren. Nachhaltiges Management stört dabei nur. Eine dauerhafte Identifizierung mit dem Unternehmen, seinen Produkten und seinen Mitarbeitern ist solchen Shareholdern, die in den letzten Jahrzehnten für Aktiengesellschaften immer wichtiger wurden, fremd. Daher sind ihnen Vorstände, die auf kurzfristige Gewinnerhöhungen durch Einsparprogramme, Verkauf einzelner derzeit nicht so erfolgreicher Sparten, Produktionsverlagerungen in Billiglohnländer, Personalabbau und Ausweitung des Niedriglohnsektors aus sind, am liebsten.

Häufig kaufen solche Shareholder größere Aktienpakete in spekulativer Absicht auf Kredit. Sollten die kurzfristigen Aktienwertsteigerungen nicht erfolgreich sein, kommen sie unter Verkaufsdruck, wodurch der Aktienwert oft drastisch sinkt, weil solche Aktivitäten naturgemäß immer Nachahmer finden. So kann es zu stark schwankenden Aktienkursen kommen, die immer mehr zunehmen. Früher waren Aktien Anlagen für langfristig orientierte Anleger, die an einer stabilen Dividende und einer langfristig erfolgreichen Unternehmensentwicklung interessiert waren. Man legte sich Aktien langfristig ins Portfolio und verkaufte auch nicht bei einer kurzfristigen Baisse. So konnte man über Jahrzehnte hinweg meist eine stabile Wertsteigerung erreichen. Und der Vorstand konnte eine langfristig orientierte Unternehmenspolitik machen. Diese Verhältnisse sind in den letzten Jahrzehnten einer immer stärkeren Spekulationsdynamik gewichen.

Hinzu kommt noch eine übersteigerte Wachstums- und Übernahmedynamik. Die Unternehmen werden einmal durch den Drang ihrer Anleger nach Wertsteigerung zu Wachstum (oft um jeden Preis) getrieben. Dies wird verstärkt durch die Angst des Managements vor feindlichen Übernahmen. Wer nicht wächst und wer den Aktienwert nicht ständig erhöht, muss befürchten, gefressen, oder etwas vornehmer ausgedrückt, feindlich übernommen zu werden. Dies führt oft zu abstrusen Übernahme- beziehungsweise Abwehrschlachten. Investmentbanken ziehen oft auf beiden Seiten die Drähte im Hintergrund, gegen Millionengebühren.

Gäbe es Möglichkeiten, die Vorteile der Aktiengesellschaft weitestgehend zu erhalten, sie aber gegenüber den spekulativen Elementen des Finanzmarktes besser abzuschotten?

- Was relativ einfach zu bewerkstelligen wäre, das wäre ein Verbot oder zumindest eine deutliche Erschwernis von feindlichen Übernahmen (siehe Kapitel III.1). Dieses übersteigerte darwinistische Element hat in der Realwirtschaft nichts zu suchen. Ein Verbot würde zumindest den durch Übernahmeangst getriebenen Drang zu übersteigertem Wachstum von Aktiengesellschaften, der häufig auch mit erhöhten Risiken verbunden ist, reduzieren und bizarre Abwehrschlachten, wie sie in den letzten Jahren immer häufiger zu beobachten waren, überflüssig machen.
- Eine spezielle Spekulationssteuer bei Aktienverkäufen unterhalb einer Haltefrist von beispielsweise drei Monaten, könnte kurzfristigen spekulativen Aktienhandel eindämmen, ohne das normale Aktiengeschäft zu verteuern. Eine solche Steuer könnte leicht auf der Basis der früheren Börsenumsatz-

steuer eingeführt werden, wie sie heute übrigens auch noch im europäischen Mutterland des Börsenhandels, in Großbritannien, besteht.

- Ein Verbot von Leerverkäufen für Aktien, wie sie die Bundesregierung – leider unabgestimmt – eingeführt hat, dämmt ebenfalls rein spekulativen Aktienhandel ein. Hilfreich wäre auch ein Verbot von Aktienkäufen auf Kredit, weil dies bei Aktien, die ja Eigenkapital darstellen, ohnehin systemwidrig ist, und, wie oben dargelegt, vorwiegend spekulativen Aktienhandel unterbinden würde. Die Frage ist nur, wie dies kontrolliert werden kann. Es ginge wohl nur beim Kauf größerer Aktienpakete (z.B. ab drei Prozent des Aktienkapitals), was durchaus ausreichend wäre. In solchen Fällen hätte der Aktienkäufer gegenüber der Börsenaufsicht eine Auskunftspflicht bezüglich der Finanzierung des Aktienkaufs.

- Auch die oben beschriebenen Maßnahmen zur Ablösung des Shareholder Value würden spekulative Aktivitäten sowohl auf Seiten des Managements als auch auf Seiten der Aktionäre einschränken.

- Binswanger (a.a.O., S. 150 ff.) geht das Problem bei Aktiengesellschaften grundsätzlicher an. Er schlägt vor, durch eine Reform des Aktienrechts zwei Kategorien von Aktien einzuführen: Namensaktien verschaffen dauerhafte Eigentumsrechte, können aber nicht an der Börse gehandelt werden. Der außerbörsliche Handel wird durch eine Sperrfrist von drei Jahren für den Wiederverkauf eingeschränkt. Inhaberaktien werden weiterhin an der Börse gehandelt, haben aber nur eine Laufzeit von 20 oder 30 Jahren, mit Rückzahlung des Nennbetrags nach Ende der Laufzeit. Mit dieser Änderung erhofft sich Binswanger eine Minderung der Spekulationstendenz und des übersteigerten Wachstumsdrangs. Das Problem ist allerdings, dass sich eine solche Reform des Aktienrechts wohl nur international einführen ließe, um Benachteiligungen deutscher Aktiengesellschaften zu vermeiden. Und ob sich dies international durchsetzen ließe, erscheint sehr zweifelhaft. In eingeschränkter Form gilt dies natürlich auch für die anderen Vorschläge, doch sind sie weniger einschneidend und ließen sich möglicherweise zumindest in der EU (eventuell ohne Großbritannien) umsetzen.

- Ein ähnlicher Ansatz, Stimmrechte und Nutzrechte von Aktien aufzutrennen, bestünde darin, zum Handel an der Börse nur sogenannte Vorzugsaktien (»Vorzüge«) zuzulassen (vergleiche hierzu Schmid/ Hilliger). Diese haben kein Stimmrecht, dafür aber Vorzüge bei der Dividende. Die Stimmrechtsaktien werden nicht an der Börse gehandelt, sondern zum Beispiel in Stiftungen eingebracht. Beispiele hierfür sind etwa Bosch oder ZF. Hierzu bräuchte es keine Änderung des Aktienrechts. Vielmehr könnten dies die Unternehmen beziehungsweise deren Eigner selbst über die Satzung regeln. Sicherlich wäre allerdings der Kreis der Interessenten für stimmrechtslose Aktien – zumindest bei institutionellen Anlegern – begrenzt. Für private Anleger würde die Stimmrechtsbeschränkung eher keine Rolle spielen. Sie können sich in Hauptversammlungen ohnehin nicht durchsetzen. Sie hätten aber den Vorteil, in Unternehmen zu investieren, die nicht von spekulativen Einflüssen des Finanzmarkts getrieben sind und dadurch eine langfristige, nachhaltige Strategie verfolgen können (wie etwa heute bereits bei Bosch).

Darüber hinaus müssten, neben dem Problem der Aktiengesellschaften, den sogenannten »Heuschrecken« die Flügel gestutzt werden. Wohlgemerkt, nicht alle Private-Equity-Gesellschaften und sonstige Finanzinvestoren, die sich an Unternehmen beteiligen, sind unseriös und verdienen die Bezeichnung Franz Münteferings. Schädlich sind diejenigen Private-Equity-Gesellschaften, die ohne ausreichendes Eigenkapital und mit kurzer Anlagestrategie Unternehmen oder zumindest Mehrheitspositionen hiervon erwerben. Sie treiben diese Unternehmen dann häufig in hohe Schulden und zehren deren Eigenkapital auf, um ihren Kaufpreis schnellstmöglich wieder zurück zu bekommen. Lukrative Unternehmensbereiche werden meist verkauft und den Rest lässt man häufig an die Wand fahren.

Um dem vorzubauen, sollten alle diese Firmen sich beim zuständigen Wirtschaftsministerium (oder der EU-Kommission) registrieren lassen und ihre Anlagestrategie schriftlich darlegen. Auf dieser Basis können sie dann eine Beteiligungslizenz erhalten, die wieder entzogen werden kann, wenn ihre Performance in die obige Richtung geht. Damit haben Pensionsfonds, Staatsfonds und ähnliche seriöse Beteiligungsgesellschaften, die langfristige Anlagestrategien verfolgen, sicherlich keine Probleme. Auf alle anderen kann die Wirtschaft getrost verzichten.

Umsetzung: Fehlanzeige

Zu viel Regulierung?

Zugegeben: Dies ist eine lange Liste von Reformvorschlägen, um den Finanzsektor nachhaltiger zu gestalten. Banker werden sie als verabscheuenswürdige Folterinstrumente verteufeln. Jede einzelne Maßnahme hat sich jedoch als **direkte Konsequenz aus der Finanzkrise** und der nachfolgenden Euro-Krise ergeben. Die Banken und die Hedgefonds dieser Welt haben uns diese Erkenntnisse förmlich aufgezwungen. Die internationale Finanzwirtschaft hat mittlerweile mehrfach bewiesen, dass sie mit der Deregulierung und Liberalisierung der Finanzmärkte nicht verantwortlich umgehen kann oder will. Sie hat die Weltwirtschaft in die größte Krise seit Generationen gestürzt, den Staaten – und damit den Bürgern – ungeheure Schulden aufgebürdet, und sie spekuliert ungehindert weiter. Sie wird die Weltwirtschaft mit tödlicher Sicherheit noch in weitere Krisen stürzen, wenn sie nicht mit einer wirksamen Regulierung daran gehindert wird. Auf eine Selbstreinigungskraft der Branche darf man nicht hoffen. Beispiel London: Dort wurde kaum zwei Jahre nach dem Höhepunkt der Finanzkrise – ohne dass die Branche irgendetwas dazu beigetragen hätte, die Krise zu bereinigen – die »Zeit der Reue und der Entschuldigungen« für Banken für beendet erklärt (so der Chef der Investmentbank Barclays vor Parlamentariern). Folgerichtig schütteten die Banken Londons an ihre Starbanker ungerührt wieder fünf Milliarden Pfund an Boni für das Jahr 2010 aus. Kurz nachdem die Politik gerade wegen den finanziellen Folgen der Bankenrettung das härteste Sparprogramm seit 1945 aufgelegt hat, unter anderem mit einer Kürzung des Kindergelds und einer Verdreifachung der Studiengebühren.

Zwar hat – nach über zwei Jahren – die Politik endlich Regelungen zur besseren Regulierung der Finanzmärkte vorgelegt, die alle gut und lobenswert sind, aber im Vergleich zu den Erfordernissen, die sich in der Krise gezeigt haben, bei weitem noch nicht ausreichend scheinen, um die nächste Krise zu verhindern. Zumal bei den meisten Regelungen jahrelange Übergangsfristen gelten. Natürlich ist es nicht einfach, internationale Vereinbarungen zu erreichen oder auch mal als EU mutig voran zu schreiten. Aber die Politik muss uns Bürgern erst noch erklären, warum das Aufspannen von internationalen Bankenschutzschirmen oder des Euro-Schutzschirms, der ja letztendlich auch vorwiegend der pünktlichen Rückzahlung von Bankdarlehen dient, immer in wenigen Tagen machbar ist, während Regulierungen, die der Finanzwirtschaft weniger genehm sind, Jahre lang vor sich hergeschoben werden und dann viel zu schwach ausfallen. Ist die Abhängigkeit der Politik von der Finanzwirtschaft doch so groß? Regiert also Geld wirklich die Welt?

3 Ein nachhaltiges Geschäftsmodell für Deutschland

Erfordert die Wirtschaftskrise und die Umgestaltung zu einer nachhaltigen Marktwirtschaft neben den aufgezeigten allgemeinen Reformen auch speziell für Deutschland eine Änderung des »Geschäftsmodells«? Entsprechend einer nachhaltigen Wirtschaftspolitik sollten wir uns fragen, was die nachhaltigen Erfolgspotenziale (vergleiche Kapitel III.1) Deutschlands vor der Krise waren und wie sie künftig sein können.

Abkehr vom Export?

Was die Kunden- und Marktorientierung der deutschen Wirtschaft anbelangt, fordert zum Beispiel der Wirtschaftsweise Bofinger eine Abkehr vom überdimensionierten Export. Der Anteil des Exports am Bruttoinlandsprodukt entwickelte sich seit Anfang der 1990er-Jahre von gut 20 Prozent auf 47 Prozent in 2008! Vergleichszahlen anderer Exportnationen (Japan 17,5 Prozent, China 36 Prozent) verdeutlichen die extrem hohe Exportabhängigkeit Deutschlands. Von 2000 bis 2008 stieg der Export (inflationsbereinigt) um 80 Prozent! Der Konsum dagegen nur um fünf Prozent. Damit wird die deutsche Wirtschaft immer exportabhängiger und damit auch krisenanfälliger. In der Tat hat die deutsche Wirtschaft die Weltwirtschaftskrise stärker getroffen als andere Volkswirtschaften. Das Bruttoinlandsprodukt ging von Oktober 2008 bis Oktober 2009 um 5,3 Prozent zurück, in den USA nur um 2,7 Prozent, in Frankreich um 2,4 Prozent. Umgekehrt boomt die deutsche Wirtschaft nach der Krise auch stärker als andere Nationen. Grundsätzlich verstärkt sich durch den ständigen Exportüberschuss das wirtschaftliche Ungleichgewicht national und international immer mehr. Wir produzieren bedeutend mehr als wir konsumieren. Das verdiente Geld wird nicht ausgegeben sondern gespart – und durch unsere Banken oder direkt vorwiegend im Ausland angelegt: unter anderem in amerikanische Schrott-Hypothekenpapiere, in spanische Immobilien und in griechische Staatspapiere. Wir finanzieren also mit unserem Geld den Konsum der Länder, die »auf Pump« leben, und haben dabei auch noch viel Geld verloren (vergleiche hierzu Kapitel II.1). Warum sollten wir das weiterhin machen?

Zweifelsohne würde eine **Stärkung der Binnennachfrage** zu einer Stabilisierung der Volkswirtschaft und des internationalen Gleichgewichts beitragen – auch innerhalb der EU. Hierfür sollten entsprechende Anstrengungen unternommen werden. Da aufgrund der hohen Verschuldung des Staates Anreize weder aus einem neuen Konjunkturprogramm noch von Steuersenkungen ausgehen können, müsste der Anstoß eher von moderaten Lohnerhöhungen im Aufschwung kommen. Wie oben dargelegt, stagnieren die Reallöhne seit 15 Jahren, so dass sich hier durchaus Spielräume ergeben könnten, ohne die Wettbewerbsfähigkeit der deutschen Wirtschaft zu gefährden. Weitere Spielräume hierfür ergeben sich auch aus dem deutlich gesunkenen Euro-Kurs. Eine Stärkung der Binnennachfrage kommt ja ebenfalls der Wirtschaft zugute. Dass eine erfolgreiche Exportwirtschaft alleine auf Dauer nicht ausreicht, um die Wirtschaft insgesamt anzukurbeln, zeigt das Beispiel Japans: Trotz eines florierenden Exports kann sich das Land seit fast zwei Jahrzehnten nicht aus seiner Stagnation befreien.

Andererseits wäre der deutsche Markt aber für eine auf hochwertige Investitionsgüter spezialisierte Volkswirtschaft wie Deutschland zu klein. **Wir brauchen den Weltmarkt und den Export.** Ohnehin gehen nur rund 40 Prozent des Exports in die Welt, rund 60 Prozent gehen in die EU und das sonstige Europa. Wie gut, dass wir diesen erweiterten Heimatmarkt haben. Der erfreuliche Aufschwung 2010 ist auch wieder (wie der Abschwung) primär exportbedingt. Es wäre nur gut, wenn dies im bereits beschriebenen Sinn binnenwirtschaftlich abgesichert und damit das Gleichgewicht innerhalb der EU und der Welt stabilisiert werden könnte.

Bezüglich der erforderlichen **Produktivität** hat die deutsche Wirtschaft bereits vor der Krise bewiesen, dass sie ihre Hausaufgaben gemacht hat. Ohne eine ausreichende Produktivität wird man in einer globalisierten Wirtschaft nicht Exportweltmeister beziehungsweise -vizemeister. Hierzu hat auch die Lohnzurückhaltung des letzten Jahrzehnts beigetragen. Nirgendwo in Europa sind die Bruttolöhne im letzten Jahrzehnt so gering angestiegen wie in Deutschland: nur um 22,4 Prozent im Vergleich zu 37,4 Prozent im Durchschnitt der EU. Die für die Wettbewerbsfähigkeit noch entscheidenderen Lohnstückkosten haben in Deutschland von 2000 bis 2008 sogar nur um 2,7 Prozent zugenommen, im Schnitt der Euro-Zone dagegen um 16,5 Prozent, wobei Deutschland hierbei den Durchschnitt durch sein Gewicht entscheidend verringert. In der Krise hat die deutsche Wirtschaft nochmals ihre Strukturen verschlankt und die Kosten gestrafft und damit die Wettbewerbsfähigkeit gegenüber anderen Ländern weiter gesteigert. Durch die krisenbedingte Abwertung des Euros ist die preisliche Wettbewerbsfähigkeit der deutschen Wirtschaft ins außereuropäische Ausland erheblich gestiegen, was auch die aktuellen Exportzahlen und die bereits wieder kräftig sprudelnden Gewinne belegen. Selbstverständlich ist die Erhaltung einer ausreichenden Produktivität eine Daueraufgabe.

In diesem Zusammenhang stimmt die **Investitionszurückhaltung** der deutschen Wirtschaft im letzten Jahrzehnt sehr bedenklich. Mittelfristig wirkt sich das zwangsläufig mit einem Absinken der Produktionsbasis, der Arbeitsplätze und der Produktivität aus. Letztere ist in den letzten Jahren also insbesondere durch Lohnzurückhaltung gestiegen. Deutschland weist seit Jahren eine der geringsten Investitionsquoten unter den OECD-Staaten aus. Die Ersparnis ist vornehmlich in Finanzanlagen geflossen, davon ein großer Teil über Kapitalexporte in andere Länder (vergleiche Steinbrück, S. 145). Dies ist eines Exportvizeweltmeisters nicht würdig und reduziert unsere nachhaltigen Erfolgspotenziale. Deutschland täte gut daran, seine bislang immer noch exzellente Produktionsbasis zu erhalten und zu verbessern, denn davon gehen gerade jetzt die Wachstumsimpulse aus. In den USA und Großbritannien bedauert man heutzutage, dass man das produzierende Gewerbe auf mittlerweile nur noch 14 bis 15 Prozent am BIP hat erodieren lassen, zugunsten eines überbordenden Finanz- und Anwaltssektors. Deutschland hat immerhin noch einen Anteil des produzierenden Sektors von 24 Prozent und sollte alles dafür tun, diesen zu erhalten.

Innovative und qualitativ hochstehende Produkte

Was die deutsche Wirtschaft auszeichnet, sind innovative und technologisch hochstehende Produkte, gute Qualität und hohe Zuverlässigkeit. Das ist der Markenkern von »Made in Germany«, mit dem sich gerade auch unsere Exporterfolge begründen. »Billig« können andere besser, insbesondere China, aber auch andere Länder. Das Problem ist, dass Länder wie China und andere Schwellenländer technologisch deutlich aufholen. Wir müssen als Hochlohnland der Konkurrenz aber immer technologisch, innovativ und qualitativ einen guten Schritt voraus sein. Sonst werden wir preislich abgehängt. Dies ist und bleibt ein ständiger Wettlauf. Stillstand wäre hier tödlich. Was nichts damit zu tun hat, dass wir die Entwicklung anderer Länder behindern wollten oder sollten. Die Weltwirtschaft ist kein Nullsummenspiel.

Was die **Produktbasis** der deutschen Wirtschaft angeht, muss man davon ausgehen, dass einstige Schwergewichte wie die Stahlindustrie und die Werften künftig gegebenenfalls weiter ins Ausland verlagert werden. Und wenn die deutsche Fahrzeugbranche nicht sehr aufpasst, könnte ihr mittelfristig das gleiche drohen, mit ungleich stärkeren Auswirkungen. Jeder sechste Arbeitsplatz hängt direkt oder indirekt an der Automobilbranche! Die Gewinne sprudeln zwar derzeit schon wieder, aber die großen Innovationen in umweltfreundliche Autos (z.B. Hybrid- oder Elektroautos) werden derzeit nicht von deutschen Firmen angeführt. Als Manager finde ich es auch beschämend, dass unsere Autokonzerne und deren hochbezahlte Manager diesbezüglich jahrelang die Zukunft verschlafen haben und jetzt zusammen mit der ebenfalls gut verdienenden Stromwirtschaft nach Berlin ziehen, um vom Staat Subventionen für die Entwicklung und den Vertrieb von Elektroautos zu erbetteln. Maschinenbau und Chemie sind weitere deutsche Zugpferde im Export. Dazu kam in den letzten Jahren die Umwelttechnologie, induziert durch eine fortschrittliche Umweltpolitik im letzten Jahrzehnt und das Stromeinspeisegesetz, das sich als Renner erwies. Dass die neue Regierungskoalition in diesen Bemühungen nachließ und zudem die Solarförderung drastisch kappte, geht nicht nur aus Gründen der CO_2-Einsparung in die völlig falsche Richtung. Es ist zu hoffen, dass auch hier nach Fukushima Einsicht einkehrt. Wachstumsbranchen fallen nicht vom Himmel und die Umwelttechnologie ist ein Wachstumsmarkt par excellence, mit traumhaften – wenn auch bis auf weiteres mit Fördergeldern induzierten – Wachstumsraten und bereits mehr als 300.000 Arbeitsplätzen sowie schnell wachsenden Auslandsmärkten. Umwelttechnologie ist ein breites Feld: von Windkraft über Biomasse, Photovoltaik, Sonnenkraftwerken, Geothermie, Wärmedämmung, Energieeinspartechnologien, intelligenten Netzen bis hin zu Elektroautos oder neuen Mobilitätskonzepten für die wachsenden Megastädte der Welt (vergleiche hierzu Kapitel III.1 »Nachhaltige Geschäftsfelder«). In vielen Bereichen wurden deutsche Firmen in den letzten Jahren zu Weltmarktführern. Und in keiner Branche gelingt das Zusammenspiel zwischen Ökonomie und Ökologie so gut wie hier, ganz im Sinne einer nachhaltigen Marktwirtschaft. Eine vorausschauende, nachhaltige Wirtschaftspolitik sollte den Umbau der Wirtschaft auf solche nachhaltigen Geschäftsfelder unbedingt unterstützen, koordinieren und fördern. Der Wirtschaft reichen eindeutige, konsistente Signale und Rahmenbedingungen in dieser Richtung. Den Rest macht sie dann schon von alleine. Das Hin und Her der jetzigen Bundesregierung in der Energiepolitik ist aber das genaue Gegenteil einer konsistenten Wirtschaftspolitik. Eine echte Energiewende würde die deutsche Wirtschaft auf ein nachhaltiges Gleis setzen; sie wäre ein jahrzehntelanges Konjunkturprogramm mit nachhaltigem Wachstum, das gleichzeitig auch der Umwelt zugute käme.

Wir brauchen eine Bildungs- und Innovationsoffensive

Um bezüglich Innovation und Technologie der globalen Konkurrenz auch in Zukunft immer einen Schritt voraus sein zu können, wäre es erforderlich, dass wir in Bildung, Ausbildung, Forschung und Innovation führend wären. Das ist jedoch absolut nicht der Fall: Unsere Bildungsausgaben hinken hinter dem Durchschnitt der OECD her (OECD 6,1 Prozent vom Bruttoinlandsprodukt, Deutschland weniger als fünf Prozent!); unsere Schulen bilden, wie Pisa seit Jahren zeigt, weniger effizient aus als viele andere Länder; und auch unsere Hochschulen, sowohl in der Lehre als auch in der Forschung, zählen (von wenigen Ausnahmen abgesehen) nicht zur internationalen Spitzenklasse. Dazu kommt noch der Bremsklotz des föderalen Kompetenzgerangels. Und auch der »Innovationsindikator« des BDI weist Deutschland im Ranking von 17 Industriestaaten 2009 nur noch auf Rang 9 aus.

Wir brauchen daher dringend eine großangelegte **Bildungs-, Forschungs- und Innovationsoffensive**, sonst verschlafen wir die notwendigen Investitionen in die Zukunft unseres Landes! Der Innovationsdruck gerade von China und anderen Schwellenländern wird zunehmen. Auch wenn ihre Forscher vielleicht noch nicht so effizient sind wie die unseren; dafür haben diese Länder den Vorteil sehr viel günstigerer Personal- und Produktionskosten und riesiger, boomender Heimatmärkte.

Wir reden so oft darüber, dass wir als an Rohstoffen armes Land in den **Rohstoff Geist** investieren müssten. Aber wir tun einfach zu wenig dafür. Das geht bei der Schulbildung los. Wir jammern darüber, dass uns wegen der geringen Geburtenraten die künftigen Arbeitskräfte fehlen werden. Aber wir schaffen es nicht, diesen wenigen Kindern – inklusive den dringend benötigten Ausländerkindern – dann wenigstens eine exzellente Schulbildung zu geben. Und auch die Hochschulen leiden unter Geldmangel, föderalen Kompetenzstreitigkeiten und fehlenden Schwerpunktbildungen.

Für die zunehmenden Anforderungen einer nachhaltigen Entwicklung reicht es nicht aus, ausschließlich in eine berufsnahe Ausbildung zu investieren. Wir brauchen für die wechselnden Zukunftsanforderungen eine breit angelegte Bildungsgrundlage, die Möglichkeit und Bereitschaft für ein lebenslanges Lernen, sowie eine Vermittlung von Werten, damit wir nicht nur das »wie« (Knowhow how) beherrschen sondern auch das »wohin« und »warum«. Ausbildungsfach müsste also unter anderem dringend auch Wirtschafts- und Nachhaltigkeitsethik sein. Die UN-Initiative zur nachhaltigen Entwicklung (UN-Dekade 2005–2014 »Bildung für nachhaltige Entwicklung«) hat Anstöße genau in dieser Richtung gegeben, aber trotz vieler guter Ansätze in der Breite noch viel zu wenig bewirkt.

Und wir brauchen dringend eine bessere Chancengleichheit bei der Bildung. In kaum einem Land haben Arbeiterkinder oder Migrantenkinder so geringe Chancen auf eine gute Schulausbildung oder Hochschulbildung wie bei uns.

Natürlich kostet eine Bildungs- und Forschungsinitiative Geld, sehr viel Geld sogar. Doch wie wir auch gerade aus der Krise lernen konnten, ist dies vorwiegend eine Frage von Prioritäten. Wie viel Lehrer hätten bezahlt werden können mit den Geldern, die jetzt für marode Landesbanken ausgegeben wurden! Oder ein anderes Beispiel: Costa Rica wurde laut letzter Umfrage zum glücklichsten Land der Welt gewählt. Es hat sich vor Jahrzehnten entschlossen, ohne Armee auszukommen und das Geld in Bildung und den Erhalt seiner Umwelt zu investieren. Jetzt erntet es die Früchte, übrigens auch wirtschaftlich. Auch Deutschland hatte zu Beginn der neuen Republik diesen weisen Entschluss gefasst, aber leider bald wieder revidiert. Jetzt haben wir Soldaten in Afghanistan stehen. Sinnvoll? Auch wenn man eine Bundeswehr für unerlässlich hält, könnte man unter den heutigen politischen Konstellationen nicht Budgets in Richtung Bildung und Nachhaltigkeit umschichten? Vielleicht würde sich das ja auch bei uns nicht nur in einem Erhalt unserer wirtschaftlichen Wettbewerbsfähigkeit sondern in einer Steigerung unseres Glücksempfindens bemerkbar machen. Mit der Steigerung des materiellen Wohlstands im Land haben wir das bisher jedenfalls nicht geschafft.

Neben den genannten Bildungsaufgaben, die längere Zeit erfordern, sollten Regierung, Wirtschaft und Universitäten gemeinsam zukunftsfähige Geschäftsfelder identifizieren und darauf Fördermittel und **Forschungsaktivitäten in Universitäten und Wirtschaft fokussieren** sowie die Vernetzung von Hochschulen und (mittelständischer) Wirtschaft intensivieren. Dazuhin muss dringend die **Finanzierung von innovativen Unternehmen** – inklusive Unternehmensgründern – verbessert werden. Hier liegen wir weit hinter vergleichbaren Ländern zurück. So werden in den USA durchschnittlich 100 US-Dollar Wagniskapital für junge Firmen investiert, in Europa nur zehn und in Deutschland sogar nur 5 US-Dollar. Zwar gab es bis zur Krise überreichlich Risikokapital, »doch zu viel davon floss in Finanzprodukte aus den USA statt in innovative heimische Firmen. Auch deshalb ist die Zahl der Neugründungen vor der Krise relativ gering gewesen, und auch deshalb waren weniger als zehn Prozent der jungen Firmen in der Hochtechnologie tätig« (Heuser a.a.O. S. 55). Dies wäre doch künftig eine Aufgabe für risikobereite Banken oder Technologiefonds, die gegebenenfalls von einer staatlichen Technologiebank beziehungsweise staatlichen Ausfallbürgschaften unterstützt werden könnten. Zumindest mittelfristig und partiell sollte dieser Ansatz auf Europa ausgedehnt werden, weil Deutschland alleine hierfür auf Dauer zu klein ist. Die EU verfolgt ja durchaus das gleiche Ziel. Sie will die Ausgaben für Forschung und Entwicklung auf drei Prozent vom BIP anheben. Eine Koordination der daraus resultierenden Forschungsanstrengungen wäre dann auch eine sehr lohnende Aufgabe für die EU. Hierzu müsste die EU es aber erst einmal schaffen, die Agrarsubventionen, die immer noch 42 Prozent ihres Haushaltes ausmachen, obwohl dort nur noch fünf Prozent der Beschäftigten arbeiten, drastisch zu reduzieren und die frei werdenden Mittel in Hochschulen, Forschung und Entwicklung zu stecken (vergleiche hierzu auch Steinbrück, S. 116 f., der die Tatsache, dass sich die EU auch 50 Jahre nach ihrer Gründung noch nicht von den hohen Agrarsubventionen lösen kann, für »blanken Unsinn« hält).

Zum Erfolgsfaktor »stabile Finanzen« wird im nächsten Kapitel ausführlich Stellung genommen. Wichtig ist, dass trotz Schuldenabbau die Bildungs- und Innovationsoffensive nicht auf der Strecke bleibt. Sonst sägen wir uns den eigenen Ast für die Zukunftsfähigkeit ab. Das hat unsere Regierung zwar grundsätzlich erkannt, aber es wird leider noch viel zu wenig dafür getan.

4 Nachhaltige Finanzpolitik in Deutschland und Europa

Abbau des Schuldenbergs in Deutschland

In den letzten Jahrzehnten haben viele westliche Industriestaaten über ihre Verhältnisse gelebt und über die Anhäufung von Staatsschulden versucht, Wirtschaftswachstum zu generieren und Strukturprobleme zu übertünchen. In Kapitel II.1 wurde dies exemplarisch für die USA dargestellt, aber betont, dass dies auch für viele Länder in Europa gilt, wie zum Beispiel Griechenland, Irland, Portugal, Spanien, Ungarn, Lettland und Großbritannien. Im Grunde genommen trifft dies auch – in geringerem Umfang – für Deutschland und Frankreich zu, die ebenfalls jahrelang die Kriterien des Stabilitätspaktes nicht eingehalten haben. Durch die Bekämpfung der Finanz- und Wirtschaftskrise mit riesigen Bankenrettungs- und Konjunkturprogrammen in Billionenhöhe stiegen die Schulden nochmals dramatisch an und wurden in Europa bereits zum Auslöser der nächsten Krise (siehe Kapitel II.3). Auch die Schulden der reicheren Euro-Staaten, wie Deutschland und Frankreich stiegen damit auf nie erreichte Höhen, weit über 70 Prozent des BIP. Durch die zwei Euro-Rettungspakete, die angeblich »alternativlos« waren, aber weder von ihrer Höhe noch von ihrer konkreten Zielrichtung her nachvollziehbar begründet wurden, steigen diese Schulden potentiell nochmals deutlich an. Sie werden sich in dem Umfang real weiter erhöhen, wie die Bürgschaften für die schwächeren Staaten eingelöst werden müssten, falls diese ihre Kredite teilweise nicht mehr bedienen können sollten. Durch die geplante Erhöhung und Perpetuierung dieser Rettungspakete würden diese Verpflichtungen noch einmal deutlich ansteigen.

Die Erhöhung der Staatsschulden zur Ankurbelung des Wachstums ist nach Keynes (siehe Kapitel II.3) bestenfalls kurzzeitig zur Lösung einer tiefen Krise zulässig. Die Schulden müssen danach aber baldmöglichst wieder zurückgeführt werden. Diese Vorgabe von Keynes wird in der Politik meist geflissentlich übersehen. Die Ankurbelung der Wirtschaft durch fortwährendes Schuldenmachen und durch billiges Geld der Notenbanken gehörte ja auch weltweit zum gängigen Handlungsarsenal neoliberaler Wirtschaftspolitik. Es gleicht ein wenig dem Kunststück des Barons Münchhausen, sich an den eigenen Haaren aus dem Sumpf zu ziehen. In der Realität verursacht es bestenfalls Wachstumsblasen, die wie gesehen das Ausmaß der Krise beim Platzen der Blase nur vergrößern. Es ist auch das genaue Gegenteil nachhaltiger Wirtschaftspolitik, weil mit den immensen aufgehäuften Schulden die Probleme auf die nächste Generation verlagert werden. Rund 2.000 Milliarden Euro sind es in Deutschland bereits. Das sind wie oben dargelegt 25.000 Euro pro Einwohner – Babys, Arbeitslose und Rentner eingeschlossen, das heißt mindestens 50.000 bis 60.000 Euro je Erwerbstätigem. Wenn man dies Brutto für Netto nimmt, entspricht das mindestens zwei durchschnittlichen Jahreseinkommen, mit denen jeder Erwerbstätige allein für Staatsschulden haftet! Die Schulden, die er vielleicht selber für sein Haus oder sein Auto hat, nicht mitgerechnet. Daraus wird leicht ersichtlich, dass diese Schulden in einer Generation gar nicht abzuleisten wären. Desto dringender sollten wir aber mit dem Abbau dieser immensen Staatsschulden beginnen, weil sie selbst Krisen auslösen können (vergleiche Euro-Krise), Staaten handlungsunfähig machen und die Bürger, die letztendlich dafür gerade stehen müssen, überfordern. Der Schuldendienst ist bereits heute der zweithöchste Budgetposten der Bundesregierung. Wenn nach Auslaufen der derzeitigen Niedrigzinsphase die Zinsen wieder steigen, wird die Zinsbelastung die Staatshaushalte allmählich strangulieren. Oder wie es der ehemalige Finanzminister Steinbrück ausdrückt: »Der Anteil der Vergangenheitsfinanzierung an den Staatsausgaben nimmt immer weiter zu. Dagegen verengt sich der politische Spielraum für Zukunftsinvestitionen« (Steinbrück, S. 105). Das genaue Gegenteil einer nachhaltigen Finanzpolitik. Dies ist eigentlich kein spezifisch europäisches Problem. Japan und die USA zum Beispiel haben deutlich höhere Staatsschulden. Aber das macht unser Problem nicht geringer.

Bezüglich Schuldenabbau oder Wachstum tobte im Frühjahr 2010 ein grundsätzlicher Richtungsstreit zwischen den USA und Deutschland. Präsident Obama sah die zarten deutschen Sparbemühungen eher kritisch. Er hätte lieber weiterhin (immer noch neoliberal) eine Wirtschaftsankurbelung statt Sparen. Hier ist Frau Merkel wirklich recht zu geben, wenn sie sich diesem Ansinnen widersetzt, mit Anmerkungen, die der hier vorgeschlagenen nachhaltigen Wirtschaftspolitik überraschend gut entsprechen: »Wenn wir nicht zu einem nachhaltigen Wachstumspfad kommen, sondern wieder aufgeblähtes Wachstum generieren, werden wir durch eine nächste Krise bezahlen« (SZ vom 22.6.2010). Hier kann man ihr nur beipflichten. Wie konnte die gleiche Kanzlerin dann aber bis wenige Monate zuvor noch an der Forderung nach einer Steuersenkung festhalten und eine solche bereits wieder für 2013 vorschlagen?

Angesichts der Tatsache, dass seit 1970 alle Bundesregierungen unabhängig von ihrer Couleur unverfroren ein immenses Schuldengebirge aufgehäuft haben, ist es ein großer Fortschritt in Richtung einer nachhaltigen Finanzpolitik, dass Bundestag und Bundesrat Mitte 2009 eine sogenannte **»Schuldenbremse«** beschlossen haben. Danach soll die strukturelle (also nicht konjunkturbedingte) Nettokreditaufnahme des Bundes auf 0,35 Prozent des BIP begrenzt werden. Definitiv greifen soll diese Grenze erst ab 2016, für die Länder erst ab 2020. Die Bundesregierung hat zur Erreichung dieser Schuldenbremse ein »Sparpaket« über 80 Milliarden Euro für die nächsten vier Jahre beschlossen, mit dem allerdings nicht, wie der Name suggerieren könnte, der Schuldenberg abgebaut, sonder nur die geplante Nettoneuverschuldung der nächsten Jahre reduziert werden soll. Trotz »Sparpaket« sollen laut der mittelfristigen Finanzplanung der Bundesregierung in den kommenden fünf Jahren noch über 150 Millarden Euro mehr Schulden gemacht werden. Ein echtes Sparpaket sieht anders aus. Dennoch ist die Schuldenbremse fraglos ein Schritt in die richtige Richtung.

Für eine nachhaltige Finanzpolitik ist es jedoch nicht ausreichend, entsprechend der beschlossenen Schuldenbremse nur die Haushaltsdefizite der nächsten Jahre zu reduzieren. Damit würden die Gesamtschulden immer noch ansteigen. Zwar darf man auch in Deutschland mit dem Sparpaket die gerade anziehende Konjunktur nicht gefährden. Man muss aber mittelfristig wirklich an die **Reduzierung des Schuldenbergs** rangehen, und dafür müssen die Einschnitte im Budget deutlich größer sein, als im jetzigen »Sparpaket« enthalten. Es sollte dann jedoch sozial und ökologisch ausgewogener sein als das Jetzige. Und es sollten auch die im vorigen Kapitel diskutierten nachhaltigen Erfolgspotenziale Deutschlands – insbesondere die dringend notwendige Bildungs- und Innovationsoffensive – nicht gefährdet werden.

Wie soll das gehen: Schuldenabbau über das »Sparpaket« hinaus, sozial und ökologisch ausgewogen und keine Einsparungen sondern sogar Mehrausgaben im Bildungs- und Innovationsbereich? Nun, in erster Linie muss der Finanzsektor, der die Krise und einen Großteil der Mehrschulden verursacht hat, über eine Finanztransaktionssteuer herangezogen werden. Wie oben dargelegt (vergleiche III.2), brächte eine solche Steuer (die im Übrigen auch noch zu einer Stabilisierung der Finanzmärkte führen würde) für Deutschland ca. 35 Milliarden Euro. Wenn sie nicht weltweit sondern nur europaweit eingeführt würde (notfalls auch noch ohne London), brächte sie wegen möglicher Umgehungen vielleicht nur die Hälfte, auf jeden Fall aber mindestens 15 Milliarden Euro pro Jahr. Wollen wir darauf verzichten – und wenn ja, warum? Höhere Spitzensteuersätze, die Anhebung der Abgeltungssteuer auf Finanzeinkommen beziehungsweise eine Vermögenssteuer oder eine erhöhte Erbschaftssteuer würden (in einem abgestimmten und ausgewogenen Konzept) für einen sozialen Ausgleich des »Sparprogramms« der Bundesregierung sorgen und, wie oben dargelegt (vergleiche Kapitel III.1) mindestens ca. 20 bis 25 Milliarden Euro jährlich bringen. Das Forum für öko-soziale Marktwirtschaft hat darüberhinaus Vorschläge für eine Ökologisierung des Steuersystems durch eine höhere Besteuerung des Umweltverbrauchs – teilweise zugunsten der Besteuerung von Arbeit – vorgelegt, die zusätzlich nochmals mindestens 15 Milliarden Euro jährlich einbrächten (vergleiche FÖS). Daneben gäbe es eine lange Liste möglicher Subventionskürzungen, angefangen von überflüssigen Kohlesubventionen, über Steuervergünstigungen für Hotels, bis hin zu Pendlerpauschalen (und viele andere mehr; vergleiche hierzu etwa die Auflistungen des Bundes für Steuerzahler), mit denen sich ohne weiteres zusätzlich zehn Milliarden Euro einsparen ließen. Auf diese Weise ließen sich in Summe mindestens 60 Milliarden Euro pro Jahr zusätzlich zum Sparpaket der Bundesregierung erzielen. Wenn davon zehn bis 15 Milliarden in Bildung investiert würden und der Rest ins Sparpaket, könnten damit grundsätzlich jährlich zwei bis drei Prozent der gewaltigen Schuldensumme von knapp zwei Billionen Euro reduziert werden. So ließe sich der Schuldenberg ungefähr in 40 Jahren abbauen, – dem gleichen Zeitraum, in dem er seit 1970 aufgebaut worden ist. Wobei man bis Null sicher nicht gehen müsste. Damit würden künftige Haushalte von Zinsen entlastet, die sie sonst erdrücken würden, und die kommenden Generationen von den Haushaltssünden ihrer Vorgänger befreit. Ein wirklich lohnendes Ziel! Und dieses Programm würde die Masse der Bevölkerung kaum zusätzlich belasten, wäre weitestgehend konjunkturneutral und sozial und ökologisch ausgewogen. Welche Gründe gäbe es, diese nachhaltige Finanzpolitik nicht anzugehen? Die Alternativen wären nämlich letztendlich entweder eine Hyperinflation oder ein Währungsschnitt, wie ihn Deutschland schon zweimal erlebt hat. Das können wir nicht ernstlich wollen.

Dass ein solches Schuldenabbauprogramm keine Utopie ist, zeigt das Beispiel Schweden: Das Land hatte Mitte der 1990er-Jahre mit über 80 Prozent vom BIP den mit Abstand höchsten Schuldenberg Europas. Mit einer beispiellosen nationalen Anstrengung, in die damals alle Sozialpartner einbezogen wurden, hat Schweden dann ein umfangreiches, sozial ausgewogenes Sparpaket beschlossen und bis heute durchgehalten. So ist es binnen 16 Jahren gelungen, die Verschuldungsquote von damals über 80 Prozent auf unter 40 Prozent des BIP zu senken! Und Schweden glänzt heute mit einem höheren Wachstum als Deutschland (4,5 Prozent in 2010), einer ebenfalls erfolgreichen Exportwirtschaft, immer noch hohen Sozialstandards und relativ geringen Einkommensunterschieden.

Behebung der Schulden- und Strukturprobleme der Euro-Zone

Eine solche nachhaltige Finanzpolitik muss dann aber auch für alle anderen Länder der Euro-Zone gelten, sonst kommen wir nicht aus der ständig wieder aufflackernden Euro-Krise heraus. Nachhaltige Finanzpolitik für Europa bedeutet auf der einen Seite Abschied vom Leben über die eigenen Verhältnisse und vom Wachstum »auf Pump«, sowie mittelfristig eine Rückführung der viel zu hohen Schulden. Es bedeutet aber auch eine Abkehr von den viel zu kurzfristig orientierten europäischen Hilfs- und Einsparprogrammen. Dies ist zum großen Teil ein Herumdoktern an Symptomen und ein hilfloses Reagieren auf die Spekulation an den Finanzmärkten. Im Frühjahr 2010 begann die Griechenland-Krise, die sich schnell zu einer Euro-Krise entwickelte. Die Schuldenmisere Griechenlands wurde offenkundig, internationale Spekulanten haben sich darauf eingeschossen und die Zinsen, die Griechenland zu zahlen hatte, stiegen auf unbezahlbare 17 Prozent für zehnjährige Staatsanleihen; der Euro sauste in den Keller. Nach (zu langem) Zögern beschloss die Euro-Gruppe im Mai 2010 ein Hilfspaket für Griechenland mit mehr als 100 Milliarden Euro – gegen ein rigides Sparprogramm der griechischen Regierung. Die griechischen Zinsen sanken darauf hin. Da noch weitere Länder, wie Portugal, Irland und Spanien in die Bredouille kamen, wurde der große Euro-Schutzschirm mit 750 Milliarden aufgespannt. Ein Jahr später diskutierte man bereits über eine Erhöhung und Perpetuierung des Schutzschirms, doch die Anleihezinsen Griechenlands stiegen ungerührt wieder auf 17 Prozent und weit darüber hinaus, als hätte es keinen Schutzschirm gegeben. Ähnlich geht es bei den anderen klammen Euro-Ländern, die immer mehr werden. Dies zeigt, dass zu kurzfristige und punktuelle Maßnahmen angesichts der strukturellen Probleme der Euro-Zone nicht weiterhelfen. Man verbrennt dabei nur weiteres Geld der Steuerzahler. Was nottut ist eine umfassende und **nachhaltige Finanzpolitik der Euroländer:**

1. Dazu gehört einmal die **Beschleunigung** der wirtschafts-und finanzpolitischen Entscheidungsprozesse, die sich angesichts der Krise und der Spekulation als zu schleppend erwiesen haben.
2. Dringend erforderlich ist auch eine **bessere Koordinierung** der gemeinsamen Wirtschafts- und Finanzpolitik zusätzlich zum Stabilitätspakt. Dies ist von Experten bereits bei Gründung der Währungsunion angemahnt worden, weil sonst eine gemeinsame Währung auf Dauer unmöglich sei. Ob man dazu eine »gemeinsame Wirtschaftsregierung« braucht, wie sie Frankreich fordert, sei dahingestellt. Sie erscheint politisch eher unwahrscheinlich. Aber die Währungsunion braucht jedenfalls eine engere und effizientere Koordinierung ihrer Wirtschafts- und Finanzpolitik, und dazu muss jedes Mitgliedsland Kompetenzen an eine zentrale Institution der EU, wie immer diese definiert ist, abgeben (hierfür plädiert auch der ehemalige Finanzminister Steinbrück, S. 122).

3. Man muss dringend der **Devisenspekulation** in Europa zuleibe rücken, mit allen hierfür zur Verfügung stehenden Möglichkeiten (siehe Kapitel III.2); ganz gleich, ob andere Regionen mitziehen oder nicht. Sonst läuft man den Spekulanten weiterhin ständig hinterher. Die USA und Japan sollten es sich gut überlegen, ob sie nicht mitmachen sollten, denn ihr Schuldenstand ist eher noch prekärer als der in Europa und sie könnten leicht die nächsten sein, auf die sich die sehr mobile internationale Devisenspekulation einschießt. Etwas gegen Devisenspekulanten zu unternehmen, befreit uns allerdings nicht davon, unsere Strukturprobleme zu lösen. Es würde uns aber mehr Zeit und Ruhe hierfür verschaffen.

4. Völlig klar ist: Wenn nicht alle Länder der Eurozone glaubhafte Anstrengungen unternehmen, ihre Haushaltsdefizite drastisch zurück zu fahren, ihre Schulden abzubauen und baldmöglichst die Stabilitätskriterien wieder zu erreichen, nutzen alle Schutzschirme und Hilfspakete nichts. Man hat zu lange auf die neoliberalen Versprechungen vertraut, dass man durch Steuersenkungen, Subventionen und Schuldenmachen ein dauerhaftes Wachstum generieren könnte, durch das die Steuereinnahmen wieder steigen und man dadurch die Staatsschulden wieder reduzieren könnte. Leider erwies sich dies, wie oben bereits dargelegt, als Luftblase. Nun stecken nicht nur die europäischen Staaten, sondern auch die USA, Japan oder das ehemals reiche Dubai bis über beide Ohren im Schuldenberg. Es bleibt definitiv kein anderer Weg als eine nachhaltige Finanzpolitik, bei der die Schulden sukzessive abgebaut werden, in guten Zeiten mehr und in schlechten weniger. Da dies für Politiker, die wieder gewählt werden wollen, immer unbequem sein wird, bräuchte es auch für die anderen Euro-Länder eine durch die jeweilige Verfassung festgelegte **Schuldenbremse**. Denn EU-Sanktionen greifen ja letztlich doch nicht richtig, und es bauen sich, wie wir gesehen haben, auch immer Vorbehalte gegen EU-Sparvorgaben auf. Dies könnte auf jeden Fall von den Staaten gefordert werden, die Gelder aus dem Hilfsfond erhalten – allerdings mit einem etwas längeren Zeithorizont als derzeit, um die ohnehin schwächelnden Volkswirtschaften nicht abzuwürgen.

5. Das Hauptproblem der Währungsunion ist aber: Man hat damals zusammen gefügt, was nicht zusammen gehörte, nämlich starke und schwache Volks-

wirtschaften. Länder wie Griechenland, Portugal, Zypern oder Spanien hätten von Anfang an nicht in eine Währungsunion mit Ländern wie Deutschland, Frankreich, Finnland und den Beneluxstaaten aufgenommen werden dürfen; unabhängig von Stabilitätskriterien, aber wegen ihrer unterschiedlichen Wirtschaftskraft und Wettbewerbsfähigkeit. Damit hat man auch diesen Ländern keinen Gefallen getan. Sie hätten sich in der EU mit einer eigenen Währung besser entwickeln können. Nun sind sie drin, und es würde schwer, sie einzeln wieder auszugliedern. Es wäre aber schon mal des Schweißes der Edlen wert, zu überlegen, ob eine Konstruktion mit **zwei Eurozonen** – eine mit den wirtschaftlich starken und eine mit den wirtschaftlich schwächeren Euro-Ländern – nicht besser und stabiler wäre. Und zwar nicht aus einer Haltung der Überheblichkeit heraus, sondern um den Ländern wie Griechenland, Portugal, Spanien und gegebenenfalls Irland überhaupt eine Chance zu geben, sich wirtschaftlich zu erholen und ihre Haushalte mittelfristig in Ordnung zu bringen. Denn im Grunde gibt es derzeit für die zwei Ländergruppen keine gemeinsame Wirtschafts- und Finanzpolitik. Ein Land wie Griechenland oder Portugal braucht eine andere als ein Land wie Deutschland oder Holland. Vermutlich brauchen erstere auch einen etwas schwächeren Stabilitätspakt. Die rigiden Sparauflagen jedenfalls treiben diese Länder zwangsläufig in eine Rezession, was die Rückzahlung der Schulden unmöglich macht und zu größten politischen Friktionen führt. Wie soll eine Volkswirtschaft ein rigides Sparprogramm fahren, wenn sie fast 20 Prozent Arbeitslosigkeit hat wie Spanien? Auch in Griechenland und Portugal wird die Wirtschaft durch die Sparauflagen der europäischen Partner eher abgewürgt. So können die Schulden nicht nachhaltig abgebaut werden. Das hält auch keine Regierung durch. Eine solche Zweiteilung hätte den Vorteil, dass kein Land wieder ganz aus der Währungsunion ausgeschlossen werden müsste, was sowohl politisch als auch währungspolitisch äußerst schwierig erschiene. Und sie böte eben auch den schwächeren Staaten mit einer schwächer bewerteten Währung sehr viel bessere Entwicklungsmöglichkeiten, weil deren Wirtschaft dadurch wieder wettbewerbsfähiger würde. Auch dem Tourismus in den Ländern der Mittelmeerzone würde es eher Auftrieb geben, wenn die Preise dort über die Währung wieder etwas fallen würden. Bleiben diese Länder im bisherigen Euro, werden sie von Ländern wie Deutschland, den Niederlanden oder Finnland wirtschaftlich an die Wand gedrückt und haben dauerhaft keine Entwicklungsmöglichkeiten. Die EZB mit ihrer gesamten Infrastruktur könnte aber weiterhin für beide Euro-Zonen agieren, nur eben nach anderen Kriterien. Wenn sich die Wirtschaften der schwächeren Zone positiv entwickeln und wettbewerbsfähig werden, könnten sie nach einiger Zeit auch durchaus wieder in eine gemeinsame Währung integriert werden.

6. Im Zusammenhang mit so einer Zweiteilung könnte auch eine ohne Frage nötige **Umschuldung** für Länder wie Griechenland, Irland oder Portugal abgewickelt werden. Dies würde auch das Problem erleichtern, dass diese Länder ihre Anleihen ja wohl im starken Euro zurückzahlen müssten, wobei auch hierüber bei einer Zweiteilung des Euro durchaus mit den Gläubigern verhandelt werden könnte, genauso wie über eine zeitliche Streckung der Tilgung und eine Senkung der Zinsen. Und selbstverständlich müssen die privaten Gläubiger an einer Umschuldung beteiligt werden. Wenn nicht, wäre dies ein eklatanter Skandal. Sie bekommen bei Anleihen von Griechenland, Portugal und Irland seit Jahren exorbitante Zinssätze als Risikoaufschlag, müssten aber gar kein Risiko tragen. Das hätten dann allein die Steuerzahler der Geberländer zu tragen. Das wäre Marktwirtschaft pervers: die Rendite für die Privaten, das Risiko für die Steuerzahler. Für die Banken der Schuldnerländer, die teilweise ohnehin schon wanken, müssten dabei gegebenenfalls Sonderlösungen verhandelt werden. Nach Lage der Dinge müsste der Euro-Hilfsfonds wohl – zumindest für eine begrenzte Zeit – weiterhin für beide Gruppen gelten. Bei einem Schuldenschnitt mit privater Beteiligung könnte er zumindest teilweise viel sinnvoller für eine strukturelle Aufbauhilfe à la Marshall Plan eingesetzt werden, um diese Länder gezielt wettbewerbsfähig zu machen.

7. Zu einer nachhaltigen Finanzpolitik gehört auch, baldmöglichst die langanhaltenden **Finanzspritzen der EZB** mit zu billigen Krediten zu **beenden**, weil sie, wie oben ausgeführt, weitere Wachstumsblasen generieren und die Inflationsgefahr erhöhen. Auch hier könnte die EZB für die zwei Zonen unterschiedlich agieren, denn die Inflationsgefahr ist im boomenden Deutsch-

land sehr viel größer als in Ländern, die noch in der Rezession stecken. Bei Letzteren würden steigende Zinsen eher das zarte Wachstumspflänzchen abwürgen.

5. Gibt es einen Ausweg aus der Wachstums- und Umweltfalle?

Nachhaltiges Wachstum

Wenn sich Wirtschaftsverbände, Gewerkschaften, Verbraucher und Politiker, und zwar weltweit, über ein Thema einig sind, dann ist es Wirtschaftswachstum. Es ist der Fetisch der letzten zwei Jahrhunderte, angetrieben durch fossile Energie und den Kapitalismus. Der Neoliberalismus mit seinem Wachstum »auf Pump« und den immensen Renditeanforderungen hat diesen Wachstumsdrang noch ideologisch und materiell überhöht (vergleiche Kapitel II.5). Doch in der Tat, mit Wachstum geht alles leichter: In Unternehmen, die wachsen, ist mehr »Musik«. Man kann Mitarbeiter ein- statt ausstellen, es gibt mehr Aufstiegsmöglichkeiten, mehr Gehaltszuwächse, eine bessere Stimmung. Ähnlich ist es in Volkswirtschaften: Es gibt weniger Arbeitslose, höhere Steuereinnahmen und geringere Verteilungsprobleme. Und auch wir Verbraucher und Bürger verbinden mit Wirtschaftswachstum die Hoffnung auf wachsenden Wohlstand.

Doch wir machen diese Rechnung im wahrsten Sinne des Wortes ohne den Wirt: unsere Erde. Denn die ist endlich, ebenso wie ihre Ressourcen, die wir unablässig verprassen. **Nichts Natürliches** in der Welt **wächst beständig**, weder Pflanzen, noch Tiere, noch Populationen. Für alles Natürliche gibt es Wachstumsphasen, die irgendwann durch eine negative Rückkopplung das Wachstum begrenzen, in eine Stagnationsphase einmünden und oft mit einer Schrumpfungsphase enden. Nur so lassen sich (dynamische) Gleichgewichtszustände erhalten. Ausnahmen hiervon bilden Krebsgeschwüre, die menschliche Population und insbesondere die Wirtschaft. Letztere soll sogar dauerhaft exponentiell wachsen. Kenneth Boulding, ein amerikanischer Wirtschaftswissenschaftler, hat diesen Wunsch einmal treffend persifliert: »Jeder, der glaubt, dass exponentielles Wachstum in einer endlichen Welt für immer weiter gehen kann, ist entweder verrückt oder ein Wirtschaftswissenschaftler.« Jährliche Wachstumsraten von zwei bis vier Prozent sind Wunschziele in den entwickelten Industriestaaten; dies ergibt aber eine Verdoppelung der Güterproduktion alle 25 Jahre! Wachstumsraten von über acht Prozent und mehr, wie sie Schwellenländer wie China oder Indien haben, ergeben eine Verdoppelung in weniger als zehn Jahren, und das bei Volkswirtschaften von insgesamt über zwei Milliarden Menschen! Und dieses Wachstum ist nur möglich mit einem steigenden Energie-, Ressourcen-, Land- und sonstigem Umweltgebrauch. Daran muss die Welt letztlich zugrunde gehen!

Natürlich ist es nachvollziehbar, dass Entwicklungs- und Schwellenländer einen wirtschaftlichen Nachholbedarf verspüren; hier sollte ein verträgliches (und im Zeitablauf abflachendes) Maß an Wachstum und dessen Nachhaltigkeit angestrebt werden. Warum aber auch hoch entwickelte Industrieländer nicht ohne materielles Wachstum auszukommen glauben und ein einmaliges Minus von drei bis fünf Prozent als Jahrhundertkatastrophe ansehen, ist – nüchtern betrachtet – schon zu hinterfragen.

Die große Frage ist: Gibt es einen Ausweg aus der Wachstumsfalle? Dies ist sicherlich eine der schwierigsten und bisher noch weitgehend ungelösten Fragen der Volkswirtschaft weltweit. Zwar gibt es durchaus vielfältige Überlegungen und Ansätze hierzu (aus der deutschsprachigen Literatur zum Postwachstumsthema vergleiche etwa Miegel; Binswanger; N. Paech: »Eine Ökonomie jenseits des Wachstums« in Einblicke Nr. 49/2009; sowie den wunderbaren Überblick im Sonderheft »Nach dem Wachstum« (politische ökologie). Aber bislang haben sich daraus noch keine funktionsfähigen Wirtschaftsmodelle entwickelt, die ganz ohne Wachstum – oder sogar mit Schrumpfung, wie es die Vertreter der Degrowth-Bewegung propagieren – zurechtkämen. Von ihrer Akzeptanz bei der Mehrheit der Bevölkerung, der Wirtschaft oder der Politik einmal ganz abgesehen. Es reicht eben nicht, nur mit erhobenem moralischem Zeigefinger den Menschen und der Wirtschaft Schrumpfung zu verordnen. Dies ist zwar ethisch einwandfrei, löst aber noch nicht das Problem. Man muss gleichzeitig Lösungen dafür aufzeigen, wie Wirtschaftssystem, Gesellschaft, Politik und Arbeitsmarkt trotz Schrumpfung stabil bleiben können. Bisher hat man mit über Jahre hinweg schrumpfender Wirtschaft weltweit nur sehr schlechte Erfahrungen gemacht. Die Weltwirtschaftskrise in den 1930er-Jahren war hierfür ein warnendes Beispiel. Selbst mit einer jahrelangen Stagnation (Nullwachstum) tun sich Volkswirtschaften sehr schwer, wie etwa das japanische Beispiel zeigt, wo die Staatsschulden bereits über 200 Prozent vom BIP erreicht haben. Wie können trotz schrumpfender Wirtschaft genügend Arbeitsplätze erhalten, wie die Verteilungsprobleme gelöst, die internationale Wettbewerbsfähigkeit erhalten werden, und wie kommt die Politik mit sinkenden Budgets trotz hoher Staatsschulden zurecht? Gerade die Institutionen des Sozialstaates geraten in Stagnations- oder Rezessionsphasen erfahrungsgemäß besonders schnell und stark unter Druck. Für all diese Fragen bieten die Postwachstumstheoretiker noch kaum praxistaugliche Modelle.

Sicherlich gibt es hierfür auch nicht **die** Patentlösung. Aber die vorgeschlagene **nachhaltige Marktwirtschaft** bietet auf jeden Fall **praktikable Ansätze** für dieses Problem, in die auch Postwachstumsansätze mit einbezogen werden können:

Was wir grundsätzlich brauchen – zumal in den entwickelten Staaten – ist ein **nachhaltiges Wachstum**: eine Steigerung der Lebensqualität (die nicht ausschließlich in materiellem Wachstum besteht) ohne zusätzlichen Energie- und Ressourcenverbrauch, ja sogar mit zurückgehenden CO_2-Emissionen! Die Führungsgröße ist also nicht die wirtschaftliche Wachstumsrate, sondern der Zugriff auf die Natur, gemessen an der Emission von Klimagasen für die Bekämpfung des Klimawandels und dem ökologischen Fußabdruck allgemein. Je besser es uns gelingt, durch Einspartechnologien, Kreislaufwirtschaft und erneuerbare Energien die für eine Stabilisierung der Natur erforderlichen Reduktionsziele für CO_2-Emissionen beziehungsweise für sonstige Umweltbelastungen zu erreichen, desto weniger einschneidend sind die Einschränkungen bezüglich des Wachstums. Und je besser es uns gelingt, die Steigerung der Lebensqualität von materiellem Güterwachstum zu entkoppeln, desto leichter fällt uns das Erreichen der Reduktionsziele.

Zunächst brauchen wir hierfür ein Umdenken in der Politik. Die Ideologie des Neoliberalismus und der damit zusammenhängende (materielle) Wachstumsfetischismus haben gerade auch in der Politik weltweit erstaunlich schnell Wurzeln geschlagen, bis hin zum kommunistischen China. Hier haben die »Chicago Boys« um Milton Friedman und das internationale Groß-Kapital ganze Arbeit geleistet. Eine Abkehr hiervon wird also nicht einfach sein. Sie müsste in erster Linie von den Industriestaaten und deren Politik ausgehen. Hier darf man sicherlich noch nicht auf die Schwellenländer setzen, die noch einen ungeheuren Nachholbedarf verspüren. Das Umdenken wird sicherlich auch nicht von den USA ausgehen, dem Mutterland des Neoliberalismus, was sich deutlich in dem oben geschilderten Zwist zwischen Obama und Merkel um Wachstum oder Schuldenabbau ablesen lässt. Die Führungsrolle müsste hierbei eher von Europa ausgehen. Das Problem besteht aber derzeit darin, dass die Politik in Europa zwar durchaus Reformen am Finanzsystem und auch bezüglich der Klimakrise will, sich aber gerade von der baldmöglichen Rückkehr zu einem hohen Wachstum die Befreiung von der Krise verspricht. So die Bundeskanzlerin im Frühjahr 2009: »Wir müssen in diesem Land bereit sein, möglichst hohe Wachstumsraten zu erzielen« (zitiert nach Miegel, S12). Hier ist sie offenbar noch nicht auf dem »nachhaltigen Wachstumspfad«, den sie, wie oben zitiert, Präsident Obama bei der Schuldendiskussion vorgehalten hat. Auch die bisherigen Ansätze der EU-Kommission zu einem Programm des immer während Wachstums, angekurbelt von Pflicht-Konjunkturprogrammen, zeugen von einem Wachstumsfetischismus gerade auch in aufgeklärten Industriestaaten. Zum Glück wird daraus schon wegen den derzeit leeren Kassen in den europäischen Ländern nichts werden.

Ein nachhaltiges Wachstum darf – gemessen als traditionelles Güterwachstum – sicherlich kein exponentielles Wachstum mehr sein. Das heißt, es darf im Mittel nicht über einem Prozent liegen. Dies ist für entwickelte Länder wie Deutschland von den materiellen Bedürfnissen her gesehen, auch völlig ausreichend. Wir haben doch im Grunde schon alles. Dies zeigen auch die (realen) Wachstumsraten der letzten Jahrzehnte: Sie sanken in Deutschland von sieben Prozent in den 1950er-Jahren über 3,5 Prozent in den 1960er-, 2,8 Prozent in den 1970er-, 2,2 Prozent in den 1980er- auf 1,5 Prozent in den 1990er-Jahren. In der ersten Dekade dieses Jahrhunderts sind sie mit zwei Wachstumskrisen weiter auf deutlich unter ein Prozent gefallen. Österreich, die Schweiz, Frankreich und Italien weisen ganz ähnliche Trends auf (vergleiche Miegel, S. 89). Nur die USA und Großbritannien hatten unter den entwickelten Industrieländern auch in den letzten Dekaden noch höhere Wachstumsraten. Wie wir jetzt wissen, war dies ein Wachstum »auf Pump«, angetrieben von Finanzmärkten, die auf hohen Touren leerliefen. Dieser fallende Wachstumstrend zeigt aber auch, warum die Schwellenländer noch so viel höhere Wachstumsraten haben. Erstens ist bei ihnen die Basis viel geringer und zweitens haben sie im Vergleich zu uns materiell noch viel aufzuholen. Wir werden sie bis auf weiteres kaum von diesem Kurs abbringen können. Wenn wir ihnen nicht bald zeigen können, dass es auch anders geht.

Was treibt die Politik derzeit noch zu hohen Wachstumsraten? Wohl in erster Linie die Angst vor Arbeitslosigkeit, der Wunsch nach höheren Budgets für politische Gestaltung und Wahlgeschenke, geringere Verteilungsprobleme, sowie neuerdings wohl auch noch der Zwang zum Schuldenabbau. Andererseits führen künstlich erzeugte Wachstumsblasen, wie wir jetzt gelernt haben, über Krisen zu noch höheren Schulden. Das kann also kein vernünftiger Grund mehr zu überhöhtem Wachstum sein. Allerdings wäre in einer Rezession Schuldenabbau extrem schwierig. Daher plädieren wir derzeit – zumindest noch für eine Übergangsphase - für ein moderates, nachhaltiges Wachstum von rund einem Prozent (in der Erholungsphase nach der Krise vorrübergehend auch mehr). Dies müsste ohne wirtschaftliche Friktionen möglich sein und ließe durchaus noch Raum für politische Gestaltung. Wenn dies ohne größere Probleme gelingt, können wir uns später auch an ein Nullwachstum oder gar an ein Minuswachstum heranwagen, was gerade bei uns in Deutschland und weiteren Ländern in Europa angesichts des Rückgangs der Bevölkerungszahlen ohne größere Friktionen gelingen könnte.

Die **Angst vor Arbeitslosigkeit** bei zu geringem Wachstum ist vordergründig nachvollziehbar. Bei einer ständigen Rationalisierungs- und damit Produktivitätssteigerungsrate von einem bis zwei Prozent pro Jahr ist klar, dass das Wirtschaftswachstum darüber liegen muss, damit nicht ständig Arbeitsplätze wegfallen. Wenn dann auch noch beispielsweise durch die (hierdurch verursachte) Steigerung der Beiträge zur Arbeitslosenversicherung die Kosten der Arbeit steigen, wird der Rationalisierungsdruck noch verschärft. Allerdings wird hier in Europa die sonst so beklagte demografische Entwicklung Abhilfe schaffen. So wird in Deutschland in den nächsten 20 Jahren das Arbeitskräftepotenzial durch den Geburtenrückgang um sechs Millionen zurückgehen. Der fehlende Nachwuchs wird das Problem der Arbeitslosigkeit also bald dämpfen, wenn wir es wirtschaftspolitisch schaffen, das Problem der Arbeitsplatzverlagerung in Billiglohnländer in den Griff zu bekommen. Hier gibt es ja durchaus auch schon wieder Rückverlagerungen. Außerdem wird der gesunkene Euro-Kurs auch hier zumindest vorrübergehend Entlastung bringen. In dem jetzigen Boom zeigt sich dieser Trend zur zurückgehenden Arbeitslosigkeit zum ersten Mal seit zwei Jahrzehnten. Zudem sinkt der Lohnanteil bei hochwertigen Investitionsgütern, unseren Hauptprodukten, ständig. Eine tendenzielle Verteuerung der Energie wird auch die Produktivitätssteigerung unter zwei Prozent drücken. Ob angesichts der demografischen Entwicklung darüber hinaus die verbleibende Arbeit durch eine zunehmende Reduzierung und Flexibilisierung der Arbeitszeit besser verteilt werden müsste, kann derzeit offen bleiben. Hier ist nicht der Raum, um diesem grundlegenden und komplexen Thema ausführlich nachzugehen. Auf jeden Fall müssten hierbei die Vorteile der Produktivitätssteigerung gerechter zwischen Arbeitnehmer und Arbeitgeber aufgeteilt werden, so dass keine Seite Nachteile hat. Durch den oben beschriebenen Wechsel vom Shareholder Value- zu einem Stakeholder-Ansatz, bei dem auch Arbeitnehmerinteressen berücksichtigt werden – und nicht wie vorher bei Entlassungen der Shareholder Value und damit die Tantiemen des Managements gestiegen sind – gäbe es hierfür deutlich bessere Voraussetzungen.

An sich ist es ja geradezu eine Ironie der Wirtschaftsgeschichte, dass der Traum der Menschheit, durch Produktivitätssteigerungen immer weniger arbeiten zu **müssen**, durch den Wachstumswahn und Defizite in Wirtschaft und Politik zu so viel Elend und Frust durch Arbeitslosigkeit führt. Eine nachhaltige Marktwirtschaft müsste durch den damit einhergehenden Bewusstseinswandel auch zu einer Neudefinition der Arbeit und zu einer Aufwertung ehrenamtlicher Arbeit führen, ohne die viele Lebensbereiche künftig gar nicht mehr funktionsfähig sein würden. Dass die internationale Konkurrenz durch die Globalisierung die Lösung dieses Problems erschwert, ist klar; es wird dadurch aber nicht unlösbar.

Damit auch die Wirtschaft auf einen moderaten Wachstumskurs einschwenkt, müssen die Hauptreiber eines übersteigerten Wachstums angegangen werden. Ein wesentlicher Antriebsfaktor hierbei ist, wie oben dargelegt, der Kapitalismus an sich, der durch Zinsen und den **immanenten Kapitalvermehrungsdruck** ein ständiges Wachstum fordert. Durch den neoliberalen Turbokapitalismus wurde dieser Wachstumsdruck weltweit noch deutlich verstärkt und alle Bremsen und negativen Rückkopplungen aus dem System entfernt. Die jetzige Finanzkrise war genau genommen eine Wachstumskrise, hochgepäppelt von der FED in den USA, die jahrelang mit niedrigen Zinsen und viel zu hoher Geldmenge den Boom im Immobilien- und im Finanzmarkt gefördert und die Großbanken zu ihrem riskanten Parforce-Ritt ermuntert hat. Die Dotcom-Krise im Jahr 2000 hätte ein Warnsignal sein können; es wurde schlicht ignoriert. Es musste erst zur großen Krise kommen. Der Turbokapitalismus würde immer wieder Überhitzungen und Blasen generieren, die dann wieder platzen und durch neue Konjunkturprogramme wieder angeschoben werden müssten.

Daher muss in erster Linie dem Kapitalismus der **Turbo wieder herausgenommen** und Bremsen und negative Rückkopplungen eingebaut werden, damit sich das Wirtschaftssystem wieder stabilisieren kann. Hierfür bietet der Ansatz der nachhaltigen Marktwirtschaft vielfältige Ansatzpunkte (siehe Kapitel III.1). Zweitens muss durch die Notenbanken die Zeit des billigen und nahezu unbegrenzten Geldes endlich beendet werden. Des Weiteren soll den Banken durch die bereits genannten Maßnahmen (siehe Kapitel III.2) deren Möglichkeit zur stetigen Geldvermehrung beschnitten werden. Lieber ein kleines, aber stabiles Wachstum als ein großes, aber sehr krisenanfälliges. Ein weiterer wichtiger Ansatz besteht darin, wegzukommen von den **Verirrungen einer Wegwerfgesellschaft**, in der künstliche Verfallsdaten in die Produkte eingebaut und Reparaturen unmöglich gemacht, oder zwei Jahre alte Produkte durch massiven Werbedruck oder durch unnötige und oft objektiv zu vernachlässigende »Innovationen« obsolet gemacht werden. Eine nachhaltige Wirtschaft steht selbstverständlich auch für nachhaltige Produkte, die dauerhaft, reparaturfähig und recyclebar sind.

Ein wesentlicher Wachstumstreiber liegt aber in uns selbst. Die Sucht nach immer Mehr bei Verbrauchern lässt sich sicher teilweise durch die oben geforderte Begrenzung der Werbung und die Stärkung der Stellung der Verbraucher deutlich reduzieren, weil diese so besser ihrer Verantwortung bezüglich der Nachhaltigkeit nachkommen können. Auch durch die Ablösung des Neoliberalismus mit seiner Wachstumsideologie, durch die Begrenzung von Gehältern und Boni und der damit ausgelösten Gier, sowie die Rückführung der Neid erzeugenden Einkommensschere kann ihr wirksam begegnet werden, weil hierdurch die diesbezüglichen Anreize weiter gedämpft werden. Aber der psychologischen Ursache, dass Glück zunehmend in einem Anhäufen von materiellen Gütern gesucht (und natürlich nicht gefunden wird), ist nur durch eine spirituelle Neubesinnung der Menschen beizukommen. Hierfür finden sich in der oben angegebenen Postwachstumsliteratur vielfältige Anregungen. Diese Neubesinnung ist aber sicherlich nicht mit erhobenem Zeigefinger und Askese zu erreichen. Damit nicht nur einige Idealisten mitmachen, sondern eine Massenbewegung daraus wird, muss sich hierfür eine anregende Kultur der Nachhaltigkeit und Suffizienz entwickeln – durch animierende Beispiele von Idolen, mitreißenden Filmen und Songs, sowie entsprechender Bildung und Erziehung. Daher ist die oben unter »Bildungsoffensive« angesprochene »Bildung für eine nachhaltige Entwicklung« so wichtig. Es steht zu hoffen, dass die UN ihr diesbezügliches Dekadenprojekt, das 2014 ausläuft, verlängert. Damit die Mehrheit der Bevölkerung mitmacht, sollte nicht der Eindruck entstehen, wir müssten uns in allem drastisch einschränken und dürften uns nichts mehr gönnen. Aber wir müssen wegkommen von der Sucht nach immer neuen Produkten und den Auswüchsen einer Wegwerfgesellschaft. Wir sollten wieder lernen, dass erfüllende Beziehungen, das Pflegen von Freundschaften oder soziale Betätigung mehr Glück und Zufriedenheit bringen als materieller Konsum. Wir erwirtschaften und verbrauchen heute mehr als fünfmal so viel wie 1950. Unser Wohlbefinden aber hat sich sicherlich nicht verfünffacht. Wie neuere Untersuchungen belegen, steigt die Zufriedenheit zwar mit dem Einkommen, aber nur bis zu einem Niveau von ca. 25.000 bis 35.000 Euro pro Jahr – abhängig vom Einkommensniveau der Mitbürger. Das eigentliche Ziel – zumindest in den entwickelten Ländern – sollte daher nicht in der Anhäufung materieller Güter sondern in der Steigerung der Lebensqualität liegen, also vorwiegend in qualitativem Wachstum. Hierzu gehören selbstverständlich auch materielle Güter und Dienstleistungen, aber eben auch kulturelle Aktivitäten, Freizeit, Heimarbeit, ehrenamtliche und soziale Betätigung; also auch Dinge, die sich nicht im Bruttoinlandsprodukt niederschlagen, aber zur **Steigerung der Lebensqualität** und des Glücks beitragen. »Dies zielt auf die Vision eines guten Lebens und auf Wohlstandsmodelle, die mit weniger Ressourcenverbrauch eine Balance zwischen materiellen und immateriellen Gütern herstellen und den Energie- und stofflichen Ressourcenverbrauch auf ein sozial, ökologisch und kulturell verträgliches Maß reduzieren« (Kreibich). Diese Fragen einer Kultur der Nachhaltigkeit und Suffizienz betreffen in erster Linie jeden Einzelnen von uns.

Aber auch die Politik sollte sich künftig ernsthaft um das Thema qualitatives Wachstum kümmern. Es eröffnet viel Gestaltungsspielraum für die Zukunft und kann durchaus auch Wählerstimmen bringen. Sowohl das deutsche Parlament als auch die französische Regierung haben ja bereits einen Auftrag erteilt, nach einem besseren Wachstumsindikator zu suchen als dem Bruttoinlandsprodukt, in dem sogar Krankheiten und Umweltschäden, beziehungsweise genauer deren Behandlung beziehungsweise Beseitigung, als Wachstum gerechnet werden. Qualitatives Wachstum kann in diesem Indikator gar nicht erfasst werden. Fairer Weise sei aber angefügt, dass das BIP auch nicht als Wohlstandsindikator gedacht war. Es beschreibt lediglich die Summe aller am Markt veräußerten Güter und Dienstleistungen, also eine rein wirtschaftliche Größe. Diese hat durchaus ihren Sinn, hat aber mit Wohlstand, gerechter Verteilung, oder gar Glück per se nichts zu tun. Der Deutsche Bundestag hat darüber hinaus Ende 2010 eine Enquete-Kommission »Wachstum, Wohlstand, Lebensqualität – Wege zu nachhaltigem Wirtschaften und gesellschaftlichem Fortschritt in der Sozialen Marktwirtschaft« eingesetzt. Diese soll die Frage untersuchen, »ob und gegebenenfalls wie das deutsche Wirtschafts- und Sozialstaatsmodell die ökologischen, sozialen, demografischen und fiskalischen Herausforderungen auch mit geringen Wachstumsraten bewältigen kann beziehungsweise welche Wachstumszwänge dem entgegenstehen.« Es ist anerkennenswert, dass eine solche Kommission eingerichtet wurde. Aber es bleibt abzuwarten, ob dabei nicht wieder wie bislang die sogenannten »Wachstumszwänge« die guten Vorsätze verdrängen werden. Aus den Basisuntersuchungen soll die Enquete-Kommission »nach Möglichkeit einen neuen Indikator entwickeln, der nicht auf objektive Messbarkeit und Vergleichbarkeit verzichtet und das BIP ergänzt« (Bundestagsdrucksache 17/3853 vom 23.11.2010).

Solche Indikatoren gibt es schon. Der wohl bekannteste ist der ISEW (Index of Sustainable Economic Welfare). Dieser Index wurde 1990 von Herman Daly und John Cobb für die USA entwickelt und seitdem für viele andere Länder aufgestellt. Dieser Index korrigiert offensichtlich unsinnige Eigenschaften des BIP für die Wohlstandsermittlung (wie z.B. die Beseitigung von Umweltschäden, oder die Behebung von Unfällen). Zudem bewertet er ungleiche Einkommensverteilung, Freizeit, Bildungsausgaben, fiktive Kosten von Umweltverschmutzung und dergleichen. Das Problem liegt natürlich in diesen Bewertungen, denn wie bewertet man Freizeit, wie Umweltverschmutzung oder Klimaveränderung? Dennoch könnte ein solcher Index bei gleichbleibenden Bewertungen durchaus sinnvolle Aussagen, als Ergänzung zum BIP, liefern. Für die USA ergaben sich beispielsweise folgende Vergleichswerte:

- Entwicklung des BIP/Kopf, von 1950 bis 1990: von 3.512 auf 7.750 US-Dollar
- Entwicklung des ISEW/Kopf, von 1950 bis 1990: von 2.497 auf 3.253 US-Dollar

Während sich das BIP also mehr als verdoppelt hat, ist der SEW nur um 30 Prozent angestiegen und die Einkommensschere, die Umweltbelastung und der Klimawandel haben drastisch zugenommen (Daly/Cobb). Insoweit könnte ein solcher alternativer Index die heutige überzogene Wachstumsideologie deutlich dämpfen. Neuerdings haben auch deutsche Wissenschaftler im Auftrag des Bundesumweltministeriums mit dem Nationalen Wohlfahrtsindex (NWI) eine entsprechende Ergänzung zum BIP entwickelt (Diefenbacher/Zieschank). Da es noch weitere vergleichbare Indizes gibt, sollte sich die Enquete-Kommission besser mit dem eigentlichen Sachproblem befassen, wie eine Wirtschaft auch ohne oder mit geringeren Wachstumsraten auskommen und stabil bleiben kann und wie sie zu organisieren wäre. Das wäre Stoff genug für mehr als eine Bundestagsperiode.

Wie schaffen wir eine wirkliche Energiewende?

Wie aber wird aus einem moderaten materiellen Wachstum ein nachhaltiges Wachstum? Voraussetzung hierfür ist, dass die Treibhausgasemissionen und die sonstige Umweltbelastung nicht weiter steigen, sondern nachhaltig sinken. Hierzu muss in erster Linie die Energiefrage gelöst werden.

Energie, vor allem fossile Energie, war seit Mitte des 19. Jahrhunderts und ist noch heute der andere große Wachstumstreiber der Welt. Wie oben dargelegt, ist der globale Energieverbrauch heute rund **40-mal** so hoch wie vor 150 Jahren, wobei mehr als 80 Prozent davon aus fossilen Energiequellen stammt! Dieser enorme Energieeinsatz war seitdem der Schlüssel zur rasanten Industrialisierung, zur enormen Produktivitätssteigerung in allen Bereichen und zur

Wohlstandsmehrung. Dabei wurde fossile Energie meist auch verschwenderisch eingesetzt, weil sie relativ billig angeboten werden konnte und ihre Folgekosten nicht berücksichtigt wurden. Aber im Grunde produziert fossile Energie auch nur ein Wachstum »auf Pump«. Denn sie ist endlich und ihre Auswirkungen auf die Umwelt nehmen immer gravierendere Ausmaße an. Auch hier müssen die großen Industriestaaten, die mit ihrem immensen Energieverbrauch in den letzten 100 Jahren den Klimawandel heraufbeschworen haben, mit gutem Beispiel voran gehen und ihren fossilen Energieverbrauch drastisch reduzieren. Erst dann wird man die Entwicklungs- und Schwellenländer überzeugen können, dass auch sie mitmachen müssen, weil das Klimaproblem ohne die bevölkerungsreichen Staaten der Dritten Welt natürlich nicht zu lösen sein wird.

Hierzu braucht man in den Industrieländern eine **echte Energiewende.** Als hätte unsere Regierung dies begriffen, hat sie im Herbst 2010 eine »Energiewende« propagiert, die sich aber bei näherem Hinsehen nur als Feigenblatt für die Hals über Kopf beschlossene Laufzeitverlängerung der Kernkraftwerke herausstellte. Letztere hatte denn auch keinen langen Bestand. Die verheerende Reaktorkatastrophe in Fukushima – und sicherlich auch ein wenig der unaufhaltsame Stimmenzuwachs der Grünen – brachte die Bundesregierung im Sommer 2011 dann doch noch zu einem Umdenken. Mit Hilfe einer eigens einberufenen »Ethikkommission«, die den Konsens im Lande – und wohl vor allem auch im Lager von Schwarz-Gelb – herstellen sollte, wurde ein Ausstieg aus der Kernenergie bis zum Jahr 2022 beschlossen. Dies ist ein Jahr später, als zehn Jahre vorher von Rot-Grün beschlossen; und sicherlich wäre es auch ein paar Jahre früher möglich gewesen. Aber dafür ist der Ausstieg jetzt von allen großen Parteien beschlossen und damit endgültig. Begleitet wird der Ausstieg mit einer neuerlichen Energiewende, diesmal notwendigerweise schon merklich engagierter. Doch auch bei dieser Wende muss man konstatieren, dass sie zu halbherzig ist und die falschen Prioritäten setzt. Die erneuerbaren Energien sollen zwar forciert werden, aber bis 2020 nur auf einen Anteil von 35 Prozent an der Stromversorgung. Dies ist zwar eine knappe Verdoppelung in zehn Jahren, bleibt aber weit hinter dem möglichen Ausbaupotenzial zurück. Und es verursacht damit sogar eine Ausweitung des fossil erzeugten Stroms von heute 60 auf dann 65 Prozent. Im Hinblick darauf wird jetzt ein beschleunigter Ausbau von fossilen Kraftwerken mit einer Kapazität von 10.000 Megawatt geplant. Dies entspricht ca. 15 Großkraftwerken, darunter, man höre und staune, auch Kohlekraftwerke, die extrem CO_2 emittieren. Die dabei neuerdings propagierte »Clean Coal Technologie«, die das entstehende CO_2 abscheiden und in unterirdische Lager einpressen soll, wird – wenn überhaupt – bis 2020 ganz sicher noch nicht verfügbar sein.

Damit würde das bisherige Ziel der Bundesregierung, die Treibhausgasemissionen bis 2020 um 40 Prozent zu reduzieren völlig konterkariert. Unter dem Begriff Treibhausgase (THG) werden die Gase zusammengefasst, die zur Erhöhung des Treibhauseffektes der Erde beitragen. Dies sind von ihrer Menge und Wirkung her zu ca. 75 Prozent CO_2, zu 15 Prozent Methan, zu acht Prozent Lachgas und zu ca. einem Prozent FCKW; letzteres ist zwar das wirksamste Klimagas, wurde aber durch ein weltweites Verbot mittlerweile fast völlig zurückgedrängt. Eine »Energiewende« mit einem höheren CO_2-Ausstoß bei der Stromerzeugung und einem deutlichen Verfehlen der bisherigen THG-Reduktionsziele, die auch mit den EU-Partnern festgezurrt sind, hat aber diesen Namen nicht verdient. Und sie setzt wie gesagt auch noch die falschen Prioritäten: Großkraftwerke – statt kleine dezentrale. Ausbau der Windenergie mit Priorität ebenfalls auf großen Windparks in der Nordsee. Beides soll wohl primär von den vier großen Stromversorgern geplant und gebaut werden. Die Windparks am Meer bekommen eine sehr viel höhere Förderung als Windparks an Land, obwohl diese problemloser und kostengünstiger produzieren und dezentral von Stadtwerken und Bürgerbeteiligungen finanziert und gebaut werden könnten. Drastisch gekappt wird die Förderung von Solarenergie, obwohl gerade sie von Stromverbrauchern und Kleininvestoren gerne eingesetzt wird und künftig zusätzliche fossile Kraftwerke vermeiden helfen könnte.

Der Ausstieg aus der Kernkraft müsste jetzt aber unbedingt der Einstieg in eine **echte Energiewende** sein, die in die richtige Richtung weist und wie ein Ruck durchs Land geht. Dies wäre doch jetzt die Gelegenheit, ein anspruchsvolles Ziel zu proklamieren, das gleichzeitig die Richtung vorgibt, einen klaren Rahmen setzt und Bürger und Wirtschaft inspiriert und mitreißt. Denn es ist völlig klar: Eine Energiewende, die uns wirklich weiter bringt, wird nur gelingen, wenn sie von der Bevölkerung und der Wirtschaft getragen wird. Mein Vorschlag:

1. Mindestens **60 Prozent Erneuerbare** an der Stromversorgung bis 2020, **THG-Emission** je Einwohner max. **sechs Tonnen pro Jahr.**
2. Bis **2030** weitgehende **Vollversorgung** mit Strom aus **Erneuerbaren,** **THG-Emission** je Einwohner max. **zwei Tonnen pro Jahr.**

Die weitgehende Vollversorgung mit Strom aus Erneuerbaren ist ein sehr konkretes Ziel und bis 2030 aller Voraussicht nach auch erreichbar. Warum aber gerade das Ziel von zwei Tonnen THG-Emission je Einwohner? Weil diese Zielgröße eine wichtige Rolle bei der Vermeidung eines katastrophalen Klimawandels spielt. Nach Berechnungen des IPCC (Intergovernmental Panel for Climate Change) kann die Erde pro Jahr ca. elf bis 13 Milliarden Tonnen THG-Emissionen verkraften, ohne dass es zu einer Erhöhung des Treibhauseffektes kommt. Dies ist unter Klimaforschern offensichtlich nicht mehr umstritten, nicht einmal mehr in den USA (vergleiche hierzu Mayer; Mayer hat übrigens erstmalig, auf der Basis einer exzellenten Analyse, die konsequente Verwendung von CO_2-Budgets für alle vorgeschlagen). Wir emittieren heute aber über 30 Milliarden Tonnen! Nur wenn die Weltgemeinschaft die zulässige THG-Kapazität der Erde so bald wie möglich erreicht, ließe sich der Temperaturanstieg der Erde voraussichtlich auf zwei Grad Celsius begrenzen. Dies ist aber nur möglich, wenn alle Länder der Erde mitmachen. Daran sind wir unlängst in Kopenhagen gescheitert, was eine Katastrophe ist. Und vermutlich wird man mit dem bisherigen Schachern um schlecht begründete prozentuale Einsparungen der einzelnen Länder nie zu einer belastbaren Vereinbarung kommen. Der einzig richtige und gerechte Maßstab hierfür ist die **THG-Emission je Kopf** der Bevölkerung, also knapp zwei Tonnen je Erdenbürger. Danach bemessen sich die mittelfristigen Einsparvorgaben für die einzelnen Länder. Am Ende träfen sich alle Länder bei der gleichen CO_2-Emission pro Kopf. Das wäre fair und für alle einsichtig. Dieser Maßstab lässt Entwicklungsländern noch Wachstumsmöglichkeiten, Schwellenländer kämen mit bewältigbaren CO_2-Einsparungen aus, mit denen sie aber gleich anfangen müssten. In Deutschland liegen wir aber mit derzeit ca. zehn Tonnen weit darüber, und die USA toppen dies mit 20 Tonnen sogar noch um den Faktor zwei! Die Industrieländer, allen voran die USA, mit ihrem hohen Pro-Kopf-Verbrauch müssten also selbstverständlich die höchsten THG-Einsparungen schultern. Sie haben bisher die Umwelt ja auch am meisten belastet. Europa müsste seine THG-Emissionen zum Beispiel mittelfristig um 80 Prozent reduzieren, was die europäischen Staaten in Kopenhagen bis 2050 ja für durchaus realistisch hielten. Dies ist mittlerweile auch das konkrete Einsparziel im Energiekonzept der Bundesregierung. 2050 ist aber definitiv zu spät, zumal weil wir den Entwicklungs- und Schwellenländern so bald wie möglich mit gutem Beispiel voran gehen müssten. Denn wenn sie erst mal in unsere verschwenderischen Fußstapfen getreten sind, wird es schwer werden, sie später wieder davon abzubringen.

Das genannte Ziel stünde Deutschland als einem der derzeit noch höchsten THG-Emittenten (Nr. 4 nach USA, China und Japan) gut an. Aus dieser Verantwortung heraus könnten wir nun als Hochtechnologieland und Vorreiter bei erneuerbaren Energien der Welt ein Beispiel geben, dass es auch anders geht, und dass es realisierbar ist ohne Verlust an Lebensqualität. Als größte Wirtschaftsnation Europas könnten und sollten wir dabei die EU so weit wie möglich mitziehen, aber nicht auf den letzten im Zug warten. Ein solches Ziel wäre inspirierender und sinnvoller als die damalige Mondlandung der Amerikaner, würde das Energieproblem lösen helfen, und würde Hunderttausende, ja Millionen neuer, nachhaltiger Arbeitsplätze schaffen. Aber ist das Ziel nicht utopisch? Kernkraftausstieg bei gleichzeitiger Reduktion von Treibhausgasen? Vollversorgung bei Strom und 80 prozentige THG-Reduktion in nur 20 Jahren? Viele werden sagen, das sei völlig illusorisch. So wie man es vor zehn Jahren auch für illusorisch gehalten hat, dass die erneuerbaren Energien einmal einen Anteil von mehr als zehn Prozent an der Stromversorgung erreichen könnten. Ich halte das Ziel zwar für sehr ambitioniert, aber sehr wohl für realisierbar. Dies soll im Folgenden kursorisch umrissen werden. Um die Realisierbarkeit plausibel machen zu können, wird man dabei um einige Zahlen nicht herumkommen.

Prinzipiell ist das Ziel sogar mit bereits heute verfügbaren Technologien erreichbar. Man muss hierfür nicht auf so (schon politisch) unsichere Großprojekte wie »Desertec« warten, die Strom aus den Wüsten Nordafrikas nach Europa bringen wollen. Der forcierte dezentrale Ausbau erneuerbarer Energien im eigenen Land, der entsprechende Um- und Ausbau der Stromnetze und der Einsatz des CO_2-armen Erdgases als Brückenenergieträger werden dafür sorgen, dass bei der Umstellung die Lichter nicht ausgehen. Erneuerbare lieferten im Jahr 2010 bereits knapp 18 Prozent der Elektrizität (Kernenergie 22 Prozent). Im Jahr 2000 waren es gerade einmal vier Prozent. Das heißt mehr als eine Vervierfachung in nur zehn Jahren, eine Verdopplung in den letzten drei Jahren! Und die Potenziale sind noch keineswegs ausgeschöpft. Eine neue Studie für Bayern belegt dies sehr eindrücklich (vergleiche Schrimpff). Während die Windkraft in Bayern bislang wegen geringer Windgeschwindigkeiten in Bodennähe und einer restriktiven Genehmigungspraxis der Behörden mit knapp einem Prozent Anteil an der Stromerzeugung völlig im Windschatten liegt, könnten Windkraftanlagen mit den heute möglichen Nabenhöhen von 140 Metern selbst in einem küstenfernen Land wie Bayern mittelfristig an die 25 Prozent der benötigten Stromerzeugung liefern. Hierzu würden 3.000 bis 4.000 Anlagen à drei MegaWatt ausreichen. Kalkuliert wird dabei mit ca. 1.500 bis 2.000 Betriebsstunden mit ausreichendem Wind (sogenannte »Vollaststunden«, bezogen auf 8.700 Stunden im Jahr). Das wären nur ein bis zwei Anlagen je Gemeinde. Bei dieser Nabenhöhe könnten die Anlagen auch problemlos in Wäldern aufgestellt werden, wo sie weder die Bevölkerung, noch die Waldtiere stören (vergleiche Abbildung 8). Windenergie in dieser Größenordnung in küstenfernen Ländern wie Bayern, Baden-Württemberg, Sachsen und Thüringen hätte zudem den großen Vorteil, dass das Stromnetz nicht so drastisch ausgebaut werden müsste, um Windstrom von den Küsten nach Süden zu bringen. Einen Großteil der heute geplanten zusätzlichen Stromtrassen von 3.500 bis 4.500 km könnte man sich sparen und die Gelder sinnvoller verwenden. Außerdem würde es erlauben, den Windanteil im Bundesgebiet von den heute geplanten 20 Prozent auf einen Anteil von 28 bis 30 Prozent zu erhöhen. Mit einem Zubau von ca. 9.000 Megawatt Photovoltaikanlagen ließen sich (bei ca. 850 Vollaststunden) bis zu 15 Prozent des Strombedarfs in Bayern decken. Diese ließen sich problemlos auf Wohnhäusern, Gewerbeflächen, Parkhäusern, entlang Autobahnen und dergleichen installieren. Allein 2010 wurden in Bayern PV-Anlagen mit 2.400 Megawatt zugebaut. Rechnet man dies auf das Bundesgebiet um, wo man noch nicht so weit ist wie in Bayern (PV-Anteil Bund: zwei Prozent, Bayern 5,7 Prozent), könnte man insgesamt bis 2020 realistischer Weise einen PV-Anteil von zwölf bis 15 Prozent erreichen. Eine von Wind und Sonne weitgehend unabhängige erneuerbare Stromerzeugungsquelle ist Biomasse. In Tausenden von Mini- beziehungsweise Mikro-BHKW können diese (mit Biogas,

Pflanzenöl und Biomasse betrieben) Strom exakt dann liefern, wenn Sonne und Wind nicht ausreichend scheinen beziehungsweise wehen. Dieses dezentrale Stromerzeugungssystem könnte von Stadtwerken in weniger als einer Minute bei Strombedarf in Gang gesetzt werden und Stromunterversorgung kompensieren. Ohne die Nahrungsmittelerzeugung in Deutschland allzu sehr zu belasten, könnte bei entsprechenden Vorgaben der Biomasseanteil am Stromverbrauch von heute 5,5 Prozent auf 15 bis 18 Prozent gesteigert werden. Laufwasser-, Geothermie und künftige Wellen- oder Gezeitenkraftwerke könnten bis 2020 eine wetterunabhängige Grundlast von ca. fünf Prozent stellen (heute 2,2 Prozent). Für einen weiteren Ausgleich der benötigten Energie sorgen Stromspeichertechnologien, wie Pumpspeicherkraftwerke, deren Kapazität noch erweitert werden muss und die künftig mit Strom aus Erneuerbaren – nicht aus Kernkraftstrom – gepumpt würden; darüber hinaus werden neuzubauenden Speicheranlagen wie Druckluftkavernen oder Methanisierungs-Anlagen benötigt, mit denen erneuerbar erzeugter Strom ebenfalls zwischengespeichert werden kann.

Insgesamt käme man mit diesen Maßnahmen bis 2020 auf einen Anteil der Erneuerbaren an der Stromerzeugung von 60 bis 68 Prozent, der durchaus realistisch erscheint, wenn man es wirklich will. Zur überschlägigen Plausibilisierung sei angeführt, dass der Zubau an erneuerbarer Stromerzeugung in den letzten drei Jahren drei Prozent pro Jahr war (im letzten Jahr sogar vier Prozent), und dies allein aufgrund der Einspeisevergütung. Bei einem engagierten staatlichen Ausbauprogramm und entsprechenden Rahmenbedingungen und Anreizen müssten sich also in zehn Jahren auf jeden Fall 40 bis 45 Prozent Zuwachs erreichen lassen. Zum weiteren Vergleich dient auch der Ausbauplan der sicherlich nicht als besonders grün bekannten bayrischen Staatsregierung, die bis 2020 einen Anteil an Erneuerbaren von immerhin 50 Prozent plant. Bei den obigen Abschätzungen wurde bewusst von heutigen Erzeugungstechnologien und vom heutigen Strombedarf ausgegangen, also ganz ohne Berücksichtigung der genannten vielfältigen Einspartechnologien, was eine weitere Kalkulationsreserve darstellt. Die Bundesregierung plant hier bis 2020 mit zehn Prozent Einsparung beim Stromverbrauch (Fortschrittsbericht, S. 213). Mit dem 60-Prozent-Anteil an Erneuerbaren ließe sich sowohl der Kernkraftanteil von 22 Prozent kompensieren als auch zusätzlich der Anteil fossiler Stromversorgung von heute rund 60

Abbildung 8: Windkraftanlage mit enormer Nabenhöhe im Wald
(Quelle: S. Schuldis, www.fotolia.com)

Prozent auf 40 Prozent reduzieren. Wenn dabei noch eine Reihe von älteren Kohlekraftwerken durch Gaskraftwerke ersetzt würde, könnte man dadurch nochmals erhebliche CO_2-Emissionen einsparen.

Überhaupt erscheint Erdgas aus vielfältigen Gründen als die ideale Brückentechnologie zum Umbau der Energieerzeugung auf Erneuerbare. Erdgas ist zwar auch eine fossile Energiequelle, aber sie ist um Größenordnungen umweltfreundlicher als Öl und insbesondere als Kohle. Erdgas enthält weder Schwefel noch Ruß und emittiert bei der Verbrennung 30 Prozent weniger CO_2 als Öl, 60 Prozent weniger als Steinkohle und sogar 80 Prozent weniger als Braunkohle. Erdgas-Kraftwerke sind schnell und leicht zu steuern, was gerade in Ergänzung zu Wind- und sonneabhängigen Stromquellen wichtig ist. Sie erzielen hohe Wirkungsgrade (über 60 Prozent) und sind sowohl als Großkraftwerk als auch als Mikro- BHKW für Haushalt und Gewerbe einsetzbar. Ihre Stärke entfalten sie insbesondere, wenn sie als saubere, dezentrale Blockheizkraftwerke gefahren werden, die gleichzeitig Strom und Wärme erzeugen. Das Leitungsnetz ist in weitgehend ausreichender Kapazität in ganz Deutschland verfügbar und Erdgas lässt sich auch gut in ausgeförderten unterirdischen Lagerstätten sowie in Salzkavernen speichern. Mittelfristig können bis zu 15 Prozent des Gasbedarfs durch Biogas ersetzt werden, das in den vorhandenen Leitungen und Speichern transportiert und gespeichert werden kann. Dies gilt auch für Methan aus künftigen Methanisierungsanlagen zur Speicherung von Strom aus Erneuerbaren. Auch Wasserstoff kann bis zu einem Anteil von zehn Prozent in Erdgasleitungen transportiert werden, wenn er einmal in dieser Größenordnung erneuerbar produziert werden kann.

Damit wäre also der erste Teil der Umstellung der Stromerzeugung bis zur Abschaltung der letzten Kernkraftwerke zu bewerkstelligen, ohne dass es zu einer Erhöhung der CO_2-Emissionen kommen würde, wie beim Programm der Bundesregierung, sondern bereits zu einer deutlichen Verringerung. Rechtzeitig vor Ablauf der ersten Periode und aufgrund der in ihr gesammelten Erfahrung muss dann ein konkretes Ausbauprogramm mit dem Ziel einer weitgehenden Vollversorgung mit Strom bis 2030 konkretisiert werden. Hierfür müssten weitere 30 bis 40 Prozent Zubau an erneuerbarer Erzeugungskapazität machbar sein. Dabei kann heute noch offenbleiben, ob dies mit einer analogen Fortführung des Ausbaus bis 2020 erfolgen soll, oder zumindest zum Teil mit neuen, heute noch nicht erprobten Technologien, wie neuen Wellen- oder Gezeitenkraftwerken, neuen Solarkraftwerken, die auch in nördlichen Regionen wirtschaftlich arbeiten, neuen effizienten Speichertechnologien, oder einem Ausbau im europäischen Verbund. Entsprechende Technologie- und Effizienzsprünge sind bei einem so umfassenden und nachhaltigen Umstellungsprogramm mit Sicherheit zu erwarten. Insgesamt erscheint ein Zeitrahmen von 20 Jahren unter Berücksichtigung eines realistischen Zeitbedarfs für so eine umfassende Energiewende für ganz Deutschland, inklusive der erforderlichen Planungs-, Bau-und Amortisationszeiten für Kraftwerke und Netzausbauten sowie der enormen Finanzierungsaufwendungen durchaus anspruchsvoll, aber realisierbar. Ich habe bei diesem Zeitrahmen bewusst von einer weitgehenden und nicht von einer 100-prozentigen Vollversorgung gesprochen. Denn üblicherweise sind die letzten zehn Prozent immer am teuersten, und zweitens müssten dafür noch relativ neue fossile Kraftwerke oder gar eine Vielzahl von dezentralen, in Kraft-Wärme-Kopplung laufenden

Mikro-BHKWs vorzeitig abgeschaltet werden, die man für die Umstellung von Kernkraftstrom in der Phase 1 dringend braucht. Da spricht nichts dafür. Denn das Oberziel ist ja nicht hundertprozentige Vollversorgung bei Strom, sondern die drastische Reduktion von THG-Emissionen insgesamt, ganz gleich in welchen Bereichen.

Wenn die Vollversorgung bei Strom mit Erneuerbaren bis 2030 so weit erreicht wird, würden damit mindestens 35 Prozent des gesamten Energiebedarfs in Deutschland CO_2-frei erzeugt. Bis dahin ließen sich auch mindestens 60 Prozent der Heizenergie, die heute ca. 40 Prozent des Energiebedarfs ausmacht, mit erneuerbaren Energien (wie Pellets, Biogas, Solarthermie, Geothermie oder Wärmepumpen) erzeugen, womit weitere ca. 25 Prozent des heutigen Energiebedarfs THG-frei bereitgestellt würden. Im Verkehrssektor kann man bis 2020 sicherlich auch mit ca. 20 Prozent THG-freien Treibstoffen (Biotreibstoffe beziehungsweise THG-frei erzeugter Strom) rechnen, was bei einem 20 bis 25 Prozent Anteil des Verkehrs am Energieverbrauch ca. fünf Prozent THG-Einsparung bedeutet. Damit käme man auf eine THG-Einsparung von insgesamt 65 Prozent. Berücksichtigt man, dass 1990, dem Basisjahr für internationale CO_2-Einsparziele, bereits ca. zehn Prozent der Energie THG-frei produziert wurden, errechnet sich eine Netto-Einsparung an Treibhausgasen von 55 Prozent. Um das Ziel von 80 Prozent CO_2-Reduktion zu erreichen, müsste man in 20 Jahren eine Energieeinsparung in allen Bereichen (Gewerbe, Haushalte und Verkehr) durch Effizienzverbesserung, Wärmedämmung und Verbrauchsverhalten von mindestens 25 Prozent erreichen. Dies liegt durchaus in der Größenordnung der Einsparungen und Effizienzverbesserungen in den letzten 20 Jahren, wo noch kein größerer politischer Antrieb zum Energiesparen bestand. So ging etwa der Energiebedarf bei der Raumwärme durch effizientere Heizungssysteme und Wärmedämmstandards um 20 Prozent zurück, der Energieeinsatz je Beschäftigtem in Industrie und Gewerbe reduzierte sich sogar um 40 Prozent (vergleiche BMWT). Mit entsprechenden Programmen, Rahmenbedingungen und Anreizen müsste das 25-Prozent-Ziel in den kommenden Jahren also ohne Probleme erreichbar sein. Selbst die Bundesregierung rechnet im Energiekonzept 2010 mit 30 Prozent Energieeinsparung insgesamt (Zukunftsbericht, S. 213). Es stehen heute bereits Wärmeschutzstandards und Technologien zur Effizienzsteigerung zur Verfügung, die in allen Bereichen spezifische Einsparungen von 40 bis 80 Prozent ermöglichen (vergleiche z.B. von Weizsäcker). Damit erscheint also das Ziel einer 80-prozentigen Reduzierung der THG-Emissionen unter durchaus realistischen, eher konservativen Annahmen bis 2030 erreichbar. Damit könnte Deutschland die THG-Emission pro Kopf der Bevölkerung von heute ca. zehn Tonnen auf künftig zwei Tonnen reduzieren und damit auch ein Beispiel setzen für andere Länder, dass dieses für die Eingrenzung des Klimawandels so bedeutende Ziel machbar ist, und zwar bereits mit heutigen Technologien. Man kann aber mit Fug und Recht davon ausgehen, dass ein solches Ziel – ähnlich wie die Mondlandung damals – gewaltige Technologiesprünge auslösen würde, wenn Industrie und Forschung einen klaren und verlässlichen Rahmen vorgegeben bekommen.

Die Frage ist aber nicht nur, ob dieses Ziel technisch machbar ist. Es muss auch finanzierbar sein und die Energie bezahlbar bleiben. Experten rechnen mit einem Investitionsvolumen für eine solche Energiewende in Höhe von rund 200 Milliarden Euro, für den Ausbau der Erneuerbaren, für intelligente und ausreichende Stromnetze, für Stromspeicher, neue Heizungssysteme und Wärmedämmungen, CO_2-reduzierte Motoren im Verkehr und sonstige Einspartechnologien in allen Bereichen. Das wären gerade mal zehn Milliarden Euro pro Jahr. Das sind überschaubare Beträge, gerade mal 0,4 Prozent des BIP. Dies müsste gut verkraftbar sein. Denn dies sind keine Kosten, sondern Investitionen, die sich mittelfristig rechnen. Daher können und sollen diese privat finanziert werden, wenn die entsprechenden staatlichen Rahmenbedingungen gesichert sind. Steuergelder werden hierbei nur in einem überschaubaren Rahmen als Investitionsanreiz, etwa im Bereich der Wärmesanierung im Altbestand von Häusern erforderlich werden. Die Bundesregierung plant hier derzeit 1,5 Milliarden Euro ein; dieser Betrag müsste bei einer deutlichen Beschleunigung der THG-Reduktion eher verdoppelt werden, um Hausbesitzer und Mieter nicht zu überfordern. Hierdurch würde aber ein erhebliches jahrelanges Ankurbelungsprogramm für die Bauwirtschaft induziert, durch das die Mehrausgaben durch Steuereinnahmen voraussichtlich mehr als kompensiert würden. Die Investitionen im Erzeugungsbereich müssen und sollen auch nicht vorwiegend durch die vier großen Energieversorger geschultert werden, sondern zu einem großen Teil dezentral durch Stadtwerke, Privatinvestoren und Bürgerbeteiligungen. Ein Großteil der Investitionen für die Umstellung auf erneuerbare Energien würde über die bereits erprobte Einspeisevergütung aufgebracht werden. Die Strompreise würden dadurch auch nicht, wie vielfach befürchtet, explodieren. Die erforderliche Einspeisevergütung würde sich eher im Lauf der nächsten vier bis sechs Jahre bei 3,5 bis 5,5 Cent je Kilowattstunde stabilisieren (3,5 Cent ist der Wert von 2011 und der Zielwert der Bundesregierung) und danach absinken. Denn die Investitionskosten für Erneuerbare sinken seit Jahren und würden durch die durch dieses Programm sowie die steigende weltweite Nachfrage induzierte Mengendegression noch weiter deutlich sinken. Brennstoffkosten fallen keine an, denn sie werden bereitgestellt durch Sonne, Wind, Wasser und Erdwärme. Demgegenüber steigen die Preise für fossile Brennstoffe seit Jahren deutlich an und werden durch die steigende Nachfrage bevölkerungsreicher Schwellen- und Entwicklungsländer und die abnehmenden Vorräte sowie die steigenden Förderkosten in den kommenden Jahren zwangsläufig noch weiter drastisch steigen. Die Erneuerbaren werden also mittelfristig wettbewerbsfähig werden und keine Einspeisevergütung mehr erfordern. Es handelt sich also um eine überschaubare, vorübergehende Anschubfinanzierung, durch die der Strompreis um nicht mehr als 20 bis 30 Prozent ansteigen wird.

An dieser Stelle sei eingeflochten, dass es bei Einführung der Kernenergie in den 1970er-Jahren völlig klar und unumstritten war, dass die damals zuständigen staatlichen Preisaufsichtsbehörden eine Strompreiserhöhung in ähnlicher Größenordnung zur Finanzierung der Anfangsinvestitionen genehmigt hatten. Daran scheint sich heute niemand mehr erinnern zu wollen, wenn es um die Investitionen zur dringend nötigen Energiewende geht. Dabei finanziert sich Energieeinsparung und die Umstellung auf Erneuerbare mittelfristig von allein, weil sie keine Brennstoffkosten und, anders als die Kernenergie, auch keine jahrtausendelangen Aufwendungen für die Entsorgung erfordern. Noch ein Wort zu dem vom Industrie-Verband so lautstark vorgetragenen Argument, durch die steigenden Strompreise seien Arbeitsplätze in Gefahr. Laut amtlicher Statistik (BMWT) machen die Energiekosten insgesamt (davon Strom ungefähr 30 bis 40 Prozent) bei Industrie und Gewerbe weniger als zwei Prozent der Gesamtkosten aus. Eine 30-prozentige Strompreiserhöhung würde die Kosten also maximal um drei Promille erhöhen. Bei ganz wenigen Unternehmen liegen die Stromkosten über zehn

Prozent der Gesamtkosten, aber selbst dabei ginge es dann nur um eine Kostenerhöhung von drei Prozent! Sehr unwahrscheinlich, dass hierdurch Arbeitsplätze verloren gehen können. Im Gegenteil wäre diese Energiewende für weite Teile unserer Industrie ein einmaliges Konjunktur-Ankurbelungsprogramm, mit Millionen neuer und nachhaltiger Arbeitsplätze und exzellenten Exportchancen.

Für die Umsetzung der Energiewende wäre eine nachhaltige Marktwirtschaft der richtige Rahmen. Denn **nachhaltige und sparsame Ressourcennutzung** ist, wie oben dargelegt, eine wesentliche Voraussetzung nachhaltigen Wirtschaftens, sowohl für Unternehmen als auch für Volkswirtschaften. Hierfür steht mittlerweile eine breite Palette an Energie- und Ressourceneinspartechnologien zur Verfügung (siehe Kapitel III.1 »Nachhaltige Technologie« sowie den Überblick in (Weizsäcker 1995 und 2010). Umweltschutz muss dabei – unterstützt durch geeignete staatliche Vorgaben – im Rahmen des Stakeholder-Ansatzes ein wesentliches Ziel aller Unternehmen werden. Über Umweltbelastungen und Aktivitäten zu deren Abmilderung ist laufend dem Aufsichtsrat und der Umweltbehörde zu berichten. Die CO_2-Emissionen und andere wesentliche Umweltbelastungen sind auf den Produkten transparent zu kennzeichnen, damit sich auch Verbraucher dementsprechend entscheiden können. Bei der Anwendung der vielfältigen Technologien zur Erhöhung der Energie- und Ressourceneffizienz ist wie oben dargelegt, darauf zu achten, dass es dabei nicht zu sogenannten »Rebound-Effekten« kommt, bei der die Erfolge durch Effizienzerhöhung durch einen Mehrverbrauch an anderer Stelle kompensiert werden. Am besten wird dies in Kombination mit CO_2-Handel oder einer ökologischen Steuerreform erreicht.

Drei Steuerungselemente haben sich in der Praxis bewährt, um zur Lösung des Energieproblems gezielt beizutragen: Die kostendeckende Einspeisevergütung für Erneuerbare, eine ökologische Steuerreform und Emissionshandel. Ohne die bereits oben diskutierte Einspeisevergütung wäre eine Energiewende undenkbar. Die staatliche Förderung von Erneuerbaren Energien durch kostendeckende Vergütungen über eine Umlage auf den Energiepreis, wie wir sie in Deutschland betreiben, erwies sich als ein Renner und dient bereits als Modell für viele andere Länder. Sie ist ein echter Selbstläufer und brachte einen steilen Zubau der Erneuerbaren, echte Technologiesprünge und bereits über 300.000 nachhaltige Arbeitsplätze. Je höher der Anteil von Erneuerbaren steigt, desto mehr müssen die Einspeisekonditionen je Energieeinheit allerdings abgesenkt und am technologischen Fortschritt und an der CO_2-Einspareffizienz ausgerichtet werden, damit dieser vernünftige Weg finanzierbar bleibt. Am Ende der Umstellungsphase könnte umgekehrt eine Einspeisevergütung für konventionelle Kraftwerke, die nur noch als Back-up benötigt werden, erforderlich werden. Denn diese werden wegen dem Vorrang erneuerbarer Erzeugungsanlagen nur noch wenige Stunden im Jahr laufen, was ihre Rentabilität nicht mehr gewährleisten wird.

Ziel der 1999 erstmalig in Kraft getretenen **Ökologischen Steuerreform** war es, den Faktor Energie durch eine steuerliche Verteuerung von Kraft- und Heizstoffen und Strom zu belasten und dadurch Anreize zum Energiesparen zu setzen und den Faktor Arbeit zu entlasten. Ökosteuern haben auch das Ziel, **Umweltbelastungen** verursachungsgerecht zu **internalisieren**, das heißt in Kosten umzusetzen. Dieses Prinzip der »Kostenwahrheit« ist in einer Marktwirtschaft notwendig, um die richtigen Effizienzsignale zu setzen. Solange Umweltbelastung nichts oder zu wenig kostet, wird sie verschwenderisch eingesetzt, wie bislang. Das »Forum für öko-soziale Marktwirtschaft« (FÖS) hat aktuell Vorschläge für eine weitere Ökologisierung des Steuersystems durch eine höhere Besteuerung der Umweltbelastung (heute nur fünf Prozent des Steueraufkommens) teilweise zugunsten der Besteuerung von Arbeit (heute über 60 Prozent des Steueraufkommens) vorgelegt. Ansätze hierfür sind etwa eine Ökologisierung der KFZ-Steuer, eine Angleichung der Dieselsteuersätze an die von Normalbenzin, Einführung einer Kerosinbesteuerung sowie weitere Erhöhungsstufen der Ökosteuer. Diese Steuern hätten neben der Entlastungsfunktion für die Umwelt auch noch den Vorteil, dass neue Arbeitsplätze und Exportchancen in Umwelttechnologien entstünden (vergleiche FÖS). Um soziale Verwerfungen durch höhere Energie- und Umweltkosten zu vermeiden, sind entsprechende Entlastungen bei der Besteuerung der Arbeit oder ein sozialer Ausgleich aus einem Teil der Steuereinnahmen vorzusehen.

Im Grunde genommen bewirkt **CO_2-Handel** für den Umweltfaktor CO_2-Belastung (als dem wichtigsten Treibhausgas) indirekt ebenfalls eine verursachungsgerechte Bepreisung. Er ist ein geeignetes Instrument, um für Unternehmen und Staaten die CO_2-Reduktion so effizient wie möglich einzusetzen. Er funktioniert nach dem Prinzip »cap and trade«. Der Preis für die CO_2-Belastung bildet sich also nicht wie oben durch eine verursachungsgerechte Kostenbewertung, sondern durch staatlich vorgegebene Einsparziele für CO_2-Emissionen, die in Form von sogenannten »CO_2-Lizenzen« auf Großverbraucher heruntergebrochen und zugeteilt beziehungsweise versteigert werden. Wenn ein Unternehmen mehr Lizenzen benötigt, muss es diese am Markt zukaufen. Im umgekehrten Fall kann es Lizenzen verkaufen. Dies kann das Unternehmen prinzipiell weltweit machen, und damit seine Einsparvorgaben teilweise auch (eventuell kostengünstiger) im Ausland tätigen. Damit sich hierfür ein funktionierender internationaler Markt bilden kann, sind internationale Einsparziele und Vereinbarungen unerlässlich. Die Einsparziele können dabei von Land zu Land durchaus unterschiedlich sein. Der beste Maßstab hierfür wäre wiederum das oben erläuterte Ziel von zwei Tonnen THG-Emission je Einwohner, das im Laufe der nächsten Jahrzehnte von allen Ländern erreicht werden müsste. Über den CO_2-Handel könnten Industrieländer einen Teil der erforderlichen Umweltinvestitionen effizienter in Entwicklungs- oder Schwellenländern tätigen, was auch einen sinnvollen Knowhow- und Finanztransfer beinhalten würde. Entwicklungsländer, die noch unter dieser Zielmarke liegen, könnten durch den Verkauf von Lizenzen Transferzahlungen für eine umweltfreundliche Weiterentwicklung bekommen. Bleibt zu hoffen, dass nach dem Scheitern von Kopenhagen auf der Basis des genannten Zwei-Tonnen-Zieles bald eine allseits akzeptable internationale Vereinbarung gefunden wird.

Keine Frage, die Lösung des Energieproblems ist eine große Herausforderung für Politik und Wirtschaft, in Deutschland, in Europa und global. Aber die beschriebene Energiewende in Richtung erneuerbarer Energien zeigt einen gangbaren Weg in die Zukunft. Binswanger weist zu Recht darauf hin, dass auch für den Ausbau erneuerbarer Energien ein nachhaltiger Entwicklungspfad vorzugeben ist, weil nicht alles, was erneuerbar ist, auch wirklich nachhaltig ist. Dies haben uns spätestens die Abholzungen von Urwäldern für Palmölplantagen, oder der Anbau von Energiepflanzen als Konkurrenz zu Nahrungsmitteln gezeigt (vergleiche Binswanger S. 173 f.). Die Technologien, die für Erneuerbare verwendet werden, sind aber alle nicht so komplex und riskant wie zum Beispiel bei Kernkraftwerken. Sie können ohne Probleme auch in Entwicklungs- und Schwellenländer exportiert und transferiert werden. Sonne und Wind gibt es in diesen Regionen ohnehin mehr als genug. Die Kosten alternativer Energien sinken bereits seit Jahren und werden mit den riesigen weltweiten Stückzahlen und zu erwartenden weiteren Technologiesprüngen ebenfalls noch deutlich weiter sinken und wettbewerbsfähig zu herkömmlichen Energien werden, zumal fossile Energie unter anderem wegen der Verknappung tendenziell ohnehin deutlich teurer werden wird. Wenn wir also in Deutschland und Europa auf diesem Weg mutig voranschreiten, wird uns die Welt zwangsläufig bald folgen. Sie hat keine andere Wahl. Wir können und müssen sie dann darin unterstützen – sicher nicht zum Nachteil unserer Exportindustrie und Arbeitsplätze.

Ich habe mich hier bewusst auf die Energie- und Klimaproblematik konzentriert, wohl wissend, dass dies nicht die einzige Umweltproblematik ist. Wasserknappheit, Meeresverschmutzung, Urwaldrodung, Zubetonierung der Erde und Reduzierung der Artenvielfalt sind weitere große Probleme einer verfehlten Entwicklung. Auch hierfür braucht es baldige Lösungsansätze, für die die Lösung des Energieproblems sicherlich ein gutes Beispiel geben kann. Die Ölverseuchung im Golf von Mexiko und die Reaktorkatastrophe in Fukushima müssten eigentlich ein Fanal für alle sein, endlich umzusteuern. Die Aufgabe, so komplex und schwierig sie auch erscheint, ist lösbar, wenn wir endlich energisch damit beginnen und nicht weiterhin jeder auf den anderen wartet.

IV
Fazit

Eine nachhaltige Marktwirtschaft ist machbar; das Ende der Gier absehbar. Sicherlich sind hierzu, wie vorgeschlagen, umfassende und energische Reformen unerlässlich. Es wurde jedoch größter Wert auf ihre Realisierbarkeit gelegt. Es braucht hierzu weder eine Revolution, noch eine völlig neue Wirtschaftstheorie, noch neue, unbekannte Technologien. Die Reformvorschläge folgen direkt aus den oben dargestellten Ursachen der Krise, die meist mit den Defiziten des Neoliberalismus identisch sind. Insgesamt ergeben sie ein geschlossenes Wirtschafts- und Finanzsystem, eine nachhaltige Marktwirtschaft, die weniger krisenanfällig, weniger profit- und wachstumsorientiert und weniger gesellschafts- und umweltschädlich ist. Wenn wir das wollen, sollten wir dafür kämpfen. Von alleine wird es nicht kommen. Die Politik ist zu zögerlich und die Lobby zu stark.

Die Politik redet uns ein, aufgrund der Globalisierung seien Reformen kaum mehr zu machen. Sicherlich, Globalisierung ist aus der heutigen vernetzten Welt nicht mehr wegzudenken. Sie kann und muss aber aktiv gestaltet werden. Darum sollte sich gerade die EU bemühen, ehe sie durch ein künftiges Duopol Amerika-China noch weiter an Bedeutung verliert. Durch die Vernetzung der Welt wird die Umsetzung der notwendigen Reformen fraglos schwieriger. Manche der bereits genannten Vorschläge – insbesondere die den Finanzmarkt betreffenden – müssen international abgestimmt werden, was ihre Umsetzung erschwert. Bei vielen Vorschlägen könnte die EU aber als großer Wirtschaftsraum vorangehen, falls eine Abstimmung über die G20 weiterhin nicht möglich ist. Eine ganze Reihe der Vorschläge kann Deutschland auch allein umsetzen, wenn die EU nicht gleich mitzieht. Dies gilt für wesentliche Teile der Kapitel III.1, 3, 4, und 5. Und mit manchen Vorschlägen müssen wir gar nicht auf die Politik oder die Wirtschaft warten, sondern können sie selber umsetzen: nämlich beim Thema nachhaltiger Konsum, beim Bemühen um mehr Lebensqualität ohne mehr Ressourcenverbrauch. Eine Ausrede fürs Nichtstun, wie bisher, gibt es also nicht! Packen wir´s an!

Angesichts der Erfahrungen der Krise und der Herausforderungen der Zukunft ist nachhaltiges Wirtschaften der einzig mögliche und realistisch umsetzbare Weg: Befriedigung unserer Bedürfnisse, ohne die Bedürfnisbefriedigung unserer Kinder und Kindeskinder einzuschränken – und selbstverständlich unter Erhaltung unserer natürlichen Lebensgrundlagen. Denn wir haben nur eine Welt!

V
Anhang

Nachwort

Das grundsätzliche Konzept der nachhaltigen Marktwirtschaft ist situationsunabhängig und beständig. Einzelne Ausprägungen oder Empfehlungen in diesem Buch sind aber auf aktuelle Gegebenheiten zugeschnitten, die sich im Zeitablauf ändern. Um hier jeweils aktuell zu bleiben und Antworten auf neue Gegebenheiten finden zu können, hat der Autor zusammen mit vorwiegend jüngeren Mitstreitern die Website »Initiative Nachhaltige Marktwirtschaft« unter www. initiative-nawi.org gegründet, wo interessierte Leser sich weiter informieren und sich natürlich auch engagieren können. Denn wie oben gesagt: »Wenn wir das wollen, müssen wir dafür kämpfen.«

Glossar

Bad Bank
Institut, in das eine Bank mit staatlicher Duldung (und meist auch Unterstützung) seine zweifelhaften Kredite auslagert, um das restliche Bankgeschäft am Leben zu erhalten.

Basel I-III
Regulierungsinstrument für die Eigenkapitalausstattung von Banken, durch Beschlüsse der Chefs der internationalen Notenbanken und der Finanzaufseher; die Lockerung dieser Regeln durch Basel II hat mit in die Finanzkrise geführt und musste nach der Krise durch Basel III im September 2010 korrigiert werden.

BIP – »Bruttoinlandsprodukt«
Volkswirtschaftliche Größe, die die Summe aller in einer Volkswirtschaft innerhalb eines Jahres produzierten Produkte beziehungsweise Dienstleistungen (bewertet zu Marktpreisen) darstellt; auch die Basisgröße für das Wirtschaftswachstum.

CDO – »Collateralized Debt Obligations«
Verbriefte Hypothekendarlehen, die gebündelt und wieder tranchiert und teilweise mit CDS' versehen als Finanzpapiere gehandelt werden; teilweise wurden sie von Ratingagenturen mit verschiedenen Risikoklassen versehen.

CDS – »Credit Default Swap«
Kreditausfallversicherung in Form eines handelbaren Finanzpapiers, wurde vor der Krise vom amerikanischen Versicherer AIG ausgegeben, der dann vom Staat gerettet werden musste; eigentlich eine Risikoabsicherung, die aber zu einem beliebten Spekulationspapier degenerierte.

CSR – »Corporate Social Responsibility«

Freiwilliger Beitrag der Wirtschaft zu einer nachhaltigen Entwicklung, die über die gesetzlichen Forderungen hinausgeht.

EZB

Europäische Zenralbank (Notenbank)

FED – »Federal Reserve System«

Amerikanische Notenbank

HRE – »Hypo Real Estate«

Deutsche Bank, die sich mit amerikanischen Hypothekenpapieren verspekuliert hat und vom Staat gerettet wurde.

IKB – »Industrie Kredit Bank«

Deutsche Bank für die mittelständische Industrie, die sich mit amerikanischen Hypothekenpapieren verspekuliert hat und vom Staat gerettet wurde.

»Junk-Bonds«

Englischer Ausdruck für Ramsch-Papiere, also (weitgehend) wertlose Finanztitel

Laffer-Kurve

Nach dem amerikanischen Ökonom Laffer verlaufen die Steuereinnahmen eines Staates nach einer bauchigen Kurve, die bei einem Steuersatz von 0 Prozent und von 100 Prozent durch Null geht und dazwischen irgendwo bei einem optimalen Steuersatz das Maximum erreicht; senkt man (von hohen Steuersätzen her kommend) den Steuersatz, würde sich durch den Ankurbelungseffekt für die Wirtschaft dennoch das Steueraufkommen erhöhen.

Nachhaltig

Auf Dauer angelegt, verantwortungsvoll; berücksichtigt immer die drei Komponenten: ökologische Verträglichkeit, soziale Ausgewogenheit, wirtschaftlichen Erfolg und beachtet auch die Generationengerechtigkeit.

Nachhaltiges Wirtschaften (Management)

Eine Wirtschaftsweise (Management) mit einer mittel- bis langfristigen Zielorientierung, die jederzeit darauf achtet, die Existenzgrundlagen, Ressourcen und Erfolgspotenziale dauerhaft zu erhalten; die also nicht zu Gunsten einer kurzfristigen Profitmaximierung die Ertragschancen der Zukunft verspielt; sie fördert und erhält nachhaltige Erfolgspotenziale.

Nachhaltige Erfolgspotenziale

Wesentliche Produktionsfaktoren, die für einen dauerhaften wirtschaftlichen Erfolg unerlässlich sind: attraktive Produkte, hohe Kunden- und Marktorientierung, gut ausgebildete und motivierte Mitarbeiter, ausreichende Produktivität, nachhaltige Ressourcennutzung und stabile Finanzen.

Nachhaltige Marktwirtschaft (im Sinne dieses Buches)

Kombiniert die Vorteile einer Marktwirtschaft (mit klaren ökologischen und sozialen Leitplanken) mit den Prinzipien nachhaltigen Wirtschaftens. Nachhaltiges Management, nachhaltige Ressourcennutzung, das Prinzip Verantwortung: durch eine Wirtschaft, die für den Menschen da ist – und nicht umgekehrt, durch ein Wachstum der Lebensqualität – nicht der materiellen Güter, sowie durch die Beachtung der ökologischen Verträglichkeit.

»Ninja-Kredite«

Im amerikanischen Bankenjargon Hypothekenkredite an Personen ohne ausreichende Sicherheiten: »no income, no job, no assets«.

Reaganomics

Neoliberales Wirtschaftssystem eingeführt in den USA unter dem Präsidenten Ronald Reagan mit dem Berater M. Friedman

Shareholder Value

Wert eines Unternehmens für die Shareholder (Aktionäre/Gesellschafter); diesen zu maximieren, wurde im Neoliberalismus zum alleinigen Ziel des Managements, an das dessen variable Vergütung angekoppelt und das im Laufe der Zeit immer kurzfristiger definiert wurde (vergleiche Rappaport).

Stakeholder-Ansatz

Berücksichtigt, im Gegensatz zum Shareholder Value, eine mehrdimensionale Zielmatrix für die Unternehmensführung, in der die Interessen aller Stakeholder (neben den Shareholdern, Mitarbeiter, Kunden, Banken, Lieferanten, Gesellschaft und Umwelt) beachtet werden

Trickle-Down-Theorie

Nach neoliberalem Credo »sickert« der Wohlstand der Reichen zu den ärmeren Bevölkerungsschichten durch.

Literaturverzeichnis

Binswanger, Hans Christoph: Vorwärts zur Mässigung, Murmann 2009

Blanchard, Olivier: Rethinking Macroeconomic Policy, New York 2010

BMWT: Bundesministerium für Wirtschaft und Technologie: Energie in Deutschland, Stand August 2010

Bröchler, Stefan et al. (Hrsg.): Handbuch Technikfolgenabschätzung. (3 Bde.), Edition Sigma, Berlin 1999; daneben gibt es eine ganze Reihe von Spezialinstituten für Technikfolgenabschätzung, unter anderem das ITAS sowie das Büro für Technikfolgenabschätzung beim Deutschen Bundestag.

Brundtland-Bericht von 1989 an die UN-Weltkommission für Umwelt und Entwicklung

Daly, Herman/Cobb, John: For the Common Good, Beacon Press 1993

Diefenbacher, Hans/Zieschank, Roland: Woran sich Wohlstand wirklich messen lässt, ffu, 2011

Eucken, Walter: Grundsätze der Wirtschaftspolitik, Mohr Siebeck 2004 (Original 1952)

FAZ-Institut/DBV-Winterthur Versicherungen: Studie »Verantwortung«, 2006

Felber, Christian: Gemeinwohl-Ökonomie, Deuticke, Wien 2010

Felber, Christian: Neue Werte für die Wirtschaft, Deuticke, Wien 2008

FÖS – Forum für Ökologisch-Soziale Marktwirtschaft, www.foes.de

Fortschrittsbericht 2012 zur nationalen Nachhaltigkeitsstrategie (Entwurf), Presse- und Informationsamt der Bundesregierung, Berlin 2011

Friedman, Milton: Kapitalismus und Freiheit, Ullstein 2006/ Original: Capitalism and Freedom, 1962

Friedman, Milton: Geld regiert die Welt. Neue Provokationen vom Vordenker der modernen Wirtschaftspolitik, Econ 1992

Friedman, Milton: The social responsibility of managers is to increase the profit, New York Times Magazine v. 13.9.1970

Fromm, Erich: Haben oder Sein. Die seelischen Grundlagen einer neuen Gesellschaft, dtv 2001

Goeudevert, Daniel: Das Seerosen-Prinzip, DuMont, Köln 2010

Grassmann, Peter: BurnOut, oekom, München 2010

Hamberger, Joachim: Nachhaltige Entwicklung in BLW 50 v. 17.12.2010

Hayek, Friedrich A.: Die Verfassung der Freiheit, Mohr Siebeck 1991 (Original 1960)

Hayek, Friedrich A.: Freiburger Studien: Gesammelte Aufsätze, Tübingen 1994

Henkel, Hans-Olaf: Rettet unser Geld, Heyne 2010

Heuser, Uwe Jean: Was aus Deutschland werden soll, Campus 2009

Heidbrink, Ludger: Marktwirtschaft und Moral – Das Verantwortungsprinzip als Reflexionskategorie ökonomischer Prozesse. Working Papers des CRR, Jahrgang 1/2007 Nr. 1

Hipp Ethik-Charta 2006

Honegger, Claudia et al. (Hrsg.): Strukturierte Verantwortungslosigkeit, Berlin 2010

Jonas, Hans: Das Prinzip Verantwortung: Versuch einer Ethik für die technologische Zivilisation, Suhrkamp 1984

Keynes, John Maynard: Allgemeine Theorie der Beschäftigung, des Zinses und des Geldes, Berlin 2000, Original 1936

Koch, Hannes: Soziale Kapitalisten, Rotbuch, Berlin 2007

Kreibich, Rolf: Deutschlands Beitrag zur Zukunftsfähigkeit im 21. Jahrhundert, in Deutschland 20 Jahre nach dem Mauerfall, Gabler, Wiesbaden 2010

Mayer, Lothar: Ausstieg aus dem Crash, Publik-Forum 1999

Miegel, Meinhard: Exit. Wohlstand ohne Wachstum, Propyläen, Berlin 2010

Müller-Armack, Alfred: Die Grundformel der Sozialen Marktwirtschaft. In: Ludwig-Erhard-Stiftung (Hrsg.): Symposion I: Soziale Marktwirtschaft als nationale und internationale Ordnung, Bonn Aktuell 1978

Otte, Max: Die Krise hält sich nicht an Regeln, Econ, Berlin 2010

politische ökologie, Sonderheft 121–122 »Nach dem Wachstum«, oekom

Paech, Nico: »Eine Ökonomie jenseits des Wachstums« in Einblicke Nr. 49/2009

Roubini, Nouriel et al.: Das Ende der Weltwirtschaft und ihre Zukunft, Campus 2010

Radermacher, Franz Josef/Beyers, Bert: Welt mit Zukunft, Murmann, Hamburg 2011

Rappaport, Alfred: Shareholder Value: Ein Handbuch für Manager und Investoren, Pöschel 1999; Original: Creating Shareholder Value, 1986

Schmeisser, Wilhelm et al.: Neuer Ansatz zur Quantifizierung der Balanced Scorecard, Berlin 2004)

Schmid, Dieter/Hilliger, Peter: Die Bewältigung der Finanzkrise – kurz- und langfristig, noch nicht veröffentlichtes Papier München 2010

Schmidt, Susanne: Markt ohne Moral, Droemer 2010

Schumacher, Ernst Friedrich: Small is Beautiful, Bad Dürkheim 2001

Schrimpff, Ernst: Die Vollversorgung mit Strom aus Erneuerbaren in Bayern, Vortrag anlässlich des Schumacher Forums am 10.5.2011

Schumacher, Ernst Friedrich: Small is Beautiful – Die Rückkehr zum menschlichen Maß, 2001

Sinn, Hans Werner: Kasino-Kapitalismus, Ullstein 2010

Smith, Adam: The Wealth of Nations, 1776; Der Wohlstand der Nationen, FinanzBuch 2005

Steinbrück, Peer: Unterm Strich, Hoffmann und Campe, Hamburg 2010

Studie Verbraucherverantwortung, in Süddeutsche Zeitung (SZ) vom 17. und 23.12. 2010

Tremmel, Jörg: Nachhaltigkeit als politische und analytische Kategorie. Der deutsche Diskurs um nachhaltige Entwicklung im Spiegel der Interessen der Akteure, oekom, München 2003

Süddeutsche Zeitung: »Unsere Marktführer«

Weber, Andreas: Biokapital, Berlin Verlag 2008 .

v. Weizsäcker, Ernst Ulrich und Lovins, Amory: Faktor Vier, Droemer Knaur 1995

v. Weizsäcker, Ernst Ulrich et al.: Faktor Fünf: die Formel für nachhaltiges
  Wachstum, Droemer Knaur 2010
Welge, Martin K./Al Laham, Andreas: Strategisches Management, Gabler
  2007
Wissenschaftliche Dienste des Deutschen Bundestages: Nachhaltigkeit,
  Der aktuelle Begriff 06/2004, 6. April 2004
z_Punkt-Studie: Süddeutsche Zeitung vom 14. 10. 2010

Abbildungs- und Tabellenverzeichnis